中文閱讀障礙

柯華葳　主編

方金雅、王瓊珠、李俊仁、柯華葳
洪儷瑜、陳美芳、陳淑麗、曾世杰　著

作者簡介

（依姓氏筆劃排列）

● **方金雅**（第九章）
　　學歷：國立高雄師範大學教育研究所博士
　　現職：國立高雄師範大學師資培育與就業輔導處教授

● **王瓊珠**（第一、八、十、十一章）
　　學歷：美國伊利諾大學香檳校區哲學博士
　　現職：國立高雄師範大學特殊教育學系教授

● **李俊仁**（第三、五、六章）
　　學歷：國立中正大學心理學研究所博士
　　現職：國立台灣師範大學教育心理與輔導學系副教授

● **柯華葳**（本書主編；第二、九章）
　　學歷：美國華盛頓大學教育心理學哲學博士
　　現職：國立清華大學教育與學習科技學系教授

● **洪儷瑜**（第一、八、十一章）
　　學歷：美國維吉尼亞大學特殊教育哲學博士
　　現職：國立台灣師範大學特殊教育學系教授

● **陳美芳**（第七章）
　　學歷：國立台灣師範大學教育心理與輔導研究所博士
　　現職：國立台灣師範大學特殊教育學系教授

● **陳淑麗**（第四章）
　　學歷：國立台灣師範大學特殊教育博士
　　現職：國立台東大學數位媒體與文教產業學系教授

● **曾世杰**（第四章）
　　學歷：美國俄亥俄州立大學哲學博士
　　現職：國立台東大學特殊教育學系教授

序 Preface

　　閱讀障礙對多數人來說是一個模糊的概念，例如：很多大學生閱讀不順利時，就稱自己有「閱讀障礙」。事實上，閱讀障礙是需要經過診斷與鑑定才能確認的。

　　本書作者群曾一起為閱讀障礙學生編製診斷測驗工具，經過摸索與數不盡的商討，多年後，我們較有信心以閱讀成分來介紹閱讀障礙。閱讀成分中亦包括認知成分，例如：智力、工作記憶、唸名，以及聲韻覺識；而閱讀本身則包括聽覺理解、識字、詞彙，以及閱讀理解。因以閱讀成分為主軸，我們加入了各成分測驗的介紹，使本書的內容有理論、有實例，解釋起來亦更具體，期能幫助讀者更清楚閱讀障礙者的問題所在。除了閱讀成分，我們亦介紹「閱讀障礙」成為醫學、心理、教育所關切議題的發展史，使讀者知其研究的來龍去脈，以進一步學習目前由腦神經科學所研究的閱讀障礙。

　　閱讀障礙者是一群與其同儕有相似智力的學生，他們絕對是國家不可忽略的人力資源。他們的困難發生在符號的處理上，而這是可以藉由其他方式克服的困難。若能及早被診斷與有效輔導，幫助他們找尋不同的學習管道，閱讀障礙者與一般學生一樣，有各種工作等待他們去開發、去完成，而這是作者群共同的信念。

　　請讀者閱讀本書後不吝指正，使台灣在閱讀障礙方面的研究能更往前邁進，造福我們自己的孩子。

柯華葳

2010 年 8 月 28 日

目次 *Contents*

第一章

閱讀障礙概論

洪儷瑜、王瓊珠

第一節

前　言

什麼是「閱讀」能力？其說法很多，有些強調閱讀是將書面文字轉成語音的能力，有的強調閱讀是個人對文本的詮釋和高層次的理解（Hallahan, Llyod, Kauffman, Weiss, & Martinez, 2005）。這兩種不同取向的定義，正呼應很多學者將閱讀區分為識字（word identification）和語言理解（language comprehension）等兩種主要成分的現況（柯華葳，2001；Gough & Tunmer, 1986; Vellutino, Fletcher, Snowling, & Scanlon, 2004）。

近幾年來，各界對閱讀的重視漸有共識，閱讀的目標在成熟的讀者應該可以在閱讀當下了解文本的意義（Vellutino et al., 2004），甚至是更積極有目標的運用文本資訊，例如：聯合國的經濟合作暨發展組織（Organisation for Economic Cooperation and Development, OECD）在「國際學生評量計畫」（The Programme for International Student Assessment, PISA）所提的定義。PISA 係評估 15 歲學生的閱讀能力、數學和科學能力。它把閱讀能力定義為：「對書面文本的了解、使用和省思的能力，透過這種能力得以達成個人目標、發展個人

2

知識、潛能和參與社會」[1]（OECD, 2006）。因此，閱讀不再如一般人所見，只是把文章裡的文字唸出來而已，而是一個複雜的認知歷程，在這個歷程中，雖然高層次的理解、批判是目標，但識字解碼卻是閱讀的基本必要條件（Shaywitz, 2003），沒有自動化的識字解碼能力，讀者很難了解、擷取或批判文本的意義。

　　《天下雜誌》2002 年專刊〈閱讀——新一代的知識革命〉特別介紹了世界各國對提升閱讀能力的政策，很多已開發國家已經察覺資訊時代的成人必須不斷地由閱讀中獲得新知，資訊變化的快速讓人無法靠職前訓練來滿足其職場上的要求，要維持工作的競爭力絕對需要自我充實（天下雜誌，2002）。PISA 所測量的中學生閱讀能力，即在反映一個國家的教育品質，也可以推估國家 10 年後的競爭力，如果絕大多數中學生在 PISA 所測得的閱讀能力都在平均水準以下，那麼該國家在 10 年後，年輕的勞動人口很可能缺乏自學的技能，選民也會缺乏判斷力；就全球而言，該國對時代變化的因應能力也自然會在平均數以下。

　　英國曾追蹤出生於 1970 年識字能力低下的學童，與一般同儕比較發現，在他們 16 歲時：(1)較一般人沒有參加過國家公開考試的比率高三倍；(2)比較高比率的人認為，在學校浪費時間、想離開學校；(3)抽菸的比率較高；(4)想從事勞力工作的比率較高。在他們 30 歲時，發現他們比一般同年齡的成人：(1)有較高比率的人，失業長達一年；(2)有較低比率的人，從事非勞力工作；(3)有較高比率的專職工作的人，其所得的平均時薪較一般人低；(4)有較高比率的人，覺得自己沒有能力（Parson & Bynner, 2002）。

　　另外，美國也有類似的調查發現，85%的犯罪兒童和 75%在監獄的成人犯無法閱讀（Richek, Caldwell, Jennings, & Lerner, 2002），這樣的比率確實比一般樣本高出很多。因此，「美國兒童衛生與人類發展研究院」（National Institute of Child Health and Human Development, NICHD）主任 Reid Lyon，在該單位所舉辦的「早期讀寫能力萌發研討會」（Emergent and early literacy work-

---

[1]　原文為 Reading literacy is understanding, using, and reflecting on written texts, in order to achieve one's goals, to develop one's knowledge and potential, and to participate in society.

shop）中，公開表示閱讀的問題不應該僅設定為學校教育的問題而已，因為它可能影響一個人一輩子的生活，進而影響整個社會，所以，閱讀問題應該被視為是公共衛生的問題（NICHD, 2000）。對國家而言，人民普遍具備閱讀能力，可增進其社會因應變化的能力。對少數閱讀低成就的高危險群而言，預防他們的閱讀問題才能減少社會適應不良的機會。因此，如何幫助所有學生習得閱讀，就顯得格外重要。

然而，為什麼有人在學校已經接受 6 到 12 年的教育，卻仍不會閱讀呢？早在 1887 年，德國眼科醫師 Berlin 即首創「dyslexia」一詞，描述因大腦皮質受傷而無法閱讀的個案，就發現了大腦和閱讀的關係。1917 年，英國蘇格蘭的眼科醫師 Hinshewood 發現，先天性字盲的個案並沒有視力問題，也沒有任何腦傷病史，但卻無法習得閱讀能力，這算是先天性閱讀障礙的首例。一直到 1975 年，英國的 Rutter 和 Yule 利用 1970 年懷特島（Isle of Wight）的學童所進行的閱讀普查研究資料，進行了閱讀障礙第一個流行病學的研究（Rutter & Yule, 1975）。當初他們認為，「閱讀困難」（reading difficulties）一詞過於混亂，而另提出「閱讀能力不足」（reading retardation）[2] 和「閱讀遲緩」（reading backward）的名詞以及其診斷標準，從此，對「閱讀障礙」的現象有了一個科學的診斷方法和出現率的數據。隨後，美國學者 Stevenson 和其他國家學者進行跨國的調查，當時我國徐澄清醫師也參與該研究（Stevenson et al., 1982），由這些研究證實，閱讀障礙不再僅限於案例，而是 3.7%（Rutter & Yule, 1975）或 5.4%～7.5% 的人口比率（Stevenson et al., 1982），甚至是 10%～15%（Vellutino et al., 2004）的人口會有的問題，此問題不限於使用拼音文字的國家，是跨國、跨語言的情況。

如果真如美國 Reid Lyon 的說法，閱讀能力低下的問題是需要整個社會關注的公共衛生議題，那麼，每個社會都應該準備好去預防和處理閱讀障礙的問題。本文之主要目的即是在介紹閱讀障礙的基本概念，包括：定義、相關概念、成因和類型，以作為本書進一步探討閱讀障礙相關議題之基礎。

---

[2] 相當於現在「閱讀障礙」的概念，其強調閱讀能力比智力預期水準顯著低者。

4

閱讀障礙的定義與其特徵

「閱讀障礙」（reading disabilities）意味著個人在學校的閱讀成就低下，不符合其智力或生理年齡應有的水準。Harris 和 Hodges（1995）把閱讀障礙定義為：「以個體生理年齡或年級水準而言，其閱讀水準低於應有的表現，有時也和個人的文化、語言與教育經驗不相稱」（p. 210）。而「世界神經科聯盟」（World Federation of Neurology, WFN）認為，閱讀障礙係指「一種學習閱讀有顯著困難的疾患，即使在接受正式教育、有正常智力或社會文化環境的條件下」仍然發生的疾患（Critchley, 1970: 11）。另外，「美國精神醫學會」（American Psychiatry Association, APA）所出版的《精神疾患診斷與統計手冊》（第四版）（*Diagnostic and Statistical Manual of Mental Disorders,* 4th ed., DSM-IV）將閱讀障礙（reading disorder）納入學習疾患（learning disorder）的亞型之一，其診斷的標準如下：

> 「A：在標準化個人測驗中，閱讀能力顯著低於預期應有的程度。此預期依據其生理年齡、測量得到的智能，以及與其年齡相稱之教育而判定。B：準則A之障礙顯著妨害其學業成就或日常生活需要閱讀技能的活動。C：若有感覺能力方面的缺陷，其閱讀困難也超過此缺陷所造成的影響。」（APA, 2000: 50）

上述所提到的「閱讀障礙」，英文用詞可能是 reading disability、reading disorder 和 dyslexia。很多學者認為這些是同義詞，在文中交互使用 reading disability 和 dyslexia（Stanovich, 1988; 1991; Vellutino, Scanlon, & Lyon, 2000），國內有些學者也會將二者都譯為「閱讀障礙」，視為同義詞。然而，這樣的混用卻會在進一步區分亞型或討論核心問題時，出現溝通上的問題。Gough 和 Tunmer 等人（1986）認為，閱讀障礙（reading disabilities）是異質的，以他們的觀點，讀寫障礙（dyslexia）是閱讀障礙的一種，他們依據閱讀的兩成分——識字和理解，將閱讀障礙分為三種亞型，即識字解碼能力差的「讀寫障礙」

（dyslexia）、語言理解能力差的「理解障礙」（hyperlexia），以及兩者均差的「什錦型」（garden variety）。後來學者也漸有共識，把「讀寫障礙」的定義以識字解碼缺陷為主，與「閱讀障礙」意指閱讀能力或閱讀成就低落或低於預期水準者有所區分。「國際讀寫障礙協會」（International Dyslexia Association, IDA）曾邀請學者們共同為「讀寫障礙」提出一個定義，由 Lyon 代表小組於 2003 年發表「讀寫障礙」的定義如下：

> 「讀寫障礙是一種有腦神經生理基礎的特殊學習障礙，它的特徵在認字的正確或流暢性上有困難，以及表現出拼字能力和解碼能力差。這種困難通常是因語言的聲韻能力有缺陷，並非其他認知能力或教學使然，其衍生的問題包括閱讀理解有困難，以及因閱讀經驗減少而妨礙詞彙和背景知識的成長。」（Lyon, 2003: 2）

此定義顯然與上述 1970 年「世界神經科聯盟」（WFN）的 dyslexia 定義有所區別（Critchley, 1970: 11）。WFN 的定義以閱讀問題為對象，並未特定指出識字解碼的問題。因此，有學者開始把 dyslexia 稱為「特定型閱讀障礙」（specific reading disability），以和 reading disability 有所區分（Aaron & Joshi, 1992; Vellutino et al., 2004）。此外，Lyon 也強調 dyslexia 識字解碼的問題會明顯出現在不同的語言形式，除了閱讀之外，也經常會出現書寫和拼字表現不佳的現象（Lyon, 2003）。因此，本文為了區分 reading disabilities 和 dyslexia 的差異，特將二者的中文翻譯區別出來，全文的「閱讀障礙」均指 reading disabilities，它和 dyslexia 的意義是不同的，前者是指一般閱讀能力有困難，不特定指識字解碼的問題。本文為了強調 dyslexia 的識字解碼問題，不僅會出現在閱讀的「識字」技巧上，其困難也經常出現在寫字的表現，因此特將 dyslexia 翻譯為「讀寫障礙」或稱為「特定型閱讀障礙」。

由上述定義可知，閱讀障礙的幾個主要特徵如下：

1. 非預期的閱讀低成就表現：閱讀障礙的主要特徵指出，其閱讀成就較預期水準低，閱讀成就與其智能水準不相稱，例如：智力正常但是閱讀成就在班上卻是倒數幾名，所以，閱讀障礙又被稱為非預期的失敗（unexpected failure）。Rutter 和 Yule（1975）所提出的「閱讀低成就」

（underachievement）和「閱讀成就低落」（low achievement），兩者的差異就在於其成就是否與其智力水準相當；前者是智力與成就不相稱，而後者則是一致的低。

2. 排除其他因素：影響閱讀的因素很多，目前被證實的有：社經文化因素、教學方法、教育環境，或是其他個人的感官、情緒等（Idol, 1988; Richek et al., 2002）；然而，閱讀障礙並非上述因素所致，因此，診斷時要考慮並排除其低成就是否與上述其他因素有關。

3. 閱讀低成就導因於個人內在因素：閱讀障礙的閱讀困難導因於個人內在因素，就神經心理學而言，目前的研究發現，讀寫障礙者在閱讀文字時和一般正常讀者閱讀文字時大腦活化的區域不同（Pugh et al., 2001）。就認知心理的角度而言，閱讀障礙或讀寫障礙都發現，其聲韻覺識與一般學生或生理年齡配對組、閱讀能力配對組都顯著較差（Stanovich, 1988），而什錦型閱讀障礙者也是在聲韻覺識表現上低於一般學生（Stanovich, 1988, 1991）。

雖然閱讀障礙的特徵逐漸明朗，但由於過去幾十年閱讀障礙和讀寫障礙混用，讀寫障礙的區分性定義在 1990 年代才逐漸受到重視，直到 2003 年才定案，很多區分不同名詞和定義的研究也是在 2000 年之後才開始（Catts et al., 2005; Catts, Hogan, & Fey, 2003）。在讀寫障礙的定義確定之後，閱讀障礙亞型間的異同是另一個重要的研究議題，例如：Aaron、Joshi 和 William（1999）就提出，閱讀障礙並非都是一個樣子的。過去文獻證實的閱讀障礙核心缺陷在聲韻覺識之說法，是否仍適用於其他亞型？最近 Catts 等人以及筆者的研究結果，皆不合乎此核心缺陷之說，兩個研究都發現，理解有困難的閱讀障礙者並未出現聲韻覺識能力的缺陷（Catts, Adlof, Hogan, & Weismer, 2005; Hung, Chen, Wang, Fang, Chen, 2008）。閱讀障礙異質性和亞型的議題，不論是在研究或實務工作上，都值得正視。

 第三節

閱讀障礙的用詞、成因與概念

　　雖然「閱讀障礙」和「讀寫障礙」兩個名詞已逐漸區分清楚，但在缺乏閱讀能力或閱讀低成就有關的文獻中，經常會出現其他名詞，例如：Catts 等人（2003）稱研究個案為「弱讀者」（poor reader）；洪儷瑜（2003）用「功能性文盲」描述國內一個閱讀障礙的案例。筆者參考 McCormick（1995）所提出的名詞以及前述文獻所提之名稱，有關閱讀困難的名詞整理如下：閱讀障礙（reading disability）、讀寫障礙（dyslexia，或譯失讀症）、閱讀缺陷（reading deficiency）、閱讀能力不足（reading retardation）、閱讀成就低落（underachievement）、閱讀遲緩者（reading backward）、非讀者（nonreader）、文盲（illiterate）、功能性的文盲（functional illiterate）、尚未受語文教育者（preliterate）、閱讀困難（reading difficulties）和弱讀者（poor reader）等。

　　這些名詞除了反映出閱讀困難探討取向的不同，也可能反映其問題的異質性。如圖 1-1 所示，上述名詞的用法大致可由：(1)是否有教育機會學習閱讀，和(2)智力與閱讀成就是否相符來剖析。依照第一個向度，我們可以把閱讀能力低落者區分為尚未接受閱讀教育者的學前幼兒、未接受教育的文盲，以及接受過教育的功能性文盲。若依第二個向度分類，則可以包括閱讀表現與智力水準差距大的學習遲緩、弱讀者、閱讀成就低落，以及什錦型讀者等；或是智力正常的閱讀困難，例如：閱讀障礙、讀寫障礙、閱讀能力不足、閱讀缺陷、閱讀困難等。由此可知，閱讀困難與兩個重要變項（閱讀教育機會有無和智力高低）有關。最後，有些名詞係以閱讀困難的表現特徵來命名，例如：閱讀低成就、非讀者、閱讀困難、讀寫障礙等，前三者都以整體閱讀成就為命名依據，而最後的「讀寫障礙」僅以識字解碼為對象。

　　這種不同名詞混用的情況在國內文獻亦類似，例如：以整體閱讀表現困難命名的有：「國語文低成就」（邱上真、洪碧霞，1997；洪儷瑜，1997；胡永崇，1999；陳美芳，1999）、「閱讀困難」（柯華葳、洪儷軒，1999）、「低閱讀能力」（錡寶香，2001），以及「閱讀障礙」（周台傑、吳金花，2001；

8

陳淑麗、曾世杰，1999；楊憲明，2001）；以特定閱讀成分困難命名的有：
「識字困難」（陳慶順，2000）、「讀寫困難」（陳美文，2002），「閱讀理
解困難」（吳淑娟，2001）、「讀寫障礙」（王瓊珠，2001；林素貞，2001）
等。這些描述閱讀困難之研究是否強調閱讀與智力水準有顯著差異，會因各研
究的篩選標準不同而異，有些研究僅強調差距，例如：「閱讀障礙」（周台
傑、吳金花，2001；陳淑麗、曾世杰，1999；楊憲明，2001），其概念較著重
於第一象限的閱讀問題（如圖 1-1(一)所示）；有些研究則強調困難，較少交
代其智力或接受教育的經驗（邱上真、洪碧霞，1997），其受試範圍則可能包
括第一、四象限，讀者對於不同標準所得之受試者不得不察。由於國內學童就
學率已經接近 100%，以及長期的成人補救教育，已使得真正的文盲幾乎不存
在（二、三象限區域）（如圖 1-1 所示），所以國內研究較少涉及文盲。另
外，因缺乏確實的鑑定系統和足夠的特殊教育，國內是有功能性文盲。2003
年國內媒體曾報導一位具有高中學歷但不識字的義務役（洪儷瑜，2003），只
是國內尚未見研究探討其特徵或相關議題。

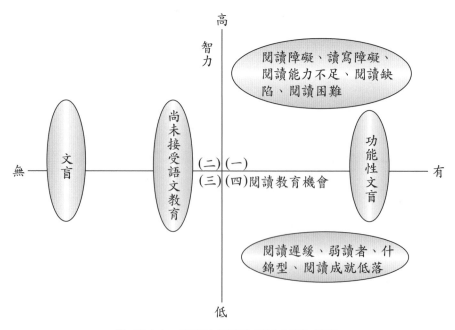

● 圖 1-1　閱讀障礙相關用詞分類架構圖

上述名詞使用上的差異還會因學術領域的不同而有所差別，例如：醫學界常用 dyslexia，且將其譯為「失讀症」或「弱讀者」（poor reader）；而教育界經常使用「閱讀障礙」、「讀寫障礙」、「識字困難」、「國語文低成就」等名詞，各自強調困難領域和包括的範圍也各有差異。基於領域間的交流愈來愈頻繁，在考慮領域間文獻的互通性後，美國「學習障礙協會」（Learning Disabilities Council）曾建議，在研究樣本或個案描述時，不要僅寫診斷名稱，最好也把診斷標準和使用的工具說清楚，增加讀者了解研究者所使用的名詞之真正意義，降低分歧的用詞和標準所造成的混淆。

上述名詞強調的重點和範圍之差異，也反映出閱讀困難的另一個多元性，即「成因多元」。閱讀困難的成因很多，大致可分為環境和個人因素。影響一個人學習閱讀的環境因素包括：家庭社經地位、學校所處區域、居住社區之大小（柯華葳、詹益綾、張建妤、游婷雅，2008）。一般而言，學童處於社經地位低的家庭或居住於社區人口少的地區，其閱讀表現顯著低於家庭社經地位中上、中等以上的學校，或居住在超過 10 萬人社區的學童。另外，閱讀也會受到是否有接受正式教育的機會、入學前的早期閱讀經驗，和正式閱讀階段的學習經驗之影響（Catts & Kamhi, 1999），因為人類學會閱讀的能力，已被證實是後天教育的結果，相對於口語是人類先天的能力（Lyon, 1998），閱讀會因為正式教育的機會而有不同，而且很多學童進入小學接受正式教育之前，其早期接受印刷品的閱讀經驗，以及基礎教育階段所接受的教學方式，都會影響一個人的閱讀學習表現（National Reading Panel, 2003）。這也就是為什麼美國為了減少閱讀困難，積極的推動「閱讀優先」（Reading First）的政策（National Reading Panel, 2003），在學前教育推動閱讀，強調學生學會聲韻覺識能力，且在小學強調有效的教導重要閱讀技巧。如果研究者僅以閱讀得分低下或閱讀與智力間的差距為篩選研究對象之標準，所得的閱讀困難學生僅是一般閱讀低成就者，可能包括環境因素所導致之閱讀困難，而不一定包含所謂有神經功能異常因素所導致之閱讀障礙。

另外，個人的因素也會影響閱讀學習，其主要因素包括：性別、智力、聽力、語言、情緒或其他生理的因素（Catts & Kamhi, 1999; Richek et al., 2002），因此，很多閱讀障礙的定義會要求排除智力、感官、情緒等因素，主要是想找

到一群如國際讀寫障礙學會（IDA）所定義的閱讀障礙或讀寫障礙，強調閱讀困難的主要成因是腦神經功能的異常，而非其他個人因素所致。然而，有些研究並不刻意排除其他個人因素，或僅排除智力低下或採用智力和成就之差距（周台傑、吳金花，2001；錡寶香，2001）。閱讀困難可能導因於環境因素，或是個體腦神經生理因素使然。不同的是，因為環境因素不利所導致的閱讀低成就學生，比較容易經由有效的補救教學而得到改善，但是因為腦神經生理因素造成的閱讀障礙，其困難不容易單純透過有效的補救教學，得明顯的改善。因此有學者主張，以「雙重差距」標準（dual discrepancy）來篩選出閱讀障礙（Fuchs, Fuchs, & Comptom, 2004）；即個體不僅是閱讀成就明顯落後於同儕，同時他們在教學介入後，進步速度也是緩慢的。換言之，閱讀障礙者顯現的問題不僅是閱讀成就的低落，同時也與單純因為環境不利所造成的閱讀困難，本質上有所差異。此概念即運用美國 2004 年在《身心障礙教育法》所提出，利用「介入反應」（response to intervention, RTI）作為學習障礙的鑑定標準（IDEA, 2004），這種利用對補救反應不佳的主張，主要在呼應閱讀障礙有腦神經生理之原因。

這些討論除了學術領域、成因考慮的差異之外，還反應出對閱讀障礙之問題界定的不同看法。Stanovich（1988）認為，閱讀障礙和閱讀遲緩僅是能力上連續的差異，並沒有病理的獨特性，它所呈現的問題是連續向度 （dimensional），而非類別（categorical）；換言之，他認為閱讀障礙不是一個特質完全異於一般能力的「疾患」（disorder），僅是人在閱讀能力連續線上常態分布之現象。其主要是針對最早 Rutter 和 Yule（1975）提出對閱讀障礙的非連續線的概念之反思，Rutter 和 Yule 用閱讀成就不符智力預期水準來定義「閱讀能力不足」者，以區隔智力和閱讀成就沒有差距的「閱讀遲緩」個案，在他們的研究發現，閱讀能力不足者在 10 和 14 歲的出現率，並不如統計學所預估的，而是出現一坨小高峰（hump）。因此，他們認為「閱讀能力不足」並不是閱讀能力連續線的一個現象，應該有別於「閱讀遲緩」。而 Stanovich（1988）以及 Vellutino 等人（2000）用了不同的方法考驗 Rutter 和 Yule 的看法。Stanovich 引用很多研究結果，認為讀寫障礙在識字能力和聲韻能力低下僅是連續向度（dimension）的問題；Vellutino 等人比較了有顯著差距的閱讀

障礙者（reading disabilities）和沒有顯著差異的閱讀低成就者（reading under-achievement）其閱讀補救教學方面的成效，結果發現二者在閱讀能力的成長沒有顯著差異，所以，他們都反駁了 Rutter 和 Yule 的主張，還認為他們的差距標準使得後來的學習障礙一直難以擺脫差距標準的陰影。Stanovich 和 Vellutino 等人隨後都提出了，閱讀障礙鑑定將差距標準列為必要條件並不恰當，主張應該以核心缺陷—聲韻覺識缺陷—作為鑑定閱讀障礙的標準（Stanovich, 1991; Vellutino et al., 2004）。

上述的爭議是閱讀障礙概念中最常討論的，到底要不要採用差距標準？Rutter 和 Yule 一直試圖將「閱讀低成就」和「閱讀成就低落」區隔開來。DSM-IV（APA, 2000）以及 Harris 和 Hodges（1995）的《語文字典》（*The Literacy Dictionary*）所提出來的定義，都是以差距標準來區分閱讀障礙和閱讀低成就，而「世界神經科聯盟」和「國際讀寫障礙協會」的定義卻沒有提及差距標準，而且 IDA 的定義中強調，聲韻覺識的缺陷和識字解碼問題才是讀寫障礙鑑定的核心；雖然他們提到智力正常，但並不要求其閱讀表現與智力有顯著差異。在此定義下，也會出現智力與閱讀成就有顯著差距的個案，但此種閱讀障礙個案，與要求差距標準所得之個案不太一樣，尤其是在智力較低的一群，如圖 1-1 的第四象限可能會因不同主張而可能被包括或排除（有關差距標準之議題在本書第六章將有深入討論）。因為主張閱讀能力低下或具有核心缺陷之閱讀障礙，其智力在 IQ 85～90 可能被包括進來，但若是個體的智力低，不易出現顯著差距，可能會因差距標準排除在外。

無論是近來討論熱烈的介入反應（RTI），或是台灣學習障礙定義所提的鑑定基準，均未強調智力和成就之間的差距是「唯一」與「絕對」的標準。RTI 強調利用補救教學排除環境因素所導致的閱讀困難；台灣的定義則係以智力正常、多元的差距標準、核心缺陷和一般補救教學無顯著成效等，鎖定在神經功能異常所導致的閱讀障礙，而非其他因素所導致的困難。這些組合多種條件的定義，目的在區分不同因素所導致的閱讀困難與神經生理因素所導致之閱讀障礙。歷史上各種不同定義之主張和鑑定標準，反應出當時對閱讀障礙或困難的了解。隨著學術研究的發展，各種主張和標準受到研究的檢驗，合理、合適的定義和篩選標準也逐漸呼之欲出。

閱讀障礙的亞型

　　不管閱讀障礙鑑定是按照哪一種標準，閱讀障礙的異質性，已經是被接受的事實（Aaron & Joshi, 1992）。關於閱讀障礙亞型的說法很多，最早的分法是 Bordor（1973）將讀寫障礙區分為語音缺陷（dysphonetic）和視覺缺陷（dyseidetic）兩種類型，或被稱為深層型讀寫障礙（deep dyslexia）和表層型讀寫障礙（surface dyslexia），只是當時在讀寫障礙與閱讀障礙之區分尚不明顯。

　　確定使用閱讀障礙，且讓它和讀寫障礙有所區分的分類，主要有二：Gough 和 Tunmer（1986）利用閱讀成分，將閱讀障礙分成三類，包括識字解碼有問題的「讀寫障礙」、理解有問題的「理解障礙」，以及兩者都有問題的「什錦型」；Hoover 和 Gough（1990）隨後主張「閱讀簡單觀點模式」（simple view of reading），把閱讀成分簡化為解碼和語言理解（詳見第七章第二節）。

　　Aaron 和 Joshi（1992）以類似的閱讀成分區分閱讀障礙的亞型，卻提出不一樣的說法，他們將閱讀障礙區分為特定型閱讀障礙（specific reading disabilities）、非特定型閱讀障礙（nonspecific reading disabilities）和低閱讀能力者（low ability reader），各類型的特質茲說明如下：

1. 特定型閱讀障礙或稱為發展性讀寫障礙（developmental dyslexia）：這是指識字技巧有缺陷、閱讀速度慢、朗讀錯誤多、拼字差、過度依賴文本認字、書寫語文錯誤，但聽覺理解正常者。

2. 非特定型閱讀障礙：這是指識字技巧好，語言理解差，其閱讀和聽覺理解都差，但對於利用字族（word family）學習單字的表現不錯，在識字上不會犯太多錯誤。此類的出現比率比特定型閱讀障礙低。

3. 低閱讀能力者：這是指識字和理解皆差。他們不僅是閱讀能力低而已，閱讀能力僅是整個認知能力的其中一種表現。這一群可能是一般認知能力低下的學習遲緩者（slow learner），如 Rutter 和 Yule 所謂的閱讀遲緩（reading backward）者。

之後，Catts 和他的同事利用閱讀成分模式，提出了閱讀障礙（reading disabilities）的亞型區分（Catts & Kamhi, 1999）。他們使用和 Gough 等人相同的成分（如圖 1-2 所示），將解碼有缺陷者稱為「讀寫障礙」（dyslexia），語言理解有缺陷者稱為「理解障礙」（hyperlexia），兩者都有問題者稱為「語言學習障礙」（language learning disabilities, LLD），他們不認為兩種都有問題的是屬於閱讀遲緩者或什錦型閱讀障礙，而以學習障礙的概念去定義此群是口語和書面語言都有問題的「語言學習障礙」。Catts 後來和他的研究小組也利用這個模式，探討讀寫障礙和特定型語言缺陷（specific language impairment, SLI）是否為不一樣的障礙，結果以聲韻覺識測量比較上述兩組和普通學生，發現 SLI 的聲韻覺識和一般學生接近，顯著高於讀寫障礙和讀寫障礙兼 SLI 者，證實了 SLI 和讀寫障礙是不同的障礙（Catts et al., 2005）。

洪儷瑜、陳淑麗、王瓊珠、方金雅和陳美芳在台灣的樣本中，採 Gough 等人的分類，比較讀寫障礙、理解障礙、兩種都差，以及兩者皆可的學生，結果與 Catts 的結果一致，理解障礙和兩者皆可的學生在聲韻覺識的得分上顯著

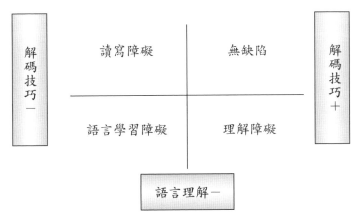

● 圖 1-2　Catts 和 Kamhi（1999）的分類圖

高於其他兩組（Hung et al., 2008），由此可見，閱讀障礙內的讀寫障礙和理解障礙確實有不同的核心缺陷，如 Catts 等人所說，兩者是不同的障礙（distinct disorders）。

英國學者 Bishop 和 Snowling（2004）也參考此架構，試圖區分讀寫障礙和 SLI 的不同。他們將 X 軸的解碼能力換成聲韻技巧，把 Y 軸的語言理解或聽覺理解換成非聲韻的語言技巧（如圖 1-3 所示），依 XY 軸分成四組，分別為讀寫障礙、無缺陷者、特定型語言缺陷、弱理解者（poor comprehender）。另外，Nation（2005）為了清楚區分發展障礙（developmental disorders）在語言方面的問題，也仿造此架構圖來做說明，他以解碼和語言理解能力為 XY 軸，將語言發展障礙個案區分為讀寫障礙、無缺陷、普遍的弱讀者和弱理解者（Nation, 2005）。Nation 的分法似乎結合了上述三種分類方式，利用識字解碼、聽覺理解作為區分的向度，但四種亞型之命名則綜合了 Aaron 等人和 Bishop 等人的說法。

綜合上述，可以發現目前「閱讀障礙」的亞型分類和稱呼上，較為一致的是單一缺陷者，有讀寫障礙或特定型閱讀障礙，另一群是弱理解者或理解障

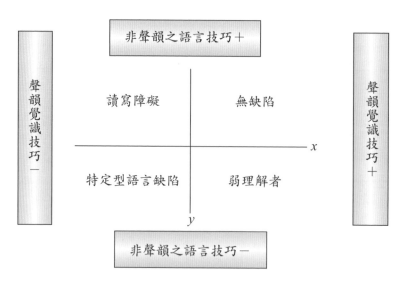

● 圖 1-3　Bishop 等人（2004）的分類圖

礙。比較不一致的是兩者皆差者,其被稱為一般能力低下的弱讀者,或是特定
型語言缺陷(SLI),或是語言學習障礙(LLD),只是由Catts等人(2005)
的研究發現,SLI 的聲韻覺識技巧並未顯著低於一般學生,所以 Bishop 和
Snowling(2004)對讀寫障礙和SLI的區分,似乎並未獲得實徵資料的支持。
根據Catts等人和筆者的研究結果,以圖 1-3 中 Bishop 等人以語言成分區分的
亞型來看,SLI應該是在理解障礙的位置,在閱讀障礙中有一群人是沒有聲韻
覺識困難的,沒有讀寫障礙的核心缺陷,但可能在「非」聲韻覺識的語言成分
上有問題或者有語言理解單一缺陷,由此也間接說明了閱讀障礙和讀寫障礙兩
個名詞所表達的概念是不一樣的。至於閱讀障礙中兩者皆差者,是否為過去學
者認為的低能力的閱讀遲緩者,或是 Bishop 和 Snowling 所謂的 SLI,還是
Catts 和 Kamhi 所謂的 LLD?只要在診斷時排除智力因素即可區分。

　　閱讀障礙除了上述聲韻覺識的單一缺陷之外,美國學者 Wolf 和她的同事
(Wolf & Bower, 2000)則提出了雙缺陷假說(double-deficit hypothesis),他
們認為聲韻覺識的單一缺陷無法完全解釋閱讀障礙,因為有的閱讀障礙對聲韻
覺識的補救教學反應不佳,或根本沒有聲韻覺識的問題,所以,他們主張快速
唸名(rapid naming)是第二個缺陷所在,依照雙缺陷假說可將閱讀障礙分為
三種亞型:聲韻覺識缺陷(phonological-deficit, PD)、唸名速度缺陷(speed-
naming-deficit, SND)和雙缺陷(double deficit, DD)(如圖 1-4 所示)。曾世
杰(1999)和他的研究生編製「聲韻覺識測驗」、「唸名測驗」(曾世杰、邱
上真、林彥同,2003),以及利用雙缺陷假說探討國內的閱讀障礙亞型,證實
了雙缺陷假說在中文的閱讀障礙學生也能找到這三個亞型,並提出補救教學方
案(陳淑麗、曾世杰,2005)。

　　但是,Vukovic 和 Siegel(2006)則利用描述分析的方式,整理有關雙缺
陷假說的 36 篇文獻,他們對唸名速度或該亞型的研究結果提出以下質疑:(1)
SND 在閱讀障礙中僅見極少數的比率;(2)學習障礙母群中出現 SND 亞型的比
率遠高於閱讀障礙,SND 應是學習障礙的亞型,而不限於閱讀障礙;(3)唸名
速度應該就是語文短期記憶(verbal short-term memory, VSTM),閱讀障礙的
唸名速度缺陷不一定僅和聲韻缺陷形成雙缺陷,也會和字形處理缺陷形成雙缺
陷,甚至有唸名速度、聲韻、字形等三種缺陷的閱讀障礙,所以,唸名速度缺

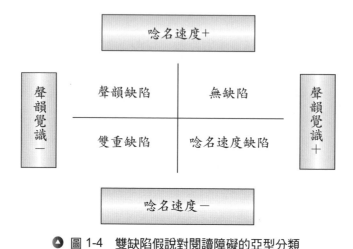

● 圖 1-4　雙缺陷假說對閱讀障礙的亞型分類

陷確實會出現在很多閱讀障礙者身上，但卻很少有單獨缺陷存在；(4)SND 亞型或語文短期記憶有問題的學生，不一定會出現閱讀能力低下的問題，很多研究都是以差距標準選出的個案，其閱讀能力並不一定低下；(5)唸名速度與識字、閱讀的相關或預測關係不穩定；(6)唸名速度並非是獨立於聲韻覺識的另一個能力，有些研究發現它與聲韻覺識的相關大於和識字能力的相關，此可能是聲韻覺識中的聲韻記憶力（phonological memory）使然；(7)唸名速度對於早期閱讀確實有預測力，但很多研究發現其對於閱讀之預測力隨年級下降。因此，他們建議主張有唸名速度缺陷者應針對上述質疑提出更多證據，否則該缺陷不應該被視為閱讀障礙的亞型之核心缺陷，同時，他們也肯定雙缺陷亞型確實是閱讀障礙最為嚴重的一群；陳淑麗、曾世杰（2005）也發現雙缺陷亞型是最嚴重的閱讀障礙類別（請見第四章）。

第五節

結　語

　　基於閱讀能力對於現代人的重要，預防閱讀困難的工作是很多國家努力的重點，然而，導致閱讀困難之成因多元，隨著科學研究和評量工具的進步，閱讀障礙名詞的混用和核心的問題已經逐漸獲得釐清，讓發現閱讀障礙者之困難和範圍逐漸明朗。本章除了探討閱讀障礙的定義、名詞、基本概念、成因外，利用各種閱讀障礙亞型的說法，釐清「閱讀障礙」一詞下的可能亞型，透過亞型的分類可提供研究者或臨床實務工作者對閱讀障礙的內涵、診斷和介入計畫之深入了解。各種亞型或許可能僅有部分實證資料支持其假說，但可以肯定的是，閱讀障礙僅是一個統稱，依據不同的理論所提出的成分，就會出現不同的亞型。在閱讀障礙的群體中，有一群是閱讀理解差但識字解碼都沒有問題，甚至聲韻覺識沒有問題；有的是識字解碼有問題但理解沒有問題（讀寫障礙）；還有的是識字解碼好但語言理解有問題（理解障礙或弱理解者），以及識字和理解都差，或是聲韻和唸名速度都有問題者。只是這些亞型的出現都未包括兩種成分皆佳的族群，但這群個案若在傳統以閱讀能力低於智力或年齡水準的差距標準之下，有可能符合閱讀障礙的標準。

　　從洪儷瑜（2005）所提出的語文能力評量項目，依據語文評量範圍區分為三層次（如圖 1-5 所示），分別是「綜合成就或綜合性能力」（如國語文成就測驗）、「特定領域」（如識字、閱讀理解、聽覺理解）和「相關認知能力」（如聲韻覺識、唸名速度）。當我們僅用層次一「國語文成就或閱讀綜合能力」篩選閱讀困難或低成就學生，可能找到一群如圖 1-1 之第一、四象限所提到的閱讀困難者，加上常用的智力、教育機會、其他因素排除等的標準之後，再進一步評估層次二「特定領域」的評量，例如：識字、口語理解等，原來這一群閱讀困難或低成就者則區分成不同亞型，如圖 1-2、1-3 所示，但卻有些受試者可能沒有閱讀障礙所謂的核心缺陷，或可能有其他缺陷，需要進一步進行層次三「相關認知能力」的評估。所以，不管這些閱讀困難的名稱為何，經過不同層次的評量，都可以讓我們更了解其閱讀困難之核心問題，這些對於教

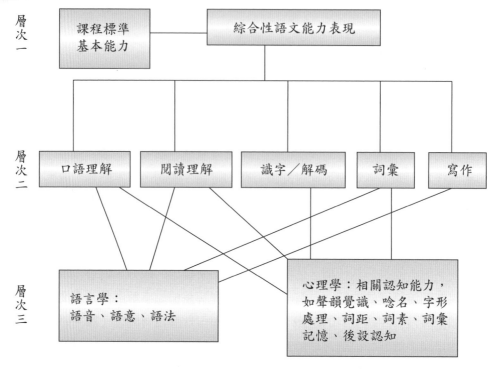

圖 1-5　語文評量的領域與三層次

資料來源：引自洪儷瑜（2005：22）

育實務工作都有其重要的意義。

　　總之，讀者能夠透過對閱讀困難可能的概念和成分架構的了解，閱讀有關閱讀障礙（或困難）的文章時，可以區分筆者所提及的閱讀困難是屬於哪一種，其所包括的範圍大概有多大。本章所提之標準，以及是否考慮智力、教育機會或補救介入條件，甚至是否強調其核心缺陷等，這些覺察都有助於讀者對閱讀困難之相關文獻的了解、統整與運用。

參考文獻

● 中文部分

天下雜誌（2002）。**海闊天空 VI，閱讀——新一代知識革命**。台北市：天下文化。

王瓊珠（2001）。台灣地區讀寫障礙研究回顧與展望。**研究彙刊——人文與社會科學，11**，331-344。

吳淑娟（2001）。**國小閱讀理解困難學童之詞彙能力分析研究**。國立台灣師範大學特殊教育學系碩士論文，未出版，台北市。

周台傑、吳金花（2001）。國民小學閱讀障礙學生閱讀錯誤類型分析。**特殊教育研究學刊，19**，37-58。

林素貞（2001）。國民小學讀寫障礙學生國語課學習特徵檢核表之編制報告。**特殊教育研究學刊，20**，97-101。

邱上真、洪碧霞（1997）。**國語文低成就學生閱讀表現之追蹤研究（II）**。行政院國家科學委員會專題研究計畫報告。

柯華葳（2001）。語文科的閱讀教學。載於李咏吟（主編），**學習輔導——學習心理學的應用**（第二版）（頁 307-349）。台北市：心理。

柯華葳、洪儷軒（1999）。**學童閱讀困難的診斷與鑑定研討會論文集**。嘉義縣：國立中正大學心理學系與認知科學研究中心。

柯華葳、詹益綾、張建好、游婷雅（2008）。**台灣四年級學生閱讀素養——PIRLS 2006 報告**。桃園縣：國立中央大學學習與教學研究所。

洪儷瑜（1997）。國小國語文低成就學生之視知覺能力研究。**特殊教育研究學刊，15**，275-292。

洪儷瑜（2003，11 月 23 日）。功能性文盲，孰之過。**自由時報**，時報廣場。

洪儷瑜（2005）。由語文學習困難的評量工具談其概念與運用。載於洪儷瑜、王瓊珠、陳長益（主編），**突破學習困難——評量與因應之探討**（頁 4-28）。台北市：心理。

胡永崇（1999）。國語文低成就學生後設認知能力之研究。載於柯華葳、洪儷軒，**學童閱讀困難的鑑定與診斷研討會論文集**（頁 125-138）。嘉義縣：國立中正大學心理學系與認知科學研究中心。

陳美文（2002）。**國小讀寫困難學生認知能力之分析研究**。國立台灣師範大學特殊教育學系碩士論文，未出版，台北市。

陳美芳（1999）。國語文低成就學童口語理解能力的發展。**特殊教育研究學刊，17**，189-204。

陳淑麗、曾世杰（1999）。閱讀障礙學童聲韻能力之研究。**特殊教育研究學刊，17**，205-223。

陳淑麗、曾世杰（2005）。念名速度及聲韻覺識在中文閱讀障礙亞型分類的角色。載於洪儷瑜、王瓊珠、陳長益（主編），**突破學習困難——評量與因應之探討**（頁179-213）。台北市：心理。

陳慶順（2000）。識字困難學生與普通學生識字認知成分之比較研究。**特殊教育研究學刊，21**，215-257。

曾世杰（1999）。國語文低成就學童之工作記憶、聲韻覺識與念名速度之研究。載於柯華葳、洪儷軒，**學童閱讀困難的鑑定與診斷研討會論文集**（頁5-28）。嘉義縣：國立中正大學心理學系與認知科學研究中心。

曾世杰、邱上真、林彥同（2003）。幼稚園到國小三年級學童各類念名速度能力之研究。**師大學報——教育類，48**，261-290。

楊憲明（2001）。閱讀障礙視知覺缺陷之探究——文字辨識與視覺離心作用。**特殊教育研究學刊，21**。189-213。

錡寶香（2001）。國小低閱讀能力學童語言能力之分析。**特殊教育研究學刊，22**，69-96。

●英文部分

Aaron, P. G., & Joshi, R. M. (1992). *Reading problems: Consultation and remediation*. New York: The Guilford Press.

Aaron, P. G., Joshi, R. M., & William, K. A. (1999). Not all the reading disabilities are alike. *Journal of Learning Disabilities, 32*, 120-147.

American Psychiatric Association [APA] (2000). *Diagnostic and statistical manual of mental disorders* (4th ed.). Washington, DC: The Author.

Bishop, D. V. M., & Snowling, M. J. (2004). Developmental dyslexia and specific language impairment: Same or different? *Psychological Bulletin, 130*, 858-886.

Bordor, E. (1973). Developmental dyslexia: A diagnostic approach on three antypical reading-spelling pattern. *Developmental Medicine and Child Neurology, 15*, 663-687.

Catts, H. W., & Kamhi, A. (1999). Causes of reading disabilities. In H. W. Catts & A. Kamhi (Eds.), *Language and reading disabilities* (pp. 95-117). Boston, MA: Allyn & Bacon.

Catts, H., Adlof, S. M., Hogan, T. P., & Weismer, S. E. (2005). Are specific language impairment and dyslexia distinct disorder. *Journal of Speech, Language, and Hearing Research, 48*, 1378-1396.

Catts, H., Hogan, T., & Fey, M., E. (2003). Subgrouping poor readers on the basis of individual differences in reading-related abilities. *Journal of Learning Disabilities, 36*, 151-164.

Critchley, M. (1970). *The dyslexic children*. London: William Heinemann Medical Books.

Fuchs, D., Fuchs, L. S., & Compton, D. L. (2004). Identifying reading disabilities by responsiveness to instruction: specifying measures and criteria. *Learning Disability Quarterly, 27*(4), 216-228.

Gough, P., & Tunmer, W. (1986). Decoding, reading, and reading disabilities. *Remedial and Special Education, 7*, 6-10.

Hallahan, D., Lloyd, J., Kauffman, J., Weiss, M., & Martinez, E. (2005). *Learning disabilities* (3rd ed.). Boston, MA: Allyn & Bacon.

Harris, T. L., & Hodges, L. (1995). *The literacy dictionary: The vocabulary of reading and writing*. Newark, DE: International Reading Association.

Hoover, W. A., & Gough, P. B. (1990). The simple view of reading. *Reading and Writing: An Interdisciplinary Journal, 2*, 127-160.

Hung, L., Chen, S., Wang, C., Fan, C., & Chen, M. (2008, June). *The subtypes of Chinese reading disabilities in Taiwan.* Paper presented at the 32nd Annual IARLD Conference, Toronto, Canada.

Idol, L. (1988). Johnny can't read: Does the fault lie with the book, or Johnny? *Remedial and Special Education, 9*, 8-25.

Individuals with Disabilities Education Act [IDEA] (2004). *U.S. Department of Education.* Retrieved February 20, 2006, from http://frwebgate.access.gpo.gov/cgi-bin/getdoc.cgi?dbname=108_cong_public_laws&docid=f:publ446.108

Lyon, G. R. (1998). Why reading is not a natural process. *Educational Leadership, 55*(6),

1-7.

Lyon, G. R. (2003). Defining dyslexia, comorbidity, teachers' knowledge of language and reading. *Annals of Dyslexia, 53*, 1-14.

McCormick, S. (1995). *Instructing students who has literacy problem.* Englewood Cliff, NJ: Prentice-Hall.

Nation Reading Panel (2003). *Put reading first.* Washington, DC: The Author.

Nation, K. (2005). Why reading comprehension failed: Insights from developmental disorder. *Topics in Language Disorder, 25*, 21-32.

National Institute of Child Health and Human Development [NICHD] (2000). *Emergent and early literacy workshop: Current status and research directions.* Retrieved December 12, 2001, from http://www.nichd.nih.gov/crmc/cdb/eeldocv8ps.pdf

Organisation for Economic Co-operation and Development [OECD] (2006). *Assessing scientific, reading, and mathematic literacy: A framework for PISA 2006.* Paris: The Author.

Parson, S., & Bynner, J. (2002). *Basic skills and social exclusion.* London: The Basic Skills Agency.

Pugh, K. R., Mencl, W. E., Jenner, A. R., Lee, J. R., Katz, L., Frost, S. J., Shaywitz, S. E., & Shaywitz, B. A. (2001). Neuroimaging studies of reading development and reading disability. *Learning Disabilities Research & Practice, 16*(4), 240-249.

Richek, M. A., Caldwell, J. S., Jennings, J. H., & Lerner, J. (2002). *Reading problems, assessment and teaching strategies* (4th ed.). Boston, MA: Allyn & Bacon.

Rutter, M., & Yule, W. (1975). The concept of specific reading retardation. *Journal of Child Psychology and Psychiatry, 16*, 181-185.

Shaywitz, S. (2003). *Overcome dyslexia.* New York: Alfred A. Knopf.

Stanovich, K. E. (1988). Explaining the difference between the dyslexic and garden-variety poor reader: The phonological-core-variable-difference model. *Journal of Learning Disabilities, 10*, 590-604.

Stanovich, K. E. (1991). Conceptual and empirical problems with discrepancy definitions of reading disabilities. *Learning Disabilities Quarterly, 14*, 269-280.

Stevenson, H. W., Stigler, J. W., Lucker, G. W., Lee, S., Hsu, C., & Kitamura, S. (1982). Reading disabilities: The case of Chinese, Japanese, and English. *Child Development,*

53, 1164-1181.

Vellutino, F., Fletcher, J. M., Snowling, M. J., & Scanlon, D. M. (2004). Specific reading disability (dyslexia): What have we learned in the past four decades. *Journal of Child Psychology and Psychiatry, 45*, 2-40.

Vellutino, F., Scanlon, D., & Lyon, R. (2000). Differentiate between difficult-to-remediate and readily remediated poor readers: More evidence against the IQ-Achievement discrepancy definition of reading disability. *Journal of Learning Disabilities, 23*, 223-238.

Vukovic, R. K., & Siegel, L. S. (2006). The double deficit hypothesis: A comprehensive review of the evidence. *Journal of Learning Disabilities, 39*, 25-47.

Wolf, M., & Bower, O. P. G. (2000). Naming-speed and developmental reading disabilities: An introduction to special issues on double-deficit hypothesis. *Journal of Learning Disabilities, 33*, 323-324.

第二章

閱讀成分與閱讀發展

柯華葳

「課文中的中文字一直是不可捉摸、奇形怪狀的黑色線條，他們飄入我的腦袋裡又飄出來。……當我看到『长』就想到英文字母『K』，……。某些時候，一些線條彷彿直直站起來，突然間，這些線條變成有意義的字。」（引自吳美真譯，2006：80）

這是初學中國字的外籍學生所寫關於認中國字的「認知」歷程，他藉著既有的知識：英文字母來學中國字。

同一位作者學習中文時，最常聽到老師說的是：『不對。』在中國的學校裡：『成功是理所當然的，而失敗了就遭到批評，且立刻被糾正』，這是中國的方式。（引自吳美真譯，2006：81）

這是一個挫折的經驗。到底學習中文有沒有更好的教學方法？

不只是外籍人士學中文有挫折，說本國語的我們，讀中文時也或多或少會產生一些問題，因為閱讀是要學習，且是一直要學習的能力，要學習就會產生學習上的問題。本章嘗試著回答學習閱讀中文的一些相關問題。

閱讀到底要學些什麼？一般而言，包括與閱讀直接有關的能力，例如：認字和理解，也包括和語言、認知有關的處理符號之能力。而不論閱讀或是認知能力，都是逐漸發展出來的。本章主要介紹：

1.認識符號：中國字概念＋組字知識＋詞彙知識。

2. 識字的認知成分：語音覺識、構詞覺識、流暢度。

3. 理解：背景知識＋文體知識。

4. 閱讀發展：學著讀、讀以學。

認識符號

　　如第一章所提出，閱讀可以區分為兩個主要成分：認字（認識書面符號）與理解。認識符號主要指讀出書面符號的意義，這包括讀符號和理解符號。書面符號有許多，圖、文字、數字、注音等符號都是（如「好」、「地」、「7」、「8」、「ㄅ」、「ㄑ」、「Ｇ」、「Ｃ」、「：)」等）。閱讀書面符號的歷程，包括符號的概念以及處理符號的心理運作。認識符號則指，要認識符號特性，有此符號的概念以及辨識它的方法。

　　閱讀中文首先要辨識「中國字」的特徵，例如：中國字有左右（「明」由「日」、「月」組成）、上下（「音」由「立」、「日」組成）、框框（如「國」、「圖」等字的「囗」）等組合特徵（葉素玲、李金鈴、陳一平，1997）；這些組合指出中國字的一個特性，就是大多數國字是由不同國字所組成，在生活中，我們常說：「木」「子」「李」、「耳」「東」「陳」就是一例。因此在識字時，如何由已知的字去認識「新字」，這是教學上要掌握的。組成國字的字我們通常稱為部件，不過有的部件不一定是一個完整國字，例如：「昂」下面的「卬」的兩部件「匚」和「卩」。我們常用的部件，因有些可以表意或是表音，而被稱為「部首」或「聲旁」。

一、組字知識

　　一位 5 歲小朋友將「桿」唸為「木」和「早」，這現象正反應了中國字的特性，也表示：

1. 這位小朋友已認得一些中國字，例如：「木」和「早」。

2. 小朋友認得的中國字還不夠多，讓他唸不出「ㄍㄢ」（桿的字音）。

因此，閱讀中國字需要有中國字的「組字知識」以及「詞彙知識」。

中國字的組字知識包括：

1. 組字規則：如「宀」只置於字的上端，如「寶」；「亻」則只置於字的左邊，如「仁」。

2. 音部的知識（俗稱聲旁）：知道字可以表音，如有「表」為音部的字皆唸「表」，如：錶、裱、俵。

3. 義部的知識（俗稱部首）：知道字可以表義，如認識「金」部表示與金屬有關，因此，鉓、鉋、鈷、釬都與金屬有關。

雖有上述認字知識，但學生漸漸發現這些規則中有許多的例外，例如：柚、釉、鼬有「由」邊都可以唸做「柚」，但「抽」的「由」就不唸「柚」；又例如：免、晚、勉等字有「免」，但唸法不一致。至於部首，鎮、錄、鋪都有「金」邊，但與金屬的關係並不是直接可以說出其字義。此外，還有一些所謂的獨體字，如「凹」、「凸」，即不適合使用上述規則來指認；但是獨體字卻很重要，舒華和其同事（Shu, Chen, Anderson, Wu, & Xuan, 2003）分析中國大陸小學生國語課本發現，低年級學習的字多數是獨體字，它們是組合成其他國字的基礎。

隨著年級增加，學生以聲旁表音的能力愈好（洪儷瑜、方金雅、陳慶順，2006）。至於部首表義，小學四年級以後的大多數學生，都知道部首所代表的意思（洪儷瑜、陳慶順，2006；Ko & Wu, 2003）。胡志偉和其同事（Lo, Hue, & Tsai, 2007）測試小學二、四和六年級學生拼讀真／假國字，發現識字量是識字的關鍵，且利用字部件，特別是聲旁讀字是一關鍵。換句話說，識字量要到一定程度，才會以聲旁識字。胡志偉等人估計，大約有常用 1,500 字左右，學生才可以開始用部件猜字，識字量愈高，成功比例愈高。而 1,500 字大約是小學二、三年級學生的識字量（如表 2-1 所示）。

王瓊珠、洪儷瑜、陳秀芬（2007）以小一到國三的學生為受試者，跨年級測試識字量，得到一個與發展有關的識字成長量估計（表 2-1）。由表 2-1 可以看到，小一至小二、小二至小三識字量幾乎都是倍數的增長，之後識字量成

表 2-1 小一至國三學生平均識字量

年級	小一	小二	小三	小四	小五	小六	國一	國二	國三
平均	683	1,297	2,115	2,649	3,133	3,423	3,542	3,555	4,067
標準差	251	184	414	454	551	549	549	586	540

長速度穩定。為什麼小二和小三的識字量會快速成長？以胡志偉等人的研究（Lo et al., 2007）來回應，當學生開始掌握部件，特別是聲旁時，就可以猜字，識字量自然增加。這裡似乎呈現一個循環，識字量到一個程度可以利用聲旁識字；而識字量的增加，是因可以利用部件識字。這個即被稱為「馬太效應」。

馬太效應是基督教聖經「馬太福音」中耶穌的比喻。耶穌說到，三個僕人手中各有一筆資金，其中兩位利用資金，努力生產，回收更多，另一位覺得自己的資金少，沒有利用（把錢埋在土裡），自然沒有回收。等主人回來，檢視三人的成績，主人對兩位有資金又加以利用的大加獎勵，使他們多上加多。這就是所謂的「馬太效應」，又稱為「富者愈富」原則，由學者（Stanovich, 1986）借來描述學習上富者愈富的現象。

王瓊珠等人（2007）研究低識字組學生，到四年級時平均識字量有 1,300 字左右，到五年級才有 1,500 字左右，到了九年級，其平均識字量還不如一般三年級學生的識字量。也就是學生一開始識字量不多，會影響其後識字量的成長。

我們大膽但合理的推論，若學生到小二或小三不能掌握部件，包括聲旁和部首來「猜字」，其後識字量的增長有限；但是，小二、小三時能猜字是因為當時已經有足夠的識字量。學生由學習一個一個的字，到形成「組字知識」，而使用它來認字，並漸漸知道規則的例外，這是一個連續的學習歷程。在這個歷程中，學生不只學到字，更透過所認識的字，產生認字的知識與方法，這可以使他辨認更多的字——所謂「富者愈富」的認字者。

二、詞彙知識

　　幼童在生活中已學到許多詞彙。Hart 和 Risley 曾估算，一位嬰幼兒若每天有 14 個小時清醒，且每個小時有人跟他說 50 個詞，一天下來他會聽到 700 個詞，一年 365 天就會聽到 250,000 個詞，不論是重複或不重複的詞彙（Hart & Risley, 1995, 引自柯華葳、游婷雅譯，2007），這是一筆龐大的量。計算這些量的重點在它與幼兒往後的詞彙發展有關係，如與小學二年級的詞彙量有關[1]，而詞彙量又是預測閱讀能力最顯著的指標。

　　一開始閱讀時，可以說是為腦中的詞彙找相對應的國字。如剛識字的幼童會突然宣稱，這是我的名字，因其名字中有「誠」字。慢慢的，學童會了解中國字可以移動組成不同意思的概念（請見下一節的構詞覺識）。中國詞由字組成的特色，說明識字不一定保證知道詞的意思，例如：物理課本中的物理詞彙都是由國字組成，但我們不一定知道其意義。這就是為什麼研究指出，個體的「詞彙量」及「背景知識」與識字和閱讀理解有關係。

第二節

識字的認知成分

　　學認字如上所述，需要組字知識，而形成組字知識有一些認知上的要求，包括對語音和詞彙成分的覺知。

一、聲韻覺識

　　聲韻覺識是指，對於語音成分的分辨與操作，例如：聽到「紅花」知道它

---

[1] 通常我們以心理詞彙（mental lexicon）來說明個體擁有的詞彙。最常用的評量工具是圖畫詞彙測驗，例如：「畢保德圖畫詞彙測驗」（Peabody Picture Vocabulary Test, PPVT）〔Dune & Dune 編製，中文版本由陸莉、劉鴻香修訂（1998）〕。

30

是由兩個字音組成，可以移動「紅」與其他字組成「紅帽」、「紅字」等詞。
進一步的，聽到「帽」、「好」、「貓」、「老」，能分辨他們都有「ㄠ」
音，只是聲符不同。讀者還可以在「ㄠ」上加上不同聲符，例如：「包」和
「刀」，這就是對語音的操作。有語音覺識，兒童可以操弄音，例如：聽到新
詞「新陳代謝」不知怎麼寫，他可以猜字音，以同音字呈現，例如：「心沉帶
謝」；或是拆解字音以注音符號寫出，這也就是學習注音符號的用意，以所學
37 個聲符和韻符拼出任何音，碰到不認識的字，透過拼音可以唸出這個字，
因此注音符號是學習國字的工具。但是研究指出，聲韻覺識在小學一年級以後
成長有限（柯華葳、李俊仁，1996；曾世杰、陳淑麗、謝燕嬌，2006），這表
示聲韻覺識是一個基礎，在聲韻之後，還有許多與閱讀有關的條件待發展（詳
見第七章至第十章）。

注音符號

　　柯華葳、李俊仁（1996）追蹤初入小學的學生學習注音符號與國字
的狀況，直到小學二年級結束，研究指出認注音符號及拼音的成績與認
國字的成績有顯著相關，也就是說，辨認注音符號與拼音的正確率愈高，
辨認的國字數量也就愈多；但此關係隨著學童的認字量增多而降低。這
很可能表示，認注音與拼音能力只在初學識字時有幫助，但隨著識字量
的增加，學童發展出組字知識，也發展出閱讀的能力，注音符號對辨識
國字的重要性就漸漸退居幕後了。

　　這個研究資料對教育的意涵是，學習注音符號對認識國字是有幫助
的，但不是非有注音符號不可。對於學習注音符號有困難的學童來說，
他們還是可以認識國字，就像沒有注音符號以前，許多人是以國字來辨
認國字一樣（請見第一節認識符號的說明）。

🐟 二、構詞覺識

中文讀者閱讀時很自然會以兩個字為單位來閱讀（柯華葳、陳明蕾、廖家寧，2005），這反應出多數中文的「構詞」單位是以兩個字為一組。有研究者以構詞覺識（morphological awareness）來研究學習者對詞的概念。詞素（morphology）是構詞的最小單位，例如：「誠實」、「誠意」、「誠心」都有「誠」，「誠」即是詞素。構詞覺識包括詞素關係覺識、詞素詞性覺識、詞素合成覺識（胡潔芳，2008）。2 歲左右會說話的幼童因成人教導他對人的稱呼，例如：「柯老師」，他會認為「柯老師」就是「老師」。漸長，幼童發現「老師」有不同的「姓」，如同阿姨有「黃」阿姨、「王」阿姨，因此他們可以採「姓」來分辨「王」爺爺、「李」婆婆、「趙」叔叔等。幼童漸漸也將其他字，如「小」、「大」拿來形容環境中的事物，例如：「大」的小孩子、「小」的大象（指象寶寶）。這是詞素合成覺識的起始。

構詞中最複雜的是字的位置造成詞有不同的意義，例如：「誠實」、「誠意」、「誠心」，將詞中的兩字對調位置，「心誠」、「意誠」有意義，但是「實誠」就不成立。覺知位置與意義的關係就是詞素關係覺識。基本上，兒童的詞彙量與構詞覺識有關係，也就是說，詞彙愈豐富，愈能拆解與理解詞素合成與詞素關係的合理性與合法性，進而增加其詞彙辨識能力，例如：「電氣化」的「化」加在各種詞素上可成為「e 化」、「數位化」等詞。對詞彙豐富的讀者來說，「化」加到哪一個詞上，都不算是生詞，他都可以推測出該詞的意思，其詞彙量自然增加，這也是「富者愈富」的寫照。至於詞素詞性覺識是指，辨識「素（形容）食（名）」和「食（動）素（名）」因字的位置變更，而造成詞中相同兩字的詞性有所不同。詞素詞性覺識使讀者更了解詞的本意。

🐟 三、流暢性

流暢性如字面所述，指讀文本的時候是不是流利順暢，要表達的是學生可以很「自動」的唸出文本中的字或詞。其中所反應的閱讀能力包括詞彙量以及抽取詞彙速度。閱讀過程中若不流利，自然影響理解。流暢性的測量有的以固

定材料，計算學生需要多少時間唸完（如洪儷瑜、王瓊珠、張郁雯、陳秀芬、陳慶順，2006）。通常的計算方式是以一分鐘為單位，扣除唸錯的字，計算學生在一分鐘內可以讀出多少字，字數愈多表示愈流暢。隨著閱讀經驗愈長，愈熟悉讀物，出聲朗讀就愈流暢。開始讀字的幼童把識得的字，逐字一一讀出。漸長，成詞的唸出，如讀「大朋友」一詞，讀「大」「朋友」或「大朋友」，而非「大」、「朋」、「友」。再長，或是更熟悉讀物，語音和斷詞上的錯誤應該幾近消失。

聲旁、聲韻覺識與識字的關係

　　上述所指的閱讀成分之間有什麼關係？在學習上是不是有某一種成分能力必須先學會，才容易學習另一種能力？為回答此問題，筆者將識字量作為依變項，識字量取自洪儷瑜、王瓊珠、張郁雯、陳秀芬和陳慶順（2006），分析聲旁知識（洪儷瑜、方金雅、陳慶順，2006）、部首知識（洪儷瑜、陳慶順，2006）與聲韻覺識（曾世杰等，2006）對識字的解釋力。迴歸分析得到總解釋量為32%，由小二到國三，不分年級，聲旁可以解釋19%的識字量，緊接著為聲韻，增加9%的解釋量（如表2-2所示），顯示聲旁與聲韻覺識對識字的重要性。

表2-2　解釋識字量的預測變項

變項	R^2	R^2 改變量
1.聲旁表音	.191	.192***
2.聲韻覺識測驗	.282	.091***
3.部首表義	.317	.035***

*** $p < .001$

第三節
理解

一、文本理解

　　閱讀理解第一階段是「讀懂」文本，讀懂是指，明瞭字詞與字詞、句與句、段落與段落之間的意思。首先，讀字不是在記憶中留著所讀的每一個字，因工作記憶處理量有限，因此會形成「命題」。當命題累積一定的數量，工作記憶也不能負擔時，勢必要重整成有結構的知識（或是階層或是其他組織），再送到長期記憶。但是要留下一核心命題與繼續讀進來的訊息形成新命題，並核對新近訊息與舊有訊息的一致性。

　　命題的形式不一，或許是文字、或許是圖，例如：「枯藤老樹昏鴉，小橋流水人家，古道西風瘦馬，斷腸人在天涯」，很多讀者讀完這一首詩，會形成枯藤、老樹、昏鴉的圖象，這也是命題。將枯藤、老樹、昏鴉構成一幅圖是文本微處理，形成一事件記憶。詩的其他三句亦各自可形成命題，而後跨越四句詩，形成以文本為基礎的「文本模式」，有階層、遠近。進一步，有的讀者加入老翁或是時局解釋此詩的意境，即成「情境模式」（situation model）（Kintsch, 1998）。

　　教室裡老師要求學生摘要或是說出重點都是理解的表徵，且是以文本訊息為基礎的理解。當讀者進一步以自己的背景知識詮釋或批判文本，因納入既有背景知識來推論，不同背景讀者會有不一樣的詮釋，例如：一文描述兩部車在高速公路上奔馳，有物理背景的讀者或許會計算兩車速度及哪一部車會先到泰山收費站；生物學者或許會思考高速公路、車速與生態的問題；警察先生則擔心車速與車禍的問題。這都是不同背景的讀者由同一文本可能產生的情境模式。

二、理解的要求

　　「促進國際閱讀素養研究」（Progress in International Reading Literacy Study, PIRLS）採文本基礎理解和情境模式，將理解分為：直接提取和直接推論，合稱直接理解，以及包括詮釋、整合觀點和訊息，與檢驗、評估內容、語言和文章的元素，後兩者又可合併稱為詮釋理解（如表 2-3 所示）。

表 2-3　PIRLS 對理解的操作型定義

「直接提取」是指，讀者找出文中清楚寫出的訊息，例如： 1. 找出與閱讀目標有關的訊息。 2. 找出特定觀點。 3. 搜尋字詞或句子的定義。 4. 指出故事的場景（如時間、地點）。 5. （當文章明顯陳述出來時）找到主題句或主旨。
「直接推論」是指，讀者需要連結文中兩項以上的訊息，例如： 1. 推論出某事件所導致的另一事件。 2. 在一連串的論點後，歸納出重點。 3. 找出代名詞與主語的關係。 4. 歸納文章的主旨。 5. 描述人物間的關係。
「詮釋、整合觀點和訊息」是指，讀者需要提取自己的知識，好連結文中未明顯表達的訊息，例如： 1. 清楚分辨出文章整體訊息或主題。 2. 考慮文中人物可選擇的其他行動。 3. 比較及對照文章訊息。 4. 推測故事中的情緒或氣氛。 5. 詮釋文中訊息在真實世界的適用性。
「檢驗、評估內容、語言和文章的元素」是指，讀者需批判性考量文章中的訊息，包括： 1. 評估文章所描述的事件真實發生的可能性。 2. 描述作者如何想出讓人出乎意料的結局。 3. 評斷文章中訊息的完整性。 4. 找出作者的觀點。

不論是「直接理解」或「詮釋理解」，都包含了推論。推論有三個說法，分別是聯想（association）、連結（connection）和邏輯推論（Kintsch, 1998）。

聯想是指，由一物推一物或一事推一事，例如：看到白兔想到紅蘿蔔即是聯想，這可以是很自動化的歷程。連結則是指，為兩事或兩物找出關聯，是一個比聯想較為費力的歷程，例如：「小張公司裁員。小張在公館打工。」讀者可能會將兩句連結，想到：「小張被裁員了」，這就是連結。聯想、連結兩者在 PIRLS 中稱為「直接推論」。至於邏輯推論，例如：讀到「台灣教育制度有很多缺點」和「台灣造就了不少人才」這是兩個句子，但一起出現時，讀者或許會將兩句以因果解釋，並加上「但是」一詞，使這個敘述具說服力。這是邏輯推論，在 PIRLS 中稱之為「詮釋推論」。

不論是聯想、連結或是邏輯推論，讀者都需要由長期記憶庫提取材料來組織所讀到的東西。研究指出，長期記憶庫中必須要有句法、語法、詞彙的知識，才能將字與字、詞與詞之間的意思讀出來。讀者還需要具備文體知識及有關這篇文章的一些背景知識才能理解文章。Anderson（1994）與其同事曾經比較美國學生與印度學生讀有關於美國婚禮和印度婚禮的文章後，所能記得的內容與理解。很明顯的，因美國學生不熟悉印度文化，印度學生不清楚美國文化，當與閱讀自己本國文化的文章比較，讀他國文化文章能延伸的想法不多，而所犯解釋上錯誤的數量卻相對的增加。

（一）背景知識

背景知識影響閱讀理解，如上述 Anderson（1994）與其同事之研究。以物理學「原子」、「中子」、「介子」等幾個詞彙為例，由認字上來說，小學生沒有困難讀出它們的字音。但有了字音以後，它們到底是什麼意思？這時就需要有一些物理學的知識來幫助讀者了解這些詞彙。再以下面兩個句子為例：

超對稱在解釋暗物質方面頗具吸引力。

星座學在解釋大犬座方面頗具吸引力。

兩句句型一樣，但是第一句有「超對稱」、「暗物質」等物理詞彙，第二句相對應的詞彙如「星座學」是一般人較常聽到的詞彙。

在閱讀上，非物理系大學生對兩句的眼球凝視與回視型態完全不一樣，甚

至因著不熟悉「超對稱」、「暗物質」兩個詞彙，而增加其對前後詞彙如「解釋」的凝視時間（簡郁芩，1996）。這表示讀者嘗試由上下文取得資訊來辨識不熟悉的詞。

有研究者以文章標題探討標題對理解的影響，論點是標題可以引出讀者的背景知識，幫助閱讀。研究結果清楚指出，適當的標題有助於理解，例如：Bransford 和 Johnson（1972, 引自林清山譯，1990）的經典材料：洗衣服（請見專欄）。實驗中隨著文章搭配適當標題、無關標題和未提供標題。結果指出，有適當標題為最易理解，次為未提供標題，最後為無關標題。有適當標題讀後的回憶單位是 5.86，遠遠多於未提供標題和讀了以後才給標題的回憶量，他們分別是 2.82 和 2.65。至於理解，有適當標題讀後的理解評定是 4.50，其他兩個狀況則只有 2.12 和 2.29（林清山譯，1990：323）。這顯示適當的標題對理解的助益。

洗衣服

「程序實際上是相當簡單。首先，你把東西安排成數組。當然，或許分成一堆也就夠了，這需視多少事情要做而定。除非下一步驟中你缺乏某項用品而需到別處去拿，否則你已完全就緒。重要的是，東西不要過多。換句話說，每次東西少要比東西多為佳。這一點在短時間的進行時也許似乎並不重要，但如不加以注意則複雜性將隨之而生。如果錯誤，也可能須付出昂貴的代價。剛開始，整個步驟似乎有點繁瑣，然而，隨即此項工作就成為生活的一部分。很難預先看得出不久的將來何時可以不需要做這種工作，即使將來也沒有人能夠告訴我們。過程結束後，再次把東西安排成數組。然後，它們可以被放在適當的位置上。最後，它們又被拿來使用，那時又需要重複另一個循環。不論怎樣，這是生活的一部分。」

　　目前許多教科書在每一章最前面提出的本章重點，或專業性的文章有前導架構（advanced organizer），在正文之前以較一般化、概括化的方式寫出的介紹性短文，希望提示讀者必要的背景知識，對讀者閱讀的理解是有幫助的。

　　既有的背景知識幫助我們理解和學習新知，本是閱讀的目的，但若讀者太依賴背景知識，而不是由文章中讀出文意，很可能造成不理解。這現象在小學生讀社會科的課文研究中曾被證實，學生依己意解讀文本，結果產生許多誤解（柯華葳、范信賢，1990）。

（二）文體知識

　　文體是文章結構，指的是文字訊息的組織系統，也就是文中各個概念的組織方式（Cook & Mayer, 1988）。閱讀時讀者需要文體知識，就是對文章組織是故事體、說明文或議論文、詩體有所認識。以故事體來說，故事有故事組織基模，包括：主角、背景、起因、反應、結果。在發展上，讀者很早就有故事體的知識（Trabasso, Stein, Rodkin, Munger, & Baughn, 1992）。幼童聽故事時會問：「然後呢？」即表示他腦中的「故事基模」被啟動，幼童按著基模預期接下來有什麼要發生。因此會寫故事的作者按著讀者所預期的基模，出人意表的給予預期不到的情節，讀者就會覺得讀起來有趣。說明文亦有體，如主要議題及支持議題的「說明」架構。一般而言，說明文的文章結構大約可分為：概括、列舉、序列、分類、比較／對照（林清山譯，1990；Cook & Mayer, 1988）等。通常說明文有些關鍵字能幫助讀者掌握文章結構，例如：讀到「比較如下」或「舉例說明」時，讀者預期在文中將讀到議題的比較或是以例子支持所陳述的內容。當讀者沒有文體知識，就如幼童看四格漫畫，看完第一格他就以為看完了，不知道還有其他三格，故事才完全。因此文體知識對閱讀理解來說，非常重要。

　　為協助讀者理解文章內容，國外有研究者以結構為軸，採用一些輔助閱讀的方式，如圖示、附加問題或提供適當文章結構做為提示。國內柯華葳、陳冠銘（2004）以標示文章結構和附加問題，提升小學一至三年級兒童的閱讀理解。研究者採用故事體和說明文兩種文體，將文中與文體結構有關的關鍵語詞標示出來；另外，也採用附加問題提示故事中的因果關係。學童在電腦上分別

閱讀經過標示的文章和未標示過的文章，讀後並進行主旨題、重點記憶題和辨識題的閱讀理解測驗。結果清楚指出，在控制認字量後，標示與文章重點有關的結構對一、二年級學生的閱讀理解有幫助，且是對主旨和重點記憶有幫助，對細節辨識則無特別助益。

柯華葳、陳冠銘（2004）的研究肯定標示結構對理解重點有幫助，但也再一次指出，識字量會影響閱讀理解成績。當年級漸增，認字量對於理解的影響力似乎勝於結構對理解的幫助。

閱讀發展

如前所述，閱讀主要有兩大成分：認字與理解。這兩個成分中所需要的能力與知識，已在上面各節簡單的加以闡述。閱讀時，除有組字知識、詞彙知識幫忙認字，若仍有新字，讀者還可以因理解上下文，猜出此字詞在文中的意思，因此，認字與理解是交互作用以達成閱讀目的。在閱讀發展上，如何幫助學童以字識字，學到認字技能，進而能透過閱讀學習各種知識，這是閱讀能力發展的重點。Chall（1983）曾將兒童學習閱讀的歷程分成下列零至五個階段，而這些階段基本上又可分成兩大部分：學著讀（learn to read）及讀以學（read to learn）。學著讀是指學習讀的能力，讀以學指的是透過閱讀得到知識；換句話說，前者是透過讀，學習如何讀；後者是透過讀，學到知識。

一、學著讀

階段零：稱「零」階段是因為在此階段讀的行為不真的算閱讀，或許可以稱為閱讀前的預備階段，屬萌芽期。此時兒童可以認出街上、電視上的商標或符號，也認得一些字，但卻無法藉所認得的字來閱讀，例如：他認得字卡上單一的字，但卻無法在文章中讀出此字。他們打開書本閱讀的時候，以讀圖來理

解書的內容，而他所理解的內容，大部分是他腦中已有的故事。換句話說，他以所知道的來解釋讀物中的內容。此外，他會一直讀他所熟悉的故事，在反覆的閱讀中，開始學習認字。

階段一：這一階段的兒童開始辨認字，遇到不認識的字，會依已產生的「組字知識」來讀，此時當然會發生錯誤，例如：只讀字的一邊，把「礦」唸「廣」，或由形的相似性來認新字，例如：念「地」為「他」，「缸」唸「紅」等。因有不少認字錯誤，他不容易由閱讀中得到文章的訊息。基本上，他仍是以已知的知識來讀字。這是識字初始。

階段二：這一階段的兒童認識不少字，可以很順暢的閱讀適合其程度的文章，他主要是透過閱讀以更熟悉所認識的字及熟練識字的能力，因此，他還不能由文章中吸取新知。基本上，閱讀對他來說，是幫助他肯定他由聽與觀察所得到的知識，屬穩固階段。

二、讀以學

階段三：由此階段開始，兒童可以透過閱讀獲取知識。但是他只讀論點清楚或是只由一個角度敘述事情的讀物，因此他吸收的是事實（facts）。知識性讀物（informational materials）如百科全書，是他們此時最喜好的讀物之一。

階段四：此時讀者可以閱讀一篇呈現不同觀點的文章或是針對一個議題以不同觀點寫的多篇文章，是可以閱讀多元觀點的階段。讀者不但可以透過閱讀增加知識，也增加其對一件事物的不同看法。

階段五：此時讀者不但可以讀不同論點的文章，還可以分析、綜合及批判所讀到的文章，是建構與重組階段。這時他不但吸收新知，也利用已知來看新知，進而為自己所關心的議題選擇要讀及不要讀的材料，以及如何去讀這些材料。

由上述的閱讀發展階段，我們更清楚「學著讀」是要靠閱讀得到閱讀能力；而要達到「讀以學」的地步，還是要透過閱讀。簡而言之，讀得多，不但知識增加，閱讀能力也增加，進而可以讀得更多。讀得更多，則再增加知識與閱讀的能力，再讀得更多，這就是本章一直強調的閱讀的「馬太效應」。

結　語

本章以下圖總結閱讀成分間的關係：

　　任一學習都需要建立在既有的知識上，閱讀亦是如此，教導閱讀更是如此。閱讀的基礎是聽力詞彙（或稱心理詞彙），是一出生在環境中習得的詞彙。不論是認字或是理解，都需要以既有的詞彙為基礎，因此聽覺理解是閱讀理解的基礎（請見第七章的說明）。學習認字後，由已知字部件認識新字，由詞彙與背景知識理解所閱讀文本，也都是以既有知識為基礎繼續學習。重要的是，認識字或是理解不只是識字量或是學問與知識有所增加，所增加的識字量或是知識會增強我們的閱讀能力，以再認字、再閱讀，學習更多新知。對於不喜歡閱讀的兒童來說，他們無法透過閱讀增加閱讀能力。閱讀能力不好，也就無法透過閱讀，順利的吸收知識，形成一個惡性循環。若我們肯定閱讀是一個學習的管道，當有一位孩子不閱讀，他所損失的不是識字量或是知識停止不繼續增加，而是學習力的不增進。因此，幫助與教導每一位孩子喜歡閱讀且不斷閱讀，是給他們最重要的學習工具，他們才能夠富者愈富。

 參考文獻

中文部分

王瓊珠、洪儷瑜、陳秀芬（2007）。低識字能力學生識字量發展之研究——馬太效應之可能表現。**特殊教育研究學刊，32**（3），1-16。

吳美真（譯）（2006）。P. Hessler 著。**消失中的江城——一位西方作家在長江古城探索中國**（River town: Two years on the Yangtze）。台北市：久周。

林清山（譯）（1990）。R. E. Mayer 著。**教育心理學——認知取向**（Educational psychology: A cognitive approach）（第八章）。台北市：遠流。

柯華葳、李俊仁（1996）。國小低年級學生語音覺識能力與認字能力的發展——一個縱貫的研究。**國立中正大學學報——社會科學分冊，7**（1），49-66。

柯華葳、范信賢（1990）。增進國小社會科課文理解度之研究。**國教學報，3**。

柯華葳、陳明蕾、廖家寧（2005）。詞頻、詞彙類型與眼球運動型態——來自篇章閱讀的證據。**中華心理學刊，47**，381-398。

柯華葳、陳冠銘（2004）。文章結構標示與閱讀理解——以低年級學生為例。**教育心理學報，36**（2），185-200。

柯華葳、游婷雅（譯）（2007）。M. S. Burns 等編著。**踏出閱讀的第一步**（第二版）（Starting out right: A guide to promoting children's reading success）。台北市：信誼基金會。

洪儷瑜、方金雅、陳慶順（2006）。**聲旁表音測驗——使用手冊**。台北市：教育部特殊教育小組。

洪儷瑜、王瓊珠、張郁雯、陳秀芬、陳慶順（2006）。**常見字流暢性測驗——使用手冊**。台北市：教育部特殊教育小組。

洪儷瑜、陳慶順（2006）。**部件辨識測驗——使用手冊**。台北市：教育部特殊教育小組。

胡潔芳（2008）。兒童漢語構詞覺識與聲韻覺識之關係。**華語文教學研究，5**（1），45-66。

陸　莉、劉鴻香（修訂）（1998）。L. M. Dune & L. M. Dune 編製。**修訂畢保德圖畫詞彙測驗**（Peabody Picture Vocabulary Test: Revised, PPVT-R）。台北市：心

42

理。

曾世杰、陳淑麗、謝燕嬌（2006）。**聲韻覺識測驗——使用手冊**。台北市：教育部特殊教育小組。

葉素玲、李金鈴、陳一平（1997）。中文的字形分類系統。**中華心理學刊，39**（1），47-74。

簡郁芩（1996）。**背景知識對詞辨識的影響——眼動研究**。國立中央大學學習與教學研究所碩士論文，未出版，桃園縣。

●英文部分

Anderson, R. (1994). Role of the readers' schema in comprehension, learning and memory. In R. Ruddell, M. Ruddell & H. Singer (Eds.), *Theoretical models and processes of reading.* Newark, DE: International Reading Association.

Chall, J. S. (1983). *Stages of reading development.* New York: McGraw-Hill.

Cook, L., & Mayer, R. (1988). Teaching readers about the structure of scientific text. *Journal of Educational Psychology, 80*(4), 448-456.

Kintsch, W. (1998). *Comprehension: A paradigm for cognition.* Cambridge, UK: Cambridge University Press.

Ko, H.-W., & Wu, C.-F. (2003). The role of radical awareness in reading Chinese. In C. McBride-Chang & H.-C. Chen (Eds.), *Reading development in Chinese children.* London: Praeger.

Lo, M., Hue, C.-W., & Tsai, F.-Z. (2007). Chinese reader's knowledge of how Chinese orthography represents phonology. *Chinese Journal of Psychology, 49*(4), 315-334.

Shu, H., Chen, X., Anderson, R. C., Wu, N.-N., & Xuan, Y. (2003). Properties of school Chinese implications for learning to read. *Child Development, 74*(1), 27-47.

Stanovich, K. E. (1986).Matthew effects in reading: Some consequences of individual differences in the acquisition of literacy. *Reading Research Quarterly, 21*, 360-407.

Trabasso, T., Stein, N., Rodkin, P., Munger, M., & Baughn, C. (1992). Knowledge of goals and plans in the on-line narration of events. *Cognitive Development, 7*, 133-170.

第三章

聲韻覺識與閱讀發展

李俊仁

李俊仁

第一節

學著讀與聲韻覺識

這一章主要的目的是介紹聲韻覺識與閱讀發展的關係。如同第一章所指出，美國在定義讀寫障礙（dyslexia）時，將閱讀行為定義在字詞辨識的正確性和流暢性，讀寫障礙學童在字詞辨識上的困難，導因於認知成分上的聲韻訊號處理能力有缺陷（phonological processing deficit）（Snow, Burns, & Griffin, 1998; Vellutino, Fletcher, Snowling, & Scanlon, 2004）。對許多人來說，英文是拼音文字，將英文閱讀上的困難歸因於聲韻處理缺陷，算是合理的推論。但是，中文文字的表音性遠比英文差，一般論文裡常見將中文視為意符（ideographic）文字或是圖像（logographic）文字，強調中文不具備表音特性。因此，儘管在拼音文字裡，不管是內在邏輯及外在證據，都支持聲韻覺識影響閱讀發展的論述，但在中文裡是否有相同的內在邏輯，以及該論述是否受到外在證據支持，就成為關注的焦點。

在討論聲韻覺識跟閱讀發展的關係時，特別值得一提的是美國耶魯大學的哈斯金實驗室（Haskins Laboratories）。該實驗室是一個以科學方法研究人類口語（speech）以及閱讀的實驗室，這個實驗室的研究發展，與聲韻覺識論述

的發展有密切的關係。該實驗室在鋪陳聲韻覺識影響閱讀發展的論述時,有一些的基本假設。了解這些假設,比較能夠以運作模型的觀點了解聲韻覺識與閱讀發展間的關係,而不是片面的討論兩者間的關係,這對於了解不同語言裡聲韻覺識的運作,當然包括中文,是相當重要的。這些假設包括:人類對於語音的習得與處理是透過特化(specialized)的機制,是幾近於先天獲得的(acquired),不需要經由學習而累積;閱讀能力的發展基於口語發展,雖然口語發展是幾近於先天獲得的,但閱讀發展卻必須靠後天學習(learned)累積的;閱讀發展的困難乃基於口語訊號和書面訊號的差異性,口語是連續的訊號,但書面文字是不連續的訊號(Liberman, 1996)。

人類的語言習得現象與一般主題的學習現象有相當大的差異。一般主題的學習,需要逐步累積學習成效,但是第一語言的學習卻有相當神奇的成效。不僅如此,出生在不同地區的嬰幼兒都可以學會當地的語言,此顯示不同語言間,可能具備一些共通的規則性。人類非常可能自出生起,就具備了獲得語言規則性的能力,當嬰兒接觸到基本的語言訊息時,會隨著接受的語言開展所有規則性的細部運作參數,獲得該語言的運作功能。儘管研究者對於人類語言的獲得機制並不清楚,但將人類語言的學習,視為是與生俱來的,或接近與生俱來的,應該是所有人都能夠接受的論述(有興趣的讀者可以參閱洪蘭教授所翻譯的《語言本能》或是《天生嬰才》兩本書)。

在語言習得的歷程裡,重點在於聲韻跟語意概念的結合。語意概念的數量是無限的,人類可以利用一對一的語音訊號與語意概念相連結,但這樣會需要無限的聲韻訊號才能達成,而且一對一連結學習的方式需要非常大的認知資源,才有辦法正確而有效率的處理。人腦是一個認知資源有限的系統,這樣的處理是有困難的。人類在口語的聲韻使用上,採用的方法是利用有限的成分元素,加上運作規則性。在自然界以及生物界裡,往往可見相同的運作法則。化學的週期表,包括了所有物質的基本元素,透過組成規則,形成所有自然界的物體;生物的形態有無限多種,但是,最基本的運作就是「ATCG」四個鹼基,透過不同組合的排列方式,形成生物體的萬千形態。

在口語的聲韻運作裡,人類可以知覺最基本的聲韻運作單位稱為「音素」(phoneme),它包括了一般人熟悉的子音以及單一母音。以cat的發音為例,

包括了三個音素[k]、[æ]、[t]。以英文而言，雖然是 26 個字母，卻具備了 40 個左右的音素。音素是聲韻裡的單位，音素的排列，構成口語詞彙的聲韻，但口語詞彙的音素排列不是完全隨機的，音素的排列受到聲韻學（phonology）的侷限。聲韻學指的是，在某一語言裡聲韻訊號的組成規則。基本元素，如音素，加上組合規則，如聲韻學，構成了口語詞彙聲韻訊號的運作。詞彙的概念是無限的，聲韻透過基本元素以及組合規則，也可以產生無限數量的單位，兩者透過人類對於聲韻訊號的特化處理以及特有的機制，達成口語發展。

以上討論的是口語聲韻與概念的學習。人類的口語聲韻及概念意義的連結學習，與一般的配對學習並不相同，它具有幾近於本能的特質，只需要有基本的接觸，就能夠開展所有的運作功能。但人類學習閱讀又是什麼情形呢？閱讀，最終的目的是從書面符號擷取意義，這樣的歷程，可以有兩種方式：一種是直接由文字符號跟概念相連結；另一種則是透過文字符號跟口語聲韻的對應，經由語音系統與概念系統相連結。簡單的說，前者是由語意概念連結字型，是一種「O-S」（orthography to semantics）的歷程，後者則是透過字型連結聲韻，然後接觸語意概念，是一種「O-P-S」（orthography to phonology to semantics）的歷程。

如果由文字符號直接連結概念系統，因為語意概念在數量上是無限的，因此也需要無限數量的文字符號單位進行連結，這會需要非常大的資源才能夠處理。讀者可以試著去背誦一千組電話，將人名跟電話號碼作連結記憶，就可以體會這樣的運作有多困難。電話號碼的排列，基本上可以稱為無限數量的排列，但除了地區碼被賦與的性質外，電話號碼並沒有規則性的限制，加上都是運用 0 至 9 同樣的數字，增加訊號的重疊性，添加正確記憶的困難度！這還只是一千組電話號碼，試著想像兩千組、四千組有多困難！鄭錦全院士在多次的演講場合裡提出「詞涯八千」的概念，說明不同語言生活裡所需要的詞彙概念數量，大概是七到八千個。口語的單位是詞，但是在書面文字上，中文裡比較明顯的切分單位是字，將一般生活詞彙落實到書籍裡的字數進行統計，大概也有三到四千之譜。因為學習成千個一對一配對連結的困難性，哈斯金實驗室創辦人 Alvin Liberman（1996）曾說：「閱讀發展如果是靠文字對應到概念意義，這是注定行不通的。」

46

如果聲韻跟概念意義的連結學習是天生的，而聲韻是透過限定數量元素以及規則性運作，因此，如果文字符號能夠跟聲韻符號間產生對應性關係，則文字系統就只需要數量有限的元素，就可以表達其概念意義，而一個人只要學會聲韻與文字符號間的對應關係，就可以接觸原先習得的詞彙。試想一個 6 歲的學童，已經具備相當數量的心理詞彙，也就是學會了詞彙概念意義與詞彙聲韻的連結，在開始學習閱讀時，如果能夠習得與運用文字符號跟口語聲韻的關係，就能夠透過文字符號與字音的對應運作（orthography-phonology），接觸到概念意義（phonology-semantics）。組詞規則（orthography）[1]，指的是詞彙的字母排列規則，在拼音文字裡，可稱為聲韻（phonology）的書面形式。音素所對應的字母或字母串，稱為字素（grapheme），組字規則與聲韻間的對應，稱為字素音素對應（grapheme to phoneme correspondence, GPC）。這樣的對應，在拼音文字裡是有規則性的，研究者稱為 GPC 規則（GPC rule）。母語為拼音文字者，能透過學習 GPC 規則，獲得字詞的聲韻訊息，進一步連結已經知曉的詞彙。這也就是為什麼許多的閱讀能力測驗是利用假詞解碼（pseudoword decoding）作為檢測內涵，檢測的核心概念就是學習者能否從字母串裡獲得一個書面詞彙的讀音。此處的假詞，指的是符合 GPC 規則的詞，並不是字典裡的詞彙；解碼，指的是聲韻跟書面字母拼音存在對應規則性，而解碼的意義，在於進行單位的對應，學習者可以根據規則性從書面文字獲取字詞讀音。中文字裡或許有規則性的運作（聲旁與整字間讀音的關係），但並沒有解碼運作。筆者認為，中文裡比較合適的描述，應該是類比（analogy），也就是學習者從過去認識的字裡，推導出讀音。

第二章曾經介紹研究者將閱讀發展分為「學著讀」（learning to read）和「讀以學」（reading to learn）兩個階段。前者是指學童在國小一、二年級時，已經具備一定數量心理詞彙的聲韻以及語意概念，也具備了基本語法的口語能力，他們在閱讀的主要任務是學習將書面文字符號轉化成聲韻訊號，這樣一來，就可以和已經具備的心理詞彙產生連結。初學識字學童在學習閱讀時，不

---

1 在中文裡，orthography 稱組字規則，中文由字部件組成，如第二章所提上／下、左／右的排列，字是 character。因拼音文字由字母組成，word 是詞，中文 word 可能是單字詞或雙字詞。

太可能是從頭開始建立文字符號跟概念意義的連結，只要透過人類口語的聲韻系統與概念系統的關係，學童可以比較容易獲得書面符號的意義。簡單來說，一個 6 歲的學童在學習閱讀時，並不是一張白紙，其原本就具備一定的詞彙、聲韻以及語法能力，這些語言能力對於後來的閱讀能力，會有一定的影響力；這也就是為什麼在訓練閱讀時，絕對不是只能從書本或是入學之後開始，補救教學也不應限定在閱讀書本，口語能力的訓練，對於閱讀能力的發展是非常重要的。

第二節

拼音文字的聲韻覺識與閱讀發展

　　美國國家衛生研究院曾在立法部門的要求下，成立「國家閱讀審議委員會」（National Reading Panel），該委員會是由一群研究閱讀的專家所組成，他們曾經針對過去的研究，進行議題的整理，並以後設分析（meta-analysis）整合過去的實證研究，而提出五個與閱讀發展息息相關的基石：聲韻覺識、字音母拼讀（phonics）、流暢性（fluency）、心理詞彙（vocabulary）以及閱讀理解（reading comprehension）（National Reading Panel, 2000）。在這五個基石裡，跟「學著讀」有密切關係的是聲韻覺識、字母音拼讀。

　　什麼是聲韻覺識？簡單的概念定義是聲韻訊號的表徵以及操弄（representation and manipulation）。聲韻覺識的操作型定義則包括：數音素（phoneme counting）、刪音素（phoneme deletion）、音素綜合（phoneme synthesis）、音素反轉（phoneme reverse）、首音素交換（spoonerism）、選異音（odd man out）、音節刪除（syllable deletion）、數音節（syllable counting）等作業（Adams, 1991）。

聲韻覺識的操作型定義

Adam（1991）將研究聲韻覺識的作業分成下列六種：

1.音素切割作業（phonemic segmentation tasks）：這個作業是要求受試者將呈現的聲韻刺激進行切割，例如：在數音素作業（phoneme tapping tasks）中，主試者會要求受試者數一數呈現的聲韻刺激共由幾個音素所構成，一個音素輕敲一下，如呈現「cat」時，受試者應該輕敲三下。又如：在數音節作業（syllable tapping tasks）中，受試者要數一數呈現的聲韻刺激共有幾個音節所構成，一個音節輕敲一下，如呈現「syllable」時，受試者就應該輕敲三下。

2.音素操弄作業（phoneme manipulation tasks）：這是最常用的作業，這個作業是要求受試者將呈現刺激字的部分做操弄，例如：刪除首音素、中間音素或尾音素。刪除音首，指的是受試者要刪去一個聲韻刺激最開始的音段，如當主試者唸「pink」時，受試者要唸「ink」；刪除中間音，指的是受試者要刪去一個聲韻刺激中間部分的音段，如當主試者唸「nest」時，受試者應唸「net」；刪除尾音素，指的是受試者要刪去一個聲韻刺激最後的音段，如當主試者唸「mark」時，受試者應唸「mar」。

3.音節分解作業（syllable-splitting tasks）：這個作業是要求受試者將呈現的音節或字的音首分離出來，例如：主試者說「bear」時，受試者要念「b」，或是要求將音首去除外剩下的音唸出來，如主試者唸「pink」時，受試者要唸「ink」。

4.聲韻綜合作業（blending tasks）：這個作業是要求受試者將個別音組合起來，例如：呈現刺激為/m/、/a/、/p/，受試者要能唸出「map」。

5.挑異音測驗（oddity tasks）：這個作業是請受試者選出發音不一樣的字出來，有時是首音素的不同，例如：「pig」、「hill」、「pin」的

「hill」；有時是中間音素的不同，例如：「pin」、「pun」、「gun」的
「pin」；有時是尾音素的不同，例如：「sent」、「lend」、「bend」的
「sent」。

　　6.押韻童詩知識測驗（knowledge of nursery rhymes）：這個作業詢問
受試者對於童詩的了解情形，例如：在英國的「Baa Baa Black Sheep」及
「Humpty Dumpty」。

　　從操作型定義裡可以發現，聲韻訊息有不同的單位。在聲韻覺識研究裡，
研究者有興趣的聲韻單位包括音節（syllable）、韻（rime）以及音素（pho-
neme）等。有的研究者會以音素覺識（phonemic awareness）用來表示其研究
的聲韻單位為音素。

　　什麼是字母音拼讀？在拼音文字裡，一個詞是由許多字母所組成，每個字
母可以被對應到某個或某些的發音。在英文裡，「c」本身為一個字母，其字
母名（letter name）為[si]，但在詞彙裡，字母「c」的發音可為[s]或[k]，這些
稱為字母音（letter sound）。每一個音素，也會對應到特定的字母或字母串，
例如：[f]可以對應到「f」，也可以對應到「gh」。蕭伯納曾開玩笑說「fish」
的發音，可對應的拼音為「ghoti」，因為「gh」可從「*laugh*」得到「gh」的
發音，「o」可從「*women*」得到其發音，而「ti」可從「*nation*」得到其發
音。在拼音文字中，音素所對應的字母或字母串稱為字素（grapheme），也就
是字素音素間具備對應關係。因此，如果一個人能看到字詞的字母串時，就表
示其：(1)能夠分離出字素；(2)能夠知道字素所對應的音素；(3)能夠將分離出
來的音素綜合起來。這三個成分，是字母音拼讀的核心成分。

　　從以上的說明，筆者想要強調聲韻覺識與字母音拼讀，在概念上雖然有若
干的重疊，但是也有不同的作用，聲韻覺識強調語音表徵的建立，而字母音拼
讀的重點在察覺字素音素的對應關係。前者的作用，非常可能是跨語言性的，
但是後者卻可能受到文字符號跟聲韻間對應關係的影響。在進一步討論聲韻覺
識與閱讀發展間關係前，關於聲韻覺識與字母音拼讀關係的一些基本的現象是
需要先知道的。

50

 一、聲韻覺識的成分

聲韻覺識是一個心理構念，可以利用不同的操作方式定義，它可能是由多個分元素所組成。Yopp（1988）曾經測量聲韻覺識的不同操作型定義的數項作業，然後以因素分析方式，分析不同聲韻覺識測量的共同成分，發現聲韻覺識可以分成兩個獨立的因素。McBride-Chang（1995）也曾經進行雷同的研究，她發現聲韻覺識的因素成分包括音素刪除、音素綜合以及工作記憶等。這代表採用不同操作型定義時，所探索的聲韻覺識成分可能是有差異的。由於不同測驗對於閱讀成就的效果量並不相同，且不同年齡能夠進行的測驗也會有差異（Liberman, Shankweiler, Fischer, & Carter, 1974），如何挑選聲韻覺識作業，會是個重要的選擇。這也表示儘管都是「聲韻覺識」作業，但其敏感度並不相同，一般來說，在聲韻單位為音素，且在認知負荷較大的作業中，方有可能獲得比較大的效果量，如刪除音素、音韻綜合、音素替換或是音素反轉（Ramus & Szenkovits, 2008）。過於簡單的作業，如音節刪除、數音節，雖然也是聲韻覺識作業，但效果量較小。

二、聲韻的運作單位與文字經驗

在進行聲韻覺識研究時，運作單位是非常重要的變項。Liberman 等人（1974）請 4、5、6 歲的小朋友進行數音節及數音素的作業，發現在數音節方面，4、5、6 歲小朋友依序能答對 46%、48%、90%的刺激；但是在數音素方面，依序為 0%、17%、70%的刺激。這個研究顯示，當判斷的聲韻單位為音節時，即使未入學的小朋友也能夠正確的判斷，但是，如果判斷的聲韻單位是音素時，則必須要有文字接觸。Morais、Cary、Algeria 和 Bertelson（1979）以接受過教育及文盲的中老年人作為受試者，發現在刪音首作業中，文盲組的正確率為 19%，識字中老年人的正確率為 73%。這兩個研究都顯示一個重要的概念：受試者有文字經驗，才有可能處理音素單位的聲韻判斷，但是對於音節的部分，則不需要文字經驗。由於建立音素覺識需要有文字經驗，以文字符號表徵聲韻方能進行認知處理，因此，關於聲韻覺識以及音素覺識是否為閱讀

發展的因，研究者有不同的立場，例如：Goswami（2000）雖然支持聲韻覺識
為閱讀發展的因，但是她卻認為音素覺識是閱讀發展的果；Castle 和 Coltheart
（2004）則認為，迄今為止沒有任何一個研究提出的證據，是在受試者完全沒
有文字經驗的情形下，發現聲韻覺識會對閱讀產生影響。

　　在拼音文字裡，聲韻覺識與閱讀發展的關係有三種論述：一種是聲韻覺識
為因，閱讀發展為果（Bradley & Bryant, 1983; Bryant & Bradley, 1985）；另一
種是閱讀發展為因，聲韻覺識為果（Morais, Bertelson, Cary, & Algeria, 1986;
Morais et al., 1979）；第三種則是認為兩者間是相互影響（Perfetti, Beck, Bell,
& Hughes, 1987）。儘管從閱讀發展的縱貫性研究，從閱讀能力配對的研究設
計，以及從補救教學的研究，都有為數不少的證據支持聲韻覺識為因，閱讀發
展為果（Vellutino et al., 2004），但是，操弄音素層次的聲韻表徵需要有文字
符號的學習經驗，卻增加了討論此議題的複雜性。

　　讀者要注意，聲韻覺識與閱讀發展間有關係，甚至是因果關係，都僅屬於
單一論述，它並沒有說明聲韻覺識如何影響著閱讀，也就是沒有說明運作機
制。探討聲韻覺識影響閱讀發展的機制，也就是內在邏輯，才能夠據以檢視中
文聲韻覺識和閱讀能力的關係，這對於了解中文裡，聲韻覺識與閱讀發展間的
關係是非常重要的。

第三節
聲韻覺識的作用

　　聲韻覺識如何對閱讀發展產生作用呢？討論此議題前，必須先釐清閱讀的
操作型定義。一般論述閱讀能力時，指的是閱讀理解，也就是從文章獲取訊息
的成果。在這樣的定義下，包括一個人的字詞辨識能力、邏輯推理的智力、知
識背景，以及父母的社經地位等都會影響閱讀的成果。但是，在討論閱讀發展
以及閱讀障礙時，重點在於學生如何從文字符號獲取訊息，也因此，在討論閱
讀發展以及閱讀障礙的議題時，閱讀能力的定義是字詞辨識（word identifica-

tion），而字詞辨識的操作型定義，指的是從字詞獲取語音的能力，並非指接觸意義的部分（Snow et al., 1998）。因為在拼音文字裡，能夠從書面符號獲取詞彙聲韻，學童就能與已知的心理詞彙相連結。這也就是為什麼在研究英文閱讀發展的論文裡，真詞以及假詞的唸名，往往成為閱讀能力操作型定義的原因。簡單的說，在聲韻覺識與閱讀發展的研究裡，閱讀能力的概念是字詞辨識的正確性。

前文提到，在「學著讀」時如果能夠了解書面符號跟口語訊號間的關係性，就能夠透過聲韻系統連結到概念系統。但是，在聲韻訊息與書面符號對應關係的學習過程中有一個難題：訊號的差異。聲韻訊號是連續的，書面文字符號則是間斷的訊號。口語訊號是連續的，從聲學訊號很難以物理向度進行音素的分段，而音素是一個抽象概念的集合，可以有不同的物理特性，例如：在英文中，pie[p]、spy[pʰ]指的是同一個音素，但其物理訊號卻不同，不僅如此，同一音素，也會因為前後音素的不同，會造成該音素在物理訊號上的差異。這些都造成使用者難以切割聲韻訊號，以及覺知切割出來的訊號是有限數量的情況。

學童必須先了解連續的聲韻訊號是可被分段的，而且是由一定數量的基本單位所組成，才能夠了解聲韻訊號與文字符號的對應性，而這也成為一些學童在學習閱讀時，過不去的難關（Liberman, 1996）。因此，聲韻覺識的核心概念在於了解聲韻訊號的分段性，並且能夠以文字符號表徵聲韻訊息，在這樣的狀況下，能夠促成聲韻與文字關係的習得以及運作。

Liberman 等人（1974）曾經使用數音數以及數音節為聲韻覺識作業。他們請受試者在聽到一個字詞音時，以輕拍敲打的方式，表達出有多少個單位，例如：在數音素作業裡，出現「cat」一字時，則受試者需要輕拍敲打三下。Bradley 和 Bryant（1983）曾經追蹤一群 4 到 5 歲學童 3 到 4 年的認知發展，他們發現即使以統計方式排除學童智力、心理詞彙能力、記憶能力，學童在4、5 歲時的聲韻判斷能力，亦能夠有效的預測數年後的閱讀以及拼字能力。Bryant 和 Bradley（1985）以聲韻覺識為補救教學訓練，將 6 歲兒童分成四組進行教學研究，其中兩個實驗組：一組教韻首（onset）、韻（rime）的分類（聲韻覺識訓練），並加上字母字音的配對（字母音拼讀訓練）；一組只教韻

頭、韻尾的分類。在兩個控制組裡，一組教一般概念的分類，一組為自然成長控制組。經過 2 年的教學，發現實驗組在閱讀以及拼字母的能力上優於兩組控制組，但是在數學上並沒有相同的情形，此顯示教學的效果是很特定的，而兩組實驗組中，以同時接受聲韻覺識加上字母音拼讀的訓練者進步最多。

舉這幾個研究為例，主要是希望讀者了解在聲韻覺識的操作型定義裡，強調的是表徵的建立，雖然文字系統裡聲韻與文字的對應關係，的確有可能會影響音素層次聲韻表徵的建立，但卻不是聲韻覺識影響閱讀發展的必須條件。數音素的作業並沒有牽涉文字系統裡聲韻與文字符號的對應關係，同樣的，幼兒在 3、4 歲的聲韻處理能力，也與文字系統聲韻與文字符號的對應無關；字母音拼讀才牽涉到文字系統聲韻與文字符號的對應關係。將文字符號與聲韻的對應視為聲韻覺識是否有作用的必要條件，是將聲韻覺識的作用等同於字母音拼讀，但卻忽略聲韻表徵建立（聲韻覺識）本身的作用，以及其對於字母音拼讀的影響。

閱讀年齡配對設計

在閱讀聲韻覺識跟閱讀能力間關係的論文時，是否具備閱讀年齡配對設計是特別值得注意的。許多的研究在討論認知能力與閱讀能力間的關係時，往往僅控制實驗組（弱讀者，poor readers）與控制組的年齡以及智力指標，並認為當研究結果顯示實驗組以及控制組在某項認知能力上呈現差異時，就可以推論該認知能力會影響閱讀發展。但是，這樣的推論是有問題的，由於閱讀能力跟認知能力間的動態關係，閱讀能力的增加，有可能增加受試者在認知能力的表現。所以，年齡組的配對，僅能顯現認知能力與閱讀能力間是有相關的，但卻無法建立因果關係。為了要強調實驗組以及控制組在認知能力上的差異，並不是導致於閱讀能力的差異，所以研究者會增加另一種控制組，採取年齡較實驗組小，但是閱讀能力與實驗組相當的閱讀年齡配對組（reading age control）。

中文聲韻覺識與閱讀發展

　　在中文裡，聲韻覺識跟閱讀發展的關係為何呢？有的研究者認為，聲韻覺識可能是閱讀發展的因（李俊仁、柯華葳，2007）；有的研究者則認為，兩者間並沒有關係（陳淑麗、曾世杰，1999；Huang & Hanley, 1995）。

　　認為中文聲韻覺識跟閱讀發展間無關的論者，從內在邏輯上推演，認為中文文字系統裡文字符號與聲韻表徵間並無對應關係，推論覺知聲韻結構對中文閱讀發展並無作用（例如：陳一平，2000；曾世杰，2004），而在實證證據上，為數不少的研究，或是無法獲得聲韻覺識與閱讀能力兩者間的相關性，或是僅發現相當微弱的相關性（例如：陳淑麗、曾世杰，1999；Huang & Hanley, 1995; Tan, Spinks, Eden, Perfetti, & Siok, 2005）。在 Huang 和 Hanley（1995）的研究中，比較香港、台灣、英國學生間，視覺以及語音等認知能力對於閱讀能力的影響，他們以統計的方式將智力、心理詞彙多寡控制後，發現台灣受試者的視覺能力與閱讀能力有關係，但是聲韻覺識能力則無；英國的學童則是聲韻覺識能力與閱讀能力間有關係，但視覺空間處理能力沒有影響。Huang 和 Hanley 的研究認為，視覺空間處理能力影響中文閱讀發展，但聲韻覺識能力並不影響中文閱讀發展。陳淑麗、曾世杰的研究則是以閱讀理解為閱讀能力定義，以國小二到六年級學童為受試者，研究結果並沒有發現閱讀障礙組與生理年齡控制組在聲韻分割以及聲韻綜合上的差距。Tan 等人雖然發現聲韻覺識作業與閱讀能力間的相關，但是以統計方式排除其它變項的影響後，音節偵測以及挑異音的聲韻覺識作業並無作用，或是僅有效果量非常小的作用。

　　閱讀可以簡單分成字詞辨識以及閱讀理解等兩個成分，從西方的文獻可知，影響不同閱讀成分的認知因素是不同的，理解受到詞彙知識以及語法覺知的影響（Muter, Hulme, Snowling, & Stevenson, 2004），而字詞辨識則受到聲韻覺識的影響（Tunmer & Hoover, 1992）。在台灣地區，使用的閱讀能力定義至少包括：國語文成就測驗（謝雯玲、黃秀霜，1997）、字詞辨識正確性（李俊仁、柯華葳，2007），以及閱讀理解（柯華葳，1999）等三種。在不同閱讀

能力的定義下，得到不一致的結果，應該是可以預期的。

筆者認為，根據西方的研究資料作推估，使用閱讀理解為閱讀能力的定義，不容易發現與聲韻覺識間的相關，但如果使用識字為定義，兩者間的相關才容易彰顯。在以字詞辨識正確行為閱讀能力的定義下，Ho 和 Bryant（1997）曾經在香港以縱貫式的研究發現 3 到 4 歲的學童挑異音測驗的能力，在排除掉智力、年齡等因素後，還是能夠有效的預測學童在 7、8 歲時的字詞辨識能力。不只是在香港，柯華葳、李俊仁（1996）在台灣利用縱貫法進行 2 年聲韻覺識與識字能力關係的研究，在控制智力因素的影響下，發現在不同時段中，拼注音的能力以及辨識注音符號的能力，與同時期識字能力達顯著關係，而且一年級入學時的拼注音以及認注音符號的能力，與二年級的識字能力還是達到顯著相關。李俊仁、柯華葳（2007）在配對識字正確性的能力下，以統計的方式控制智力的影響，發現五年級弱讀組學童在注音符號拼音的表現上低於三年級閱讀年齡控制組。注音符號拼音是聲韻綜合的測驗，屬於聲韻覺識測驗的一種，該研究顯示，即使在中文裡，聲韻覺識也可能是因，而不是果。

一群研究者支持聲韻覺識影響中文閱讀發展，另一群研究者卻認為中文裡聲韻覺識與閱讀發展無關，這樣的狀況相信會讓許多讀者覺得無所適從；但是這樣的觀點衝突，在學術圈裡倒是經常存在的現象。讀者只有不迷信學者的鐵口直斷，檢視基本的問題以及證據，才能從其中獲益。

就筆者觀點，多數心理學的研究需要依靠統計，而統計是以否證虛無假設（null hypothesis）的方式推動知識的進展，任何人都難以用支持虛無假設的方式做過強的結論。在同樣的邏輯下，反對聲韻覺識有作用者，難以使用聲韻覺識與閱讀能力間無相關的資料，進行結論太強的推論，因為有太多的可能性可以產生支持虛無假設的結果。研究上良性的發展，會是支持聲韻覺識論者提出一個研究架構，指出並說明理由，指稱在什麼情況下可以獲得支持證據，在什麼情況下，不會獲得支持證據，並提供實證證據支持其論述，反對者可以在支持者宣稱可以獲得支持的條件下，提供不支持的證據，在這樣的狀況下，經由不同的研究群累積若干的實證研究後，經由後設分析的方式計算效果量，如此方能提供令人信服的解答。

中文聲韻覺識研究的架構

　　筆者根據過去的研究經驗，認為即使在中文裡，聲韻覺識與閱讀發展有密切的關係，而且聲韻覺識非常可能是字詞辨識正確性的因，在從事聲韻覺識的研究時，筆者認為有幾點是需要注意的：

1. 研究的主題必須是在閱讀發展以及閱讀障礙上，因此，在年齡上以學齡前到小學三年級前為佳，也就是設定在閱讀能力為「學著讀」的階段較好。

2. 閱讀能力的定義必須是在字詞辨識的正確性。由於中文的文字字音對應性差，以不相關雙字構成的假詞與以符合構字規則的假字進行唸名測驗，都不會是合適的假字／詞測驗，而英文裡的假詞唸名在中文裡難以找到對應功能的測驗。此外，中文裡有同音字的問題，受試者可能因為認錯字，卻唸對字音，因此比較合適的測試，除了字音外，必須包括字義的檢測。

3. 聲韻覺識的測試必須以聲母、韻母為單位。因中文字聲旁以及全字讀音的關係，以韻母為主，這可能是中文裡有意義的聲韻分割單位。測試聲韻覺識的作業應該包括挑異音、聲韻綜合以及聲韻刪除等作業，以涵蓋不同難度。這些作業必須以聽覺的方式呈現，以降低文字符號的作用。

4. 如果針對字詞辨識正確性有問題的學童施以補救教學，則必須包括與聲韻覺識以及字母音拼讀功能相同的訓練。在聲韻覺識的訓練中，應包括：區辨字音差異訓練（語音知覺）、字音可以被區分成聲母以及韻母訓練（聲韻刪除）、歸類聲母以及韻母的訓練（挑異音）、聲韻綜合（在台灣是注音符號拼音）。在與字母音拼讀法相同功能的訓練，則包括：區辨字形結構的聲旁，以及意旁和同聲旁字的集中教學（由同聲旁的基本字帶字以及集中識字教學）。光進行聲韻覺識訓練或是集中教學兩種訓練中的一種，都難以達成補救矯治的效果，或僅出現非常微小的效果。此外，因為中文聲旁的數目遠比英文的基本單位多，加上形音對

應的情形比英文差，因此，即使其它能力都相同的情況下，合理的推論是在中文會有更少比例的學童能夠對這樣的教學有反應，也就是整體效果應該還是會比英文更差。

上面的幾點，都是從事聲韻覺識研究者需要注意的項目。在這樣的研究架構下，筆者相信未來的研究者，能夠有具體的檢測架構。

注音符號教學是不是必要的？

在補救教學上，第一線的老師往往有一個問題：如果學童的注音符號認讀拼音有問題，是否一定要讓他們學會注音符號認讀以及拼音？根據柯華葳、李俊仁（1996）以及李俊仁、柯華葳（2007）的研究，注音符號認讀與注音符號拼音，與中文字詞辨識間有密切的關係，注音符號的拼音能力甚至可能是導致字詞辨識正確性有問題的原因。不過，讀者需要注意，注音符號拼音其實就是聲韻綜合作業，它是聲韻覺識作業的一種，其所反應的是聲韻覺識能力。儘管注音符號拼音是聲韻覺識作業的一種，但不代表注音符號拼音的教學，就會導致整體聲韻覺識運作能力的改變。而注音符號的功能，其實跟英文裡字母音拼讀的功能比較接近，也就是當學習者無法從文字裡獲取字音時，它可以產生自我教學（self-teaching）的作用。在英文裡，字母音拼讀對於解碼運作有直接的影響，對於任何不會字母音拼讀的讀者，這樣的教學是必要的，但在中文裡，並不是解碼的運作，而比較接近於類比的運作；當一個學童已經認識許多字，或是幾乎完全無法認字時，這樣的自我教學功能，就幾近於零。注音符號的認讀以及拼音，會用來檢測學童是否有讀寫障礙非常好的指標，一旦發現學童在此方面有問題時，筆者建議教師再進行一次注音符號教學，以排除先前「教師—學生」關係以及學習情境等因素的影響，但是如果發現學童還是有顯著的學習困難，則建議直接進行識字教學。注音符號認讀有問題，代表學童連最基本的文字符號和聲韻訊息

的連結記憶有問題，在中文識字學習裡，需要一定數量此類的記憶運作，當學童注音符號認讀有問題時，在中文認讀上有困難是可以預期的。注音符號拼音的學習是學習一項規則，學童的學習往往呈現全有或全無的情形，如果僅是靠記憶背誦，逐步的提升其注音符號拼音的表現，並無意義。況且，讓中高年級學童學習注音符號，對於學童心理層面上的影響，也是教師特別需要注意的。

結　語

　　心理學從哲學走向科學，以操作型定義的方式定義心理構念是非常重要的一個步驟。在操作型定義下，得到可以觀察的資料、所得到的現象可以重複驗證、所進行的研究能夠受到社群認可，這三點科學研究的核心精神，以心理學的研究方法從事教育主題的研究是必然的走向。在討論聲韻覺識中文閱讀發展關係時，只有秉持科學研究的三個要素，相關的研究才有可能獲得具體的結果，所得到的知識也才能夠累積。

　　本章的重點不在於最後的結論，讀者若只是想求得結論，必然會非常失望。本章除了進行基本概念的說明外，很重要的是提出一套比較完整的論述，說明為什麼聲韻覺識對於識字發展會有作用，在這樣的論述下，讀者必須思考，中文裡是否也有相同功能，如果有此功能，則其效果量為多少？這些論述是需要有不同的研究群都能夠獲得一致的結果，才有比較大的意義。以目前的研究成果來說，任何人想要下個定論，筆者認為都是過早的。不過，本章相關的論述應該能夠提供從事閱讀教學以及閱讀教學研究的人一定的參考架構。

●中文部分

李俊仁、柯華葳（2007）。中文閱讀弱讀者的認知功能缺陷——視覺處理或是聲韻
　　覺識？**特殊教育研究學刊，32**（4），1-25。

柯華葳（1999）。閱讀理解困難篩選測驗。**測驗年刊，46**（2），1-11。

柯華葳、李俊仁（1996）。國小低年級學生聲韻覺識與認字能力的發展——一個縱
　　貫的研究。國立中正大學學報，7，29-47。

陳一平（2000）。閱讀障礙之巨細胞系統功能異常假說。**中華心理學刊，40，**
　　113-140。

陳淑麗、曾世杰（1999）。閱讀障礙學童聲韻能力發展之研究。**特殊教育研究學
　　刊，17**，205-223。

曾世杰（2004）。**聲韻覺識、唸名速度與中文閱讀障礙**。台北市：心理。

謝雯鈴、黃秀霜（1997）。閱讀障礙兒童與普通兒童在視覺辨識、視覺記憶與國語
　　文成就之比較。**特殊教育學報，12**，321-337。

●英文部分

Adams, M. J. (1991). *Beginning to read: Thinking and learning about print*. Cambridge,
　　MA : The MIT Press.

Bradley, L., & Bryant, P. E. (1983). Categorizing sounds and learning to read: A causal
　　connection. *Nature, 30*, 419-421.

Bryant, P., & Bradley, L. (1985). *Children's reading problems: Psychology and education.*
　　Oxford: Blackwell.

Castle, A., & Coltheart, M. (2004). Is there a causal link from phonological awareness to
　　success in learning to read? *Cognition, 91*, 77-111.

Goswami, U. (2000). Phonological representations, reading development and dyslexia: To-
　　wards a cross-linguistic theoretical framework. *Dyslexia, 6*, 133-151.

Ho, C. S., & Bryant, P. (1997). Phonological skills are important in learning to read Chin-
　　ese. *Developmental Psychology, 33*, 946-951.

Huang, H. S., & Hanley, J. R. (1995). Phonological awareness and visual skills in learning to read Chinese and English. *Cognition, 54*, 73-98.

Liberman, A. M. (1996). *Speech: A special code.* UK: The MIT Press.

Liberman, I. Y., Shankweiler, D., Fischer, F. W., & Carter, B. (1974). Explicit syllable and phoneme segmentation in the young child. *Journal of Experimental Child Psychology, 18*, 201-212.

McBride-Chang, C. (1995). What is phonological awareness? *Journal of Educational Psychology, 87*(2), 179-192.

Morais, J., Bertelson, P., Cary, L., & Algeria, J. (1986). Literacy training and speech segmentation. *Cognition, 24*, 45-64.

Morais, J., Cary, L., Algeria, J., & Bertelson, P. (1979). Does awareness of speech as a sequence of phones arise spontaneously? *Cognition, 7*, 323-331.

Muter, V., Hulme, C., Snowling, M. J., & Stevenson, J. (2004). Phonemes, rimes and language skills as foundations of early reading development: Evidence from a longitudinal study. *Developmental Psychology, 40*, 663-681.

National Reading Panel (2000). *Report of the National Reading Panel: Teaching children to read: An evidence-based assessment of the scientific research literature on reading and its implications for reading instruction.* Retrieved from http://www.nichd.nih.gov/publications/nrp/upload/smallbook_pdf

Perfetti, C. A., Beck, I., Bell, L. C., & Hughes, C. (1987). Phonemic knowledge and learning to read are reciprocal: A longitudinal study of first grade children. *Merrill-Palmer Quarterly, 33*, 283-319.

Ramus, F., & Szenkovits, G. (2008). What phonological deficit? *Quarterly Journal of Experimental Psychology, 61*(1), 129-141.

Snow, C. E., Burns, M. S., & Griffin, P. E. (1998). *Preventing reading difficulties in young children.* Washington, DC: National Academy Press.

Tan, L. H., Spinks, J. A., Eden, G. F., Perfetti, C. A., & Siok, W. T. (2005). Reading depends on writing, in Chinese. *Proceedings of the National Academy of Sciences of the United States of America, 102*, 8781-8785.

Tunmer, W. E., & Hoover, W. A. (1992). Cognitive and linguistic factors in learning to read. In P. B. Gough , L. C. Ehri & R. Treiman (Eds.), *Reading acquisition.* Mahwah,

NJ: Lawrence Erlbaum Associates.

Vellutino, F. R., Fletcher, J. M., Snowling, M. J., & Scanlon, D. M. (2004). Specific reading disability (dyslexia): What have we learned in the past four decades? *Journal of Child Psychological Psychiatry, 45*, 2-40.

Yopp, H. K. (1988). The validity and reliability of phonemic awareness tests. *Reading Research Quarterly, 23*, 159-177.

第四章

快速唸名與閱讀障礙

曾世杰、陳淑麗

拼音文字系統三十多年的實證研究一再指出，聲韻處理（phonological processing），尤其是對口說語言中聲韻訊息的敏感性（即聲韻覺識，以下簡稱PA），在閱讀習得中扮演著重要的角色（請見第三章）。「PA 假說」到目前為止，仍然是各種閱讀障礙致因說法中的主流。研究指出，聲韻能力和識字閱讀發展有同時性及預測性的正相關，神經照影及家族遺傳的研究指出，聲韻缺陷是具有大腦生理基礎的；更重要的是，早期的聲韻補教教學，不但可以預防閱讀困難的產生，甚至還可以降低閱讀障礙的發生率（回顧文章請見 Vellutino, Fletcher, Snowling, & Scanlon, 2004）。

但因為 PA 的相關理論並不能完全解釋許多不同的閱讀障礙個案，到了1990 年代，另一個可能的致因──「快速唸名」（Rapid Automatized Naming，以下簡稱 RAN）被提了出來。唸名和聲韻相提並論，雙重缺陷假說（Double Deficit Hypothesis）被提了出來（Wolf & Bowers, 2000），在此假說中，RAN 和 PA 兩者被認為是拼音文字閱讀障礙的兩大致因，兩者可能獨立地發生，也可能會同時出現在同一個體身上。

但是，漢字的組字原則及表徵語音的方式迥異於拼音文字，國外 PA 或RAN 研究的結果，是否真能適用於中文的閱讀障礙研究？本章將從國外的文獻介紹 PA 及 RAN 的意義、理論、相關研究及有爭議之處，再介紹中文的特性，討論可能國外 PA 研究不適用之處，最後再來看在中文研究中，對 RAN已經有的探究。PA 假說的重要性是否因著文字系統而異呢？

本章將討論 RAN 在閱讀障礙致因中的各種爭議，以及目前有的國外及中文的研究，RAN 的困難到底是不是一個獨立於聲韻困難之外的閱讀障礙指標（Bowers & Wolf, 1993; Wolf & Bowers, 1999）？或如 Wagner、Torgesen 和 Rashotte（1994）所說，RAN 的困難只是聲韻困難中的一種，雖和音素覺識有些差異，但是核心的缺陷卻是相同的？這樣的學術爭論雖然尚未解決，但是相信這樣的討論，能增進我們對閱讀習得及閱讀流暢性的理解與思考。以筆者的學術立場來說，傾向於認為 RAN 的困難乃獨立於聲韻困難之外的閱讀障礙致因。

第一節
定義、沿革與測驗工具

本節先介紹 RAN 的定義、簡史及測驗工具，先具備這方面的認識，將有助於讀者了解後半部理論及實證研究所談的內容。

一、定義

所謂唸名，是指個體看到一個或多個有名字的、高度熟悉的視覺刺激，就從長期記憶裡檢索出相關的詞彙，並啟動構音器官，把它（們）唸出來的過程。這個過程所用的時間，通常以碼表計時，也就是唸名速度（naming speed）。

在實證研究中蒐集唸名速度時，指導語都會有「要儘量唸得正確，同時，我會給你計時，所以你要唸得愈快愈好」的字眼，唸名測驗理論上要量測的是「快速自動化唸名」的程度，其英文為 rapid naming 或 Rapid Automatized Naming，國外的文獻常用 RAN 的縮寫來代表。Naming 在國內曾被譯為「叫名」，但「唸名」的譯法，兼顧音義，本章將採此譯。

二、沿革

Geschwind（1965）是最早提出唸名和閱讀之間有相近歷程的學者，最初是用來做為檢驗成年腦傷病人的一種神經心理測試。但把 RAN 測驗用在學習閱讀的兒童身上，則是 Geschwind 的學生 Denckla 和一位實驗心理學家 Rita G. Rudel（Denckla, 1972; Denckla & Rudel, 1974, 1976a, 1976b）；在顏色唸名之後，他們發展出圖形、阿拉伯數字及小寫字母等版本。Denckla（1972）指出，閱讀障礙兒童並非唸不出顏色色塊，但是他們的速度緩慢、自動化不足（lack of automaticity）。也就是說，是唸名的「速度」，而非「正確率」，才能區分一般兒童及閱讀障礙的兒童。

RAN 是預測閱讀能力的良好變項，Denckla 的系列研究開始讓心理學及教育學界注意到這個議題的重要性。許多後續的研究（如：Blachman, 1984; Stanovich, 1981; Vellutino et al., 1996; Wagner et al., 1994; Wolf, Bally, & Morris, 1986）不管是複製或拓展 Denckla 和 Rudel 的研究，都一致指出，RAN 和閱讀能力息息相關，是閱讀研究不可忽視的變項。

三、測驗工具

（一）個別唸名和連續唸名

RAN 測驗有「個別唸名」（discrete-list）和「連續唸名」（continuous-list）兩種，而連續唸名又分為「簡單型」與「交錯型」，如圖 4-1 所示。

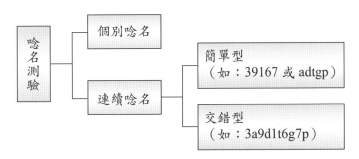

● 圖 4-1　唸名速度測驗的種類圖說

66

顧名思義，個別唸名每次只出現一個熟悉的視覺刺激，例如：一個數字或顏色方塊。而連續唸名則是同時有數個參與者熟悉的視覺刺激，呈現在一張紙上，例如：都是數字或都是顏色的方塊，就叫「簡單型」。若刺激在兩類以上，例如：有顏色也有數字，就叫「交錯型」。圖4-2是最早的簡單型連續唸名測驗的模樣。

2	6	4	9	7	2	6	4	7	9
9	7	2	6	4	7	2	9	4	6
4	9	6	7	2	9	4	2	7	6
7	6	4	2	9	4	7	6	9	2
2	4	9	6	7	6	9	7	2	4

● 圖 4-2　數字 RAN 測驗

資料來源：改編自 Denckla & Rudel（1974）

個別唸名的刺激項目是個別呈現的，研究者以儀器呈現一個刺激，例如：呈現黃色的色塊，並要求受試者儘快唸名，如「黃」；儀器蒐集從刺激呈現到唸出名來的反應時間及正確率。連續唸名測驗則將多個刺激項目（最常見的是50個）呈現在同一張卡片上，研究者則是蒐集受試者對 50 個刺激的總反應時間。提倡個別唸名的研究者認為，個別唸名可以控制許多變數，受試者不必用到諸如視覺掃瞄、序列處理和動作處理等歷程，這樣測量到的才是真正的唸名（Wolf, 1991: 128）。但提倡連續唸名的研究者則認為，就是這些特定的成分（例如：視覺掃瞄、序列處理、和動作處理），才能反映文章閱讀時人們所用到的重要認知歷程。

到底個別唸名能不能區辨優讀者與弱讀者呢？研究的結果並不一致。Perfetti、Finger 和 Hogaboam（1978）指出，個別唸名與閱讀、閱讀基本能力（如詞彙）之間並無相關。Stanovich（1981）的研究亦支持了 Perfetti 等人的報告。因此，Katz 和 Shankweiler（1985）以及 Wolf 等人（1986）均建議：因為連續 RAN 的歷程牽涉到與語言處理歷程較為相似的序列處理認知歷程，若欲

研究閱讀中有關低階自動化歷程（例如：視覺處理、字詞彙辨識），則以連續 RAN 測驗為佳。

　　但也有相反的發現，Bowers 和 Swanson（1991）直接以這兩種形式的唸名速度測驗對低年級的兒童施測，並加以比較，結果發現，兩種形式的唸名速度測驗在低年級的一般讀者與弱讀者間均有顯著的差異。另一個相似的研究是 Wolf、Michel 和 Ovrut（1990）做的，他們設計了類似影片的連續唸名作業，要求參與者在不同的呈現速率和不同呈現時間下唸名，結果發現，不論以個別唸名速度或連續唸名速度來評量受試者時，都可自一般讀者中區別出失讀症者；且失讀症者在這兩種形式的作業表現上，呈現高度相關。Walsh、Price 和 Gillingham（1988）發現，個別唸名和低年級的閱讀有相關，不過在他們的研究裡，二年級的個別唸名速度無法預測三年級的閱讀能力。

　　不同的結論可能和參與兒童的發展階段有關，此外，如 Wolf（1991）所說，這些不一致的發現可能和所用的樣本中，孩子的嚴重程度不同有關。無論如何，個別唸名是否能區分出優弱讀者，各家的說法不一；但連續唸名的研究結果則非常一致，這些研究一再指出，連續唸名是一項穩定的特質，不但一般兒童和閱讀障礙兒童在連續唸名上有明顯的差異（謝俊明、曾世杰，2004），而且隔了近 4 年的重測信度，仍然達到顯著的相關（曾世杰、簡淑真、張媛婷、周蘭芳、連芸伶，2005）。一直到最近的研究，仍然多以連續唸名為主。

　　因為個別唸名速度與閱讀之間的關係仍未有定論〔請見曾世杰（2006）第七章的文獻回顧〕，而連續唸名的研究結果則非常一致，中文及外文的研究都一再指出，連續唸名是一項穩定的特質，與識字、閱讀能力都有顯著的相關，早期的唸名也是後期閱讀技巧的有效預測變項。因此，底下本章所談的唸名，指的都是連續唸名。

（二）測驗的形式

　　到目前為止，研究中常用的唸名測驗，仍然不脫如圖 4-2 的樣子，要注意的是，唸名測驗所用的刺激，不管是數字、顏色或圖形，都必須是受試者極為熟悉的。因此，對初學阿拉伯數字的幼兒而言，邊讀邊猜想、回憶這是什麼數字，這個測驗量到的就不是 RAN 了。

68

此外，根據筆者的經驗，說英文的兒童可以直接唸出顏色名稱，例如：「black」、「green」等，但許多說中文的兒童，有的唸「紅」、「黃」、「白」，有的卻加了一個「色」字，如「紅色」、「黃色」、「白色」。類似的情況在圖形唸名時也會發生，如把「傘」唸成「雨傘」、「樹」唸成「大樹」、「鐘」唸成「時鐘」等，為了不讓兒童不同的唸法影響唸名的時間，中文的顏色唸名和圖形唸名，施測者除了在選擇唸名刺激時，其選擇通常以單音節名稱的刺激為主，在指導語裡，也要教導兒童一律以單音節的方式進行唸名，即「紅、黃、白……」，「傘、樹、鐘……」。此外，我們也發現年幼的兒童在手持唸名卡片時，會唸了一會兒就因為分神而忘了唸到哪裡，為了解決這個問題，研究者在一行 10 個的刺激中間，加了一個小小的空白，如「4967294276」，在改善後就成了「49672 94276」，這個小改善，明顯地減少了幼兒在測驗時因分神造成的遲滯。

（三）測驗的信效度

筆者於 1997 和 1998 年對同一群兒童做相同的測驗：數字、注音、顏色、圖形、語文交錯、非語文交錯及綜合交錯唸名等七種測驗，隔年再測信度分別為 .77、.65、.74、.76、.77、.72、.79。曾世杰、邱上真、林彥同（2003）以國小一到三年級為研究對象，數字、注音、顏色、圖形、綜合交錯等五種測驗的複本信度分別為 .96、.80、.88、.91、.86。我們因此可以看到唸名工具有相當好的穩定性。曾世杰（1999）的驗證性因素分析也指出，「唸名」和「聲韻」、「構音」、「工作記憶」、「聲韻轉錄」等因素是分開的，所有的唸名測驗都歸在一類，這和當初的工具設計理念是一致的，唸名工具的構念效度得到進一步的支持。

而國內各類唸名速度測驗的編製，除了陳姝嫄（1998）將刺激項以電腦呈現，記錄受試者的唸名速度外，為測驗的便捷考量，曾世杰（1997）、張媛婷（2000）、林彥同（2001）皆是以護貝卡片的方式呈現，每張卡片上有 50 個刺激。表 4-1 呈現了三個連續唸名測驗版本的比較，張媛婷版值得稍作說明，因為她的參與者為學前兒童，卡片尺寸放大為 A4 橫式大小，除了認讀注音符號卡片上有 37 個字元外，每張卡片只有 20 個字元（包含數字、色塊、圖

表4-1 台灣三種唸名測驗工具之比較表

編製者	曾世杰	張媛婷	林彥同
編製年代	1997	2000	2001
尺寸	200mm × 130mm	297mm × 210mm A4橫式紙張	200mm × 130mm
刺激項	50	20	50
對象	小學	學前大班	5至9歲
物件	傘、手、樹、筆、鐘、車、球 (7種)	牛、車、鐘、筆、狗、燈、球、花 (8種)	手、門、飯、樹、豬 (5種)
數字	1~9（缺3、4）	1~9隨機	1~5
顏色	紅、綠、黃、灰、紫、黑、白 (7色)	紅、黃、藍、綠、白、黑 (6色)	紅、黃、藍、白、黑 (5色)
（注音）	7種	30種	ㄅ、ㄧ、ㄚ、ㄇ、ㄨ
非語文（色—物）	顏色—物件		顏色—物件
語文交錯	符號—數字		符號—數字
綜合交錯	數字—顏色		含顏色、物件、數字、符號

形），分成兩列排，每列10個。為什麼是20個？這和陳姝嫈的基礎研究結果有關。陳姝嫈的研究探討了許多唸名測驗的基礎問題，她的個案是二年級和五年級的閱讀障礙組及一般配對組兒童，每個細格有28人，研究問題和工具有關的有以下二個：

1. 「連續唸名速度」及「個別唸名速度」是否可以將中文閱讀障礙兒童和配對學童區分出來？

2. 唸名的項目數不同（2個、5個、10個、20個）時，量測得到的唸名時間是否具有不同的區辨效果？

結果發現，連續唸名確實較能區辨閱讀障礙組和配對組學童，當唸名刺激的項目數為20個時，不論年級，除了非語文交錯唸名之外，閱讀障礙組兒童

和配對組兒童在所有的項目的連續唸名都有顯著的差異。當項目數逐漸降為
10、5、2 時，兩組兒童在唸名上的差異就愈來愈不清楚，如表 4-2 所示。當
我們的研究對象年紀愈小，其專注力愈不容易進行，如曾世杰等人（2003）的
50 個刺激的測驗，這個發現告訴我們，20 個刺激項目的區辨性已經夠穩定，
這就是曾世杰、簡淑真等人（2005）的唸名卡片刺激數降到20 個的實證基礎。

　　林彥同（2001）以及劉家智（2002）的碩士論文以接力的方式分別完成了
「幼稚園至國小三年級」及「國小四至六年級」兒童各類唸名速度的常模，並
分析了唸名速度與閱讀、認字的相關。圖 4-3 是小一到小六常模平均值構成的

表 4-2　閱讀障礙組和對照組在不同刺激項目數的各種唸名卡片表現的差異

項目數（種類）	數字	注音	顏色	圖形	語文交錯	非語文交錯
2		V	V			
5			V			
10（兩列）	V	V	V			
10（一列）	V	V	V			
20（兩列）	V	V	V	V	V	

註：V 表示閱讀障礙組和對照組的唸名速度有顯著差異。
資料來源：根據陳姝嫈（1998）的數據製表

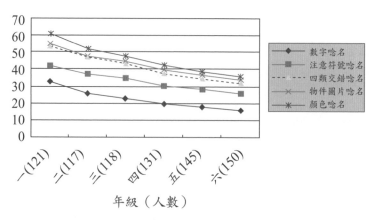

　　🔵 圖 4-3　小一到小六各類唸名常模平均值構成的曲線
資料來源：曾世杰（2009：203）

曲線，有了這些信效度良好的工具，各種唸名研究才有立足點，可以進一步深究我們關心的問題。

RAN 的「聲韻處理」與「雙重缺陷」假說

　　RAN 與閱讀間的關係有兩種主要的說法，本文且分別稱之為「聲韻處理假說」及「雙重缺陷假說」。底下將先簡略介紹此兩種假說，因為聲韻假說的觀點，第三章已經討論過，本節的重點將是「雙重缺陷假說」。

一、聲韻處理假說

　　此論點主張，RAN 只是各種聲韻技巧中的一項，它代表的是聲韻碼的提取效率。此說的主要領導人是 Torgesen、Wagner 和他們的同事（例如：Torgesen, Wagner & Rashotte, 1994; Torgesen, Wagner, Rashotte, Burgess & Hecht, 1997; Wagner & Torgesen, 1987），但他們的研究並不支持 RAN 是獨立於聲韻處理之外的一個缺陷（例如：Torgesen et al., 1997; Wagner & Torgesen, 1987; Wagner et al., 1994），RAN 對閱讀的解釋量非常小，在弱讀者群中，RAN 的解釋量尤其低（Torgesen et al., 1997）。Chiappe、Stringer、Siegel 和 Stanovich（2002）也發現，聲韻處理和 RAN 都對詞彙閱讀（word reading）的變異量有獨立的解釋力，但是 RAN 所能解釋的詞彙閱讀變異量中，有四分之三和聲韻處理重疊。研究者下結論道，RAN 很可能反映出聲韻處理的問題，RAN 只是聲韻處理領域中的一個成分（Torgesen & Wagner, 1998; Wagner Torgesen, Laughon, Simmons & Rashotte, 1993），國內李俊仁、柯華葳（2007）也持同樣的看法。

　　根據這個假說，RAN 作業是在評量個體觸接（access）及檢索長期記憶所儲存聲韻訊息的速率（或稱詞彙觸接速度），RAN 只是聲韻處理這個構念中

的一部分，和聲韻覺識及聲韻記憶的位階近似。支持這種主張的研究者把RAN
界定為「聲韻碼的提取效率」（efficiency of phonological code retrieval）（Vel-
lutino et al., 1996; Wagner et al., 1993）。

二、雙重缺陷假說

此論點主要由 Wolf 及其同事所提出（Wolf, 1991; Wolf, Bowers, & Biddle,
2000），他們認為 RAN 的本質複雜，聲韻只是 RAN 的一部分，唸名測驗量
的是個體快速整合多種歷程的能力。但 Wolf 等人並不否認聲韻處理的重要性，
在他們提出「雙重缺陷假說」（the double deficit hypothesis）（Wolf & Bowers,
1999）中，認為「聲韻」及「唸名」是兩種相對獨立的能力，可以個別或合併
起來對讀者造成影響。根據雙重缺陷假說，閱讀障礙者可以分為表 4-3 灰底的
三類：

亦即，Wolf 和其同事認為 RAN 並非聲韻處理的附屬成分，支持雙重缺陷
假說的證據來自兩方面：(1)在臨床上，閱讀障礙者可以被分類成「單純唸名
缺陷」、「單純聲韻缺陷」和「雙重缺陷」等三種亞型。「單純唸名缺陷」的
讀者，能正確唸出字詞，但卻是慢吞吞的解碼者；「單純聲韻缺陷」則有識字
解碼的困難；而雙重缺陷者則是所有閱讀障礙群體中，最困難的一群，其亞型
分類如表 4-3 所示；(2)獨立於聲韻覺識和記憶變項之外，RAN 在各種迴歸預

表 4-3　Wolf（1999）的聲韻、唸名雙重缺陷假說

認知能力		聲韻覺識	
		正常	障礙
唸名速度	正常	正常讀者	聲韻處理困難閱讀障礙
	障礙	唸名困難閱讀障礙	雙重障礙 （嚴重閱讀障礙）

測的研究中，不但一致地對閱讀有它獨特的解釋力，即使控制了聲韻處理的各種分數，連續唸名（以高度熟悉的刺激系列呈現）仍然可以對字詞閱讀及閱讀理解有獨立的解釋量（例如：Bowers & Newby-Clarke, 2002; Clarke, Hulme, & Snowling, 2005; Parrila, Kirby, & McQuarrie, 2004; Savage & Frederickson, 2005）。

如果 Wolf 和 Bowers（2000）的主張是對的，則應該至少要有三方面的證據：

1. 要有理論支持聲韻覺識和唸名乃兩種獨立的歷程。

2. 臨床上，可以找到細格中的三種閱讀障礙者，而且唸名困難者應該只對唸名的補救教學有正向反應，聲韻處理困難者只對聲韻處理的補救教學有正向反應。

3. 三種閱讀障礙者可能因著文字設計的形音透明性[1]，而有不同的出現率，在字素音素對應（Grapheme-Phoneme Correspondence, GPC）較規則的國家，例如：德國、荷蘭、西班牙、芬蘭（和 GPC 不規則的國家比較起來，如英文），唸名會比聲韻變項提供了相對更好的診斷指標（Wolf, 1997）。

關於第 1 點，Wolf 等人（2000）以一個唸名歷程的模型來反對「RAN 歸屬於聲韻處理中的一部分」之說法。他們主張，唸名所涉及的內在成分超出聲韻的歷程，由視覺唸名過程模式來看，RAN 包含在注意力、知覺、概念化、記憶、聲韻、語意、啟動等各成分處理訊息時，所需精確時間的總合，聲韻雖然是當中很重要的一部分，但也只是很多成分中的一部分。他們認為，唸名涉及注意力、知覺、概念化、記憶、心理詞彙庫及構音的過程。首先是注意到視覺的訊息，而從視覺處理該訊息開始，便對不同特徵的訊息有不同的處理方式，例如：低空間頻率（lower spatial frequencies）的訊息會在 60～80 毫秒內，處理該訊息的整體輪廓；而高空間頻率（higher spatial frequencies）的訊

---

[1] 所謂形音透明性（transparency）指的是文字的「拼音」和「發音」之間的規則性，又稱為 GPC 規則（Grapheme-Phoneme Correspondence rules）。拼音文字中如芬蘭文、德文、西班牙、荷蘭文都是透明度高的文字，發音的規則非常一致，少有例外；而英文的形音透明度最差，例外最多，容易造成學習者的困難。

息則會在 150～200 毫秒內,處理較精細的細節特徵。之後進入整合階段,將訊息轉為內在的表徵,並在此階段加以整合,而從注意到某一視覺訊息至唸出該視覺訊息的整個過程約需 500 毫秒。

從 Wolf 等人(2000)的模型,可以看出除了聲韻之外,他們特別看重視覺的、組字規則的處理(orthographic processing),所以,後來某些學者對這種強調字形處理的說法,逕稱之為「字形處理假說」(orthographic theories)(例如:Liao, Georgiou, & Parrila, 2008)。一個支持「組字規則處理假說」的證據來自於相關性研究——在預測認字與閱讀時,文字符號的唸名測驗(如數字及字母),總是比非文字符號的唸名測驗(如顏色及圖型),有更高的解釋量。因為文字和非文字的唸名最大的差別,在於組字規則處理(orthographic processing);因此,RAN 被認為和組字規則處理的關聯性大於聲韻處理的關聯性(例如:Bowey, McGuigan, & Ruschena, 2005; Cardoso-Martins & Pennington, 2004; Compton, 2003; Savage & Frederickson, 2005; Uhry, 2002)。

關於第 2 點,雙重缺陷假說列出三種可能的閱讀障礙亞型,許多針對閱讀障礙兒童進行亞型分類的研究因此出現。雙重缺陷假說在成人身上的研究很少,許多指出 RAN 為閱讀障礙核心缺陷的研究,都以兒童為樣本。植基於兒童樣本的這些 RAN 的文獻,支持 RAN 缺陷的確為某些閱讀障礙兒童的特質(陳淑麗、曾世杰,2005;Denckla & Rudel, 1976a, 1976b; Fawcett & Nicolson, 1994; Wolf et al., 1986),尤其是那些閱讀障礙特別嚴重的兒童(Meyer, Wood, Hart, & Felton, 1998; Pennington, Cardoso-Martins, Green, & Lefly, 2001)。一些以成人為對象的初探研究也指出,RAN 的缺陷並不會隨年齡的成長消失。Felton、Naylor 和 Wood(1990)調查了 115 名小時候曾被診斷為閱讀障礙的成人,他們發現,只要控制了智商和社經地位,RAN、聲韻覺識和非字的閱讀(nonword reading)可以區辨出,一位成人在其小時候是否有閱讀困難的病史。

但有些探究雙重缺陷假說的研究仍然有待商榷,主要是因為用在確定為閱讀障礙兒童的研究很少,那些使用閱讀障礙兒童的研究卻在亞型分類時有明顯疏失,例如:Manis、Doi 和 Bhadha(2000)的研究宣稱,可以把二年級的閱讀障礙兒童依唸名及聲韻的得分,分類到三種亞型裡,但是他們研究中雙重缺

陷組的閱讀分數居然分布在百分等級 25 到 48 之間，應該不能算是閱讀障礙；
Sunseth 和 Bowers（2002）以三年級學童為樣本，發現可以依雙重缺陷假說分
出三種亞型來，但這個研究也不能算是支持雙重缺陷假說的證據，因為雙重缺
陷假說是針對閱讀障礙而設的假說，Sunseth 和 Bowers 的樣本在標準化閱讀能
力測驗中的平均分數高達 100；Lovett、Steinbach 和 Frijters（2000）把 166 名
確認為閱讀障礙的兒童（7 到 13 歲）分類到三種亞型裡，他們發現在三組中，
雙重缺陷組在閱讀、拼字和算術上的障礙最為嚴重，其次為聲韻缺陷組，再其
次為唸名缺陷組；但再仔細地審閱這些亞型，可以發現唸名缺陷組事實上也有
聲韻的困難，照理最好分類到雙重缺陷組裡去；Deeney、Wolf 和 O'Rourke
（2001）報導了一個他們見過唸名最困難的個案，但是這個小朋友在聲韻覺識
上的表現也不好，怎麼也不能算是聲韻正常的兒童，因此該研究仍然不足以證
明唸名和聲韻是分離的心理真實性。

　　關於第 3 點，則確實有研究指出，在文字透明度高的語言，例如：荷蘭
文、德文和捷克文，RAN 和閱讀間的關聯性，比英文還強。為什麼如此？一
般相信是因為閱讀文字透明度高的語言，聲韻處理的認知需求較低，而 RAN
能表示看到字形提取字音自動化的程度，它和識字閱讀的相關，就相對地增高
了（例如：Caravolas, 2006; de Jong & van der Leij, 1999; Mann & Wimmer, 2002;
Mayringer, Wimmer, & Landerl, 1998; Patel, Snowling, & de Jong, 2004）。

　　因此，綜合以上的討論，在解釋閱讀障礙者的認知缺陷上，雙重缺陷假說
是否更具有說服力，因為有支持與否定不同方向的證據，因此目前尚無定論。
但從第 3 點來看，也許 RAN 在不同的文字系統中，扮演的角色不同，中文的
組字原則與拼音文字大為逕庭，以下我們將進一步討論，中文研究者在 RAN
上的相關研究。就本書作為「研究手冊」的目的，本章將先較仔細地描述筆者
參與過的研究，以呈現研究的細節及其中推論的邏輯，第四節再整理、比較中
文的相關研究與拼音文字的異同。

第三節
中文閱讀與唸名速度——我們在台灣的研究

拼音文字只用有限的幾個字母，根據一套形音的規則，就可以拼出口語的所有可能音節。但中文的同音異義字太多，例如：「經上級批准，維安部隊往淮河推進」，在這個假句子裡，五個帶「隹」的漢字，各有不一樣的發音，如果讀者閱讀時用GPC的規則以觸及該字的語音、語義，閱讀時一定緩不濟急，比較合理的猜測是，成熟的讀者在字形的處理階段，每一個字的處理都是瞬視字（sight word）——讀者能正確而自動化地觸及每一個字的語音，這種唸漢字的歷程和本章的焦點 RAN 在構念上就非常類似了，因此除了聲韻覺識能力之外，RAN 有可能是成功中文閱讀的重要認知條件，雙重缺陷假說在中文讀者的適用性，也應該是一個值得探討的議題，以下報告筆者曾參與的幾個研究。

從理論上來推想，若 RAN 和聲韻能力是相當獨立的兩種能力，而且兩者都和認字及閱讀理解相關能力有關，則我們至少會有以下三種實證研究上的預期：

1. 臨床上有符合假說的個案：可找到雙重缺陷假說所指稱的三類閱讀障礙亞型。

2. 相關及迴歸分析：唸名和聲韻變項都會和認字及閱讀相關能力有顯著相關，前者為負相關，即唸的時間愈短，閱讀相關能力愈好；後者則為正相關。在迴歸分析中，唸名和聲韻變項對於閱讀相關能力的變異量，將有獨立的貢獻。

3. 事後回溯分析：閱讀障礙的兒童，其 RAN 應慢於一般閱讀能力的對照兒童；反過來說，早期 RAN 緩慢的兒童，在追蹤後應該比對照組，更可能展現閱讀困難的症狀。

我們的研究的確支持這三個預期。

關於預期 1，蔡韻晴（2002）嘗試依據雙重缺陷假說對國小四到六年級低閱讀能力的 66 名學童進行分類，研究同時施予「聲韻覺識測驗」、「RAN 測

驗」、「工作記憶測驗」、「詞彙測驗」及「記憶廣度測驗」。研究發現，在中文低閱讀能力學童中，不論以「聲母注音和 RAN」或「聲調、聲母注音和 RAN」來分類，皆可發現類似雙重缺陷假說的分類組型，而且分類結果和 Wolf（1999）相當接近，均以聲韻覺識缺陷的人數最多，雙重缺陷、RAN 缺陷次之，而兩者皆正常的人數最少。此外，蔡韻晴也指出，雙重缺陷的低閱讀能力學童在認字、閱讀理解以及其他閱讀相關認知能力的表現上，均是最差的。

　　陳淑麗、曾世杰（2005）曾經報導一個典型的唸名缺陷個案——RM。RM 的家庭是旅居台灣的美國人，母語為英語，其智力在正常範圍內，和小他 1 歲的弟弟同班就讀於台東縣某國小二年級。RM 有嚴重的漢字閱讀困難，從和他弟弟的對照看起來，RM 的閱讀困難無法歸諸於第二語言的限制。RM 可以閱讀英文及注音，因為不會寫國字，他在學校的寫作只能使用注音。在研究者自編的「英語假字測驗」中（由符合英文發音規則，但不存在的字組成，例如：「nuckel」、「horm」、「dirp」），48 題假字答對了 45 題，而且作答時非常快速，完全不加思索；可見導致 RM 中文閱讀障礙的核心認知困難不可能出自於聲韻覺識缺陷。但 RAN 就不同了，施測時，RM 已經在國民小學待了 2 年半，注音和算術又是他在學校裡的強項，但 RM 的注音唸名和數字唸名之 z 分數卻分別為 -2.91 和 -1.45 個標準差，實在難以用「漢語為第二語言」此一理由解釋這般的緩慢。此外，RM 在「魏氏兒童智力量表」（第三版）中最弱的三項分測驗為「符號替代」（量表分數 4，z = -2.0）、「符號尋找」（量表分數 5，z = -1.7），以及「數字記憶廣度」（量表分數，z = -1.0），亦即，只要涉及符號的處理，RM 就有困難。他的「處理速度」的因素智商，RM 只得 69，z = -2.0，落在常模的最後 2%，這和「唸名速度測驗」的發現完全一致。簡單的說，RM 的中文和英文的「聲韻覺識測驗」都沒有問題，注音和英文的閱讀正確性也沒有問題，唯一出問題的是他的 RAN 非常慢，即使是極為熟悉的注音和阿拉伯數字符號，也要花比同儕還要久的時間。

　　預期 2 也得到了實證研究的支持，研究一再地指出，聲韻覺識相關測驗的分數的確與閱讀理解及認字成正相關（曾世杰，1996；曾世杰、陳淑麗、謝燕嬌，2005），而 RAN 則與閱讀理解及認字分數成負相關（曾世杰等，2003；劉家智，2002）。

此外，曾世杰、簡淑真、張媛婷、周蘭芳、連芸伶（2005）對一群未經特別挑選的幼稚園學童施以各種 RAN 測驗，並且連續追蹤 4 年，每年量測其 RAN 及數種閱讀相關變項。結果指出，以中文認字能力為依變項時，唯一能預測四年級中文認字能力的只有學前的數字 RAN，一年級的聲韻覺識變項的解釋力則未達顯著水準，即使把語文智商納入迴歸公式，仍然得到一樣的結果。而以閱讀理解為依變項時，結果和認字稍有差異——數字 RAN 和聲韻覺識對閱讀理解變異量的預測都有獨立的貢獻，但數字唸名第一個進入迴歸公式，其次是語文智商，再來是聲韻覺識變項中的聲調覺識。簡言之，在預測國小四年級的中文認字能力時，早期 RAN 的預測力較好，聲韻覺識變項卻無法進入迴歸模型中。但是，在預測國小四年級的中文閱讀理解能力時，RAN 和聲韻覺識則各有獨立的貢獻，但聲韻覺識貢獻的解釋量非常有限。

關於預期 3，謝俊明、曾世杰（2004）指出，閱讀障礙學童的 RAN 比同齡以及一般閱讀能力的配對組緩慢。這可以推論如下：RAN 為閱讀能力的因，亦即 RAN 慢的學童，後來的閱讀能力就差；但是，另一個反向的解釋也是可能的，即閱讀能力為 RAN 的因，因為配對組學童閱讀能力好，閱讀的多，以致後來他們的 RAN 變快了。但是，在謝俊明和曾世杰的研究中，還有同閱讀能力的低年級對照組，閱讀障礙學童和這個對照組相互比較，RAN 還是較緩慢，在邏輯上，這個發現就不能由兩組閱讀能力的差異來解釋，因為兩組的閱讀能力並沒有差異。因此該研究主張，RAN 比較可能是閱讀能力的因，並從這裡推論，RAN 應該能有效區辨不同閱讀能力的學童。

如果 RAN 缺陷真的會導致閱讀困難，則我們也可以預期：早期 RAN 緩慢學童入學後的認字和閱讀的表現，應該也會遠弱於早期 RAN 正常的同儕。張毓仁、曾世杰（2008）在小一入學的第一週，以「數字唸名測驗」找到入學時唸名最慢的 46 名兒童，在兒童三年級時，這群唸名緩慢的兒童在聲韻相關變項、閱讀理解、認字及國語成就分數上，都顯著落後於依性別、智商、社會經濟地位配對的對照組。

簡單的說，我們的研究指出，RAN 和認字閱讀變項成負相關；早期的 RAN 可以有效預測後來的中文認字和閱讀；RAN 可以有效地區辨出閱讀有困難的兒童，而且有證據支持聲韻覺識和 RAN 在構念上的獨立性。

第四節

唸名速度——拼音文字及中文研究的比較

除了台灣的研究，最近 10 年，兩岸三地中文研究者也有許多以 RAN 為主的研究，得到和拼音文字非常接近的結果，但也有一些差別，分別整理如下。

一、RAN 在閱讀的角色——拼音文字及中文相似之處

1. 在控制聲韻處理的各種分數之後，RAN 對認字及閱讀理解有獨立的解釋量（拼音文字如：Bowers & Newby-Clarke, 2002; Clarke et al., 2005; Parrila et al., 2004; Savage & Frederickson, 2005；中文如：張毓仁、曾世杰，2008；曾世杰 等，2005；Kang, 2004; Liao, Georgiou, & Parrila, 2008; McBride-Chang, Shu, Zhou, Wat, & Wagner, 2003）。

2. 一般來說，RAN 對閱讀正確性的解釋力，對初學習閱讀的兒童及各年齡層中的弱讀者較強，在年紀較大和閱讀有相當流暢性的兒童，解釋力較弱（拼音文字如：Felton et al., 1990; Scarborough, 1998; Wagner et al., 1997；中文如：張毓仁、曾世杰，2008；謝俊明、曾世杰，2004）。

3. 在 RAN 作業中，文字刺激的唸名（如字母或數字）和閱讀的關聯性強過顏色或圖形的唸名（拼音文字如：Bowey et al., 2005; Cardoso-Martins & Pennington, 2004; Compton, 2003; Savage & Frederickson, 2005；中文如：張毓仁、曾世杰，2008；曾世杰，2004；謝俊明、曾世杰，2004；Ho, Chan, Lee, Tsang, & Luan, 2004; Ho, Chan, Tsang, & Lee, 2002; Liao, Georgiou, & Parrila, 2008; Lu, 2003）。

4. 閱讀障礙兒童或弱讀兒童的 RAN，會慢於同齡或同閱讀能力的對照兒童（拼音文字如：Denckla & Cutting, 1999 的回顧；中文如：謝俊明、曾世杰，2004；Ho & Lai, 1999）。

二、RAN 在閱讀的角色——拼音文字及中文相異之處

中文和拼音文字的唸名研究結果，主要有以下兩個主要不同的地方。

（一）中文閱讀和 RAN 的關聯性大於和聲韻變項的關聯性

Wolf 和 Bowers（1999）曾經指出，RAN 作業除了提取及唸出聲韻碼之外，還有整合視覺——字形訊息，以完成詞彙辨識。中文有大量的同音字，因此中文讀者的重要功課之一，就是把聽到的音節／或想說的音節，在大腦裡轉成相對應的漢字（McBride-Chang et al., 2003），例如：聽到「我姓ㄓㄤ」，中文讀者通常就會跟著問「弓長張還是立早章」，再加上漢字的 GPC 透明度低，漢字表徵的語音單位是音節，閱讀時讀者不必訴諸於更細的聲韻結構分析。這些文字特質，可能使中文讀者必須比拼音文字讀者更密切注意視覺——字形的區辨，因此，和拼音文字比較起來，中文閱讀和 RAN 的關係，有可能高過和聲韻變項的關係。

實證研究也支持了這個說法，例如：曾世杰、簡淑真、張媛婷、周蘭芳、連芸伶（2005）的追蹤研究，不論依變項是閱讀理解或認字，解釋量最大的早期預測變項都是文字——數字唸名速度，而不是聲韻覺識變項；以早期變項預測小學四年級認字時，聲韻覺識變項都未能進入迴歸公式；在預測四年級閱讀時，唸名首先進入迴歸公式，再來才是聲韻變項，但是能增加的解釋量都非常有限。Ho 等人（2004）對 147 位香港的發展性閱讀障礙兒童蒐集各種認知變項，結果也指出，快速唸名缺陷和字形處理缺陷（orthographic deficit）是兩種最主要的中文閱讀障礙亞型。研究者認為，閱讀障礙兒童的字形和快速唸名缺陷可能說明了發展中的字形知識和表徵（orthographic knowledge and representation）。他們下結論道，字形相關的困難，有可能是中文閱讀障礙的核心問題。

Siok、Spinks、Jin 和 Tan（2009）以功能性核磁共振儀進行的研究也指出，中文讀寫障礙兒童和拼音文字的閱讀障礙兒童，大腦出問題的部位是不相同的，中文讀寫障礙兒童在左腦頂內溝前端（left anterior intraparietal sulcus）觀察到較低的血氧濃度訊號，卻在右腦相同的位置觀察到較強的訊號。研究人

員推論，左腦頂內溝顯示讀寫障礙兒童在視覺空間的處理的確有缺陷，而右腦相同的區域則可能顯示了物理視覺特徵由下而上（bottom-up）的神經元補償機制。進一步檢視視覺空間處理，以及聲韻處理有關的左腦頂內溝前端與左腦額中回（left middle frontal gyrus）訊號的個別差異，發現 10 位閱讀障礙兒童在兩個區域都顯示出比正常兒童更低的訊號。他們推論，相較於英文只有聲韻處理缺失的發現，中文讀寫障礙兒童似乎遭遇了視覺空間處理與聲韻處理上的雙重困難。

（二）在中文的狀況，年級愈高，RAN 與閱讀正確性的相關愈高

對英文讀者說來，年紀愈大或閱讀能力愈佳，RAN 和詞彙閱讀正確性的相關愈低（例如：Neuhaus, Foorman, Francis, & Carlson, 2001; Wagner et al., 1997），但中文讀者似乎有相反的傾向，在同時性相關及預測性相關研究都是如此。在同時性相關的研究中，Tan、Spinks、Eden、Perfetti 和 Siok（2005）發現，在控制智商後，數字唸名可以解釋低年級兒童 13%的認字變異量（7〜8歲），但可以解釋中年級兒童 24%的認字變異量。Liao 等人（2008）的研究也指出，RAN 對小學四年級認字的解釋量高過小學二年級。

在追蹤式的預測研究中，也有一個結果類似的研究，曾世杰、簡淑真、張媛婷、周蘭芳、連芸伶（2005）以語文智商、小學二年級的 RAN 及小學一年級的聲韻覺識分數投入迴歸分析，用來預測小學二、三、四年級的認字能力，結果發現，除了語文智商之外，二年級的 RAN 對認字的解釋增加量隨著年級愈來愈大，分別是 10%、17%、19%。而且，不只認字，曾世杰等人的研究以相同的預測變項，預測二、三、四年級的閱讀理解時發現，RAN 在預測小學二年級的閱讀理解中沒有進入迴歸公式，預測三年級時，RAN 進入迴歸公式，但解釋量在語文智商之後；而在預測四年級閱讀理解時，RAN 卻成為最好的預測變項，其解釋量達 25%。

RAN 對高年級中文閱讀的解釋力高於低年級兒童，其他的中文研究者在閱讀流暢性（Kang, 2004）及認字正確性（Tan et al., 2005）上也有類似的發現。但在英文（例如：Torgesen et al., 1997; Wagner et al., 1997）卻有相反的差別——年紀愈大，RAN 和閱讀的相關愈低。

82

　　為什麼不同的文字系統會有這個差別？Liao 等人（2008）有段精采的討論，並提出了可能的解釋：這可能和中文的特性與習得歷程有關；拼音文字都有一套為數有限的字母，所有的詞都由字母組成，因此讀者只要掌握了 GPC 規則，就能讀出不認識的新詞。但中文讀者面對一個未學過的生字時，讀者無從（或難以）唸出該字的字音。因此，讀者所學會的漢字愈多，又快又正確的漢字辨識對閱讀流暢性的重要性便與日俱增；而 RAN 歷程正好代表了這種唸漢字的自動化歷程。此外，在初學中文閱讀時，兒童認識的部首基本字大約有 200 個，音旁基本字大約有 800 個；但隨著閱讀技能的發展，兒童參照字庫裡由基本字合成的組合字可能多達數千個。研究指出，此時熟練的中文讀者，解碼時就不再使用效率不高的聲韻表徵，而是藉著字形表徵（orthographic representation）來直接觸接（direct access）漢字的心理詞彙庫（例如：Chen, 2003; Ju & Jackson, 1995; Shu & Anderson, 1997; Yeh & Li, 2002）。這個發展特性同時也解釋了，為什麼在 Liao 等人（2008）的研究中，小學四年級的迴歸分析 RAN 和字形處理共享了較多的變異量，而小學二年級的迴歸分析 RAN 和字形處理則關係較弱。.

　　從中文與拼音文字的 RAN 研究結果的相似和相異之處後，筆者猜測，不同文字系統的閱讀，一定有其普世性（universal）的成分及其個殊性的特質。中文的組字原則與拼音文字有很大的差異，這些差異可能使中文讀者在閱讀時，必須採用不同的認知策略，也因此造成了中文讀者和拼音文字讀者在唸名歷程與閱讀歷程上的差異。

第五節

結　語

一、結論

　　本章對 RAN 在中文閱讀歷程的角色及中文閱讀障礙的相關文獻，做了簡單的介紹。筆者介紹了 RAN 的歷史、測驗工具的發展後指出，RAN 的是信效度非常穩定的工具，而且可以用在幼兒身上。

　　本章的重點在於介紹了閱讀障礙研究中的一個爭議——拼音文字研究者的主流想法認為，RAN 是聲韻處理（phonological processing）能力的一種，不必把它獨立出來看；但 Wolf 等學者卻認為，RAN 和聲韻處理是不同的兩個歷程，它們可能獨立地成為閱讀障礙的致因，也可能共同作用，造成 RAN 和聲韻處理都發生困難的雙重缺陷障礙；但這個爭議，在拼音文字的研究社群中，仍未有定論。而在中文閱讀歷程與閱讀障礙研究的社群中，最近十幾年的研究普遍指出，RAN 對中文閱讀的重要性是不可忽視的，中文閱讀障礙兒童普遍有 RAN 和聲韻處理的困難，而且許多行為的研究也指出，RAN 對中文閱讀的解釋力甚至超過了聲韻處理，這個說法也得到了一些神經照影研究的支持。中文的構字原則和拼音文字大相逕庭，需要字形及快速自動化的處理，這些都是 RAN 測驗所量測的構念，也許因為如此，才會有許多 RAN 的重要性大於聲韻處理的研究證據。

二、對未來研究的建議

　　以下對中文閱讀障礙的唸名研究，提出五個研究方向的建議，限於篇幅，更詳細的討論請參考曾世杰（2009）：

　　1.個案研究：以個案研究針對孩童的缺陷（單純唸名、單純聲韻或雙重缺陷）的介入教學實驗的方案，在國內較少見。這樣的研究教學內容與執行，可以參考 Deeney 等人（2001）、Wise（2001）以及 Miller 和 Felton（2001）的

研究。

2.RAN 和社經地位：簡淑真、曾世杰（2004）以及林彥同（2001）均指出，台東地區兒童的唸名速度，和台灣其它地區比較起來都明顯的緩慢，為什麼？曾世杰（2009：163-164）提出了一個解釋——決定唸名速度的本質可能是內因的，但它卻透過社經地位高低、文化刺激多寡的面貌被大家看到。是否真的如此，這個問題需要教育學、心理學、社會學的跨團隊合作才可能解決。

3.以 RAN 早期區辨出閱讀障礙高危險群：閱讀障礙愈早介入，效果愈佳（Pikulski, 1994; Stanovich, 1986; Wasik & Slavin, 1993）。但學障兒童大都是在小學入學後要升三、四年級時才被發現。由於 RAN 測驗具有「作業簡單、易實施、施測時間短」的特性，值得以長期追蹤研究的方式，檢驗是否有成為閱讀障礙早期篩選工具的潛力。

4.中文閱讀障礙亞型分類與補救教學設計：若亞型分類正確，我們應可根據不同亞型孩子們對不同教學方式的反應來做分類的效度檢驗。但是，到底中文的唸名自動化要教什麼？雖然在陳淑麗、曾世杰（2005）的研究中，讓孩童有大量複誦文字材料至自動化的練習，但這些教材都還需要更多研究者及現場老師的投入設計。

5.RAN 與閱讀的關係：跨語言的研究中，國外研究指出，唸名在閱讀歷程中，可能因著各種語文字形——字音對應關係的規則性，而有不同的重要性（Wolf, 1997; Wolf, Pfeil, Lotz, & Biddle, 1994）。但是，中文字形——字音間的規則和拼音文字迥異，中文是一種語素——音節文字，讀者從字形判斷出正確字音的機率不高。因此，唸名在中文閱讀習得過程中所占的角色，就更值得深究了。

張毓仁、曾世杰（2008）也有一段方法學上的討論，但筆者必須提醒的是，現在所有的中文 RAN 研究，本質上都是關聯性研究（associational studies）或描述性研究，沒有實驗或教學實驗研究，這都造成了因果推論上的限制。如果 RAN 缺陷真的是閱讀障礙的致因，則強調 RAN 的補救教學，應該有助於兒童克服或減輕障礙。但是，讓兒童唸數字、注音唸得快一點，兒童的中文閱讀困難就可以減低一些嗎？如果 RAN 量測的是快速、自動化的符號能力，則比較有可能的教學目標，應該是中文閱讀的自動化，或稱流暢性。

　　從訊息處理論的觀點來看，人類的認知資源是有限的，閱讀時，如果花費太多認知資源在識字上，那麼，可以分配在閱讀理解的認知資源自然就較少，閱讀理解的效率也會受到影響。Chall（1996）的閱讀發展理論也指出，解碼自動化是讓讀者能夠從「學習著讀」過渡到「閱讀以學習」的關鍵，因此，流暢性確實有其重要性。在教學應用層面，美國國家閱讀小組已經將「流暢性」列為閱讀教學的五大元素之一（NCLB, 2002），但國內的閱讀教學，則普遍尚未看重流暢性成分，根據 Chall 的閱讀理論，小二和小三是發展閱讀流暢性的關鍵階段，但國內小二和小三的國語科教材裡，並沒有見到強調「處理速度」的教學內容，同時，國內有關流暢性教學的研究，也並不多見，僅有一篇碩士論文針對流暢性成分，檢驗其重要性（劉思枋，2009），另有少數的補救教學研究，將流暢性列為閱讀教學成分之一（洪儷瑜、陳秀芬、吳怡慧、古美娟，2009；陳淑麗，2008；陳淑麗、曾世杰、洪儷瑜，2006；曾世杰、陳淑麗，2007）。基於此，筆者建議，國內的語文教學，也應將流暢性列為教學的成分之一，也建議未來的研究需要進一步探究流暢性在閱讀教學上的角色。

 參考文獻

●中文部分

李俊仁、柯華葳（2007）。中文閱讀弱讀者的認知功能缺陷──視覺處理或聲韻覺識？**特殊教育研究學刊，32**（4），1-18。

林彥同（2001）。**幼稚園至國小三年級學童各類唸名速度能力的發展及其與閱讀能力的相關**。國立高雄師範大學特殊教育研究所碩士論文，未出版，高雄市。

洪儷瑜、陳秀芬、吳怡慧、古美娟（2009）。**永齡希望小學中高年級語文科補救教學研發實驗報告**（未出版）。台東市：國立台東大學。

張媛婷（2000）。**學前兒童的念名速度與入學後國語文成就的關係**。行政院國家科學委員會大專生參與專題研究計畫成果報告。

張毓仁、曾世杰（2008）。國小三年級念名速度緩慢學童與一般學童閱讀認知能力之比較。**教育與心理研究，33**（1），179-203。

陳姝嫈（1998）。**唸名速度、工作記憶與國語文能力相關研究**。國立台東師範學院教育研究所碩士論文，未出版，台東市。

陳淑麗（2008）。二年級國語文補救教學研究──一個長時密集的介入方案。**特殊教育研究學刊，33**（2），27-48。

陳淑麗、曾世杰（2005）。唸名速度及聲韻覺識在中文閱讀障礙亞型分類上的角色──個案補救教學研究。載於洪儷瑜、王瓊珠、陳長益（主編），**突破學習困難評量與因應之探討**（頁179-214）。台北市：心理。

陳淑麗、曾世杰、洪儷瑜（2006）。原住民國語文低成就學童文化與經驗本位補救教學成效之研究。**師大學報──教育類，51**（2），147-171。

曾世杰（1996）。閱讀低成就學童及一般學童的閱讀歷程成分分析研究。載於國立台東師範學院（編），**八十五學年度師範院校學術論文集**（頁209-225）。台東市：國立台東師範學院。

曾世杰（1997）。**國語文低成就學生之工作記憶與聲韻處理**。行政院國家科學委員會研究成果報告（未出版）。

曾世杰（1999）。國語文低成就學童之工作記憶、聲韻處理能力與唸名速度之研究。載於柯華葳（編），**學童閱讀困難的鑑定與診斷**（頁5-28）。嘉義縣：國

立中正大學心理學系。

曾世杰（2004，9月4日）。**念名速度與閱讀障礙——國內外文獻回顧**。發表於台灣學障學會主辦之「POP 學術發表會」。南投縣：埔里基督教醫院。

曾世杰（2006）。**聲韻覺識、唸名速度與中文閱讀障礙**（初版二刷）。台北市：心理。

曾世杰（2009）。**聲韻覺識、唸名速度與中文閱讀障礙**（初版三刷）。台北市：心理。

曾世杰、邱上真、林彥同（2003）。幼稚園至國小三年級學童各類唸名速度能力與閱讀能力的相關。**師大學報，48**（2），261-290。

曾世杰、陳淑麗（2007）。注音補救教學對一年級低成就學童的教學成效實驗研究。**教育與心理研究。30**（3），53-77。

曾世杰、陳淑麗、謝燕嬌（2005）。**聲韻覺識測驗**。教育部特殊工作教育小組研究成果報告（未出版）。

曾世杰、簡淑真、張媛婷、周蘭芳、連芸伶（2005）。以早期唸名速度及聲韻覺識預測中文閱讀與認字——一個追蹤四年的相關研究。**特殊教育研究學刊，28**，123-144。

劉思枋（2009）。**朗讀流暢性教學對國中體育班學生英語科課程本位評量成效之研究**。國立台東大學特殊教育研究所暑期碩士班碩士論文，未出版，台東市。

劉家智（2002）。**四、五、六年級學童唸名速度與國語文能力相關之研究**。國立台東師範學院教育研究所碩士論文，未出版，台東市。

蔡韻晴（2002）。**雙缺陷假說在中文閱讀障礙之檢驗——各亞型認知成分之比較**。國立台東師範學院教育研究所碩士論文，未出版，台東市。

謝俊明、曾世杰（2004）。閱讀障礙學生與一般學生在唸名速度上的比較研究。**台東大學教育研究學報，15**（2），193-216。

簡淑真、曾世杰（2004）。**入學時的唸名速度是否可預測二級兒童的閱讀障礙**。行政院國家科學委員會期中報告（未出版）。

英文部分

Blachman, B. (1984). The relationships of rapid naming ability and language analysis skills to kindergarten and first grade reading achievement. *Journal of Educational Psychology, 76*, 610-622.

Bowers, P. G., & Newby-Clarke, E. (2002). The role of naming speed within a model of reading acquisition. *Reading and Writing: An Interdisciplinary Journal, 15*, 109-126.

Bowers, P. G., & Swanson, L. B. (1991). Naming speed deficits in reading disability: Multiple measure of a singular process. *Journal of Experimental Child Psychological, 51*, 195-219.

Bowers, P. G., & Wolf, M. (1993). Theoretical links among naming speed, precise timing mechanisms and orthographic skill in dyslexia. *Reading and Writing: An Interdisciplinary Journal, 5*(1), 69-85.

Bowey, J. A., McGuigan, M., & Ruschena, A. (2005). On the association between serial naming speed for letters and digits and word-reading skill: Towards a developmental account. *Journal of Research in Reading, 28*, 400-422.

Caravolas, M. (2006). *The foundations of literacy in Czech: Not so different from English after all?* Paper presented at the 11th annual conference of the Society for the Scientific Studies of Reading, Vancouver, Canada.

Cardoso-Martins, C., & Pennington, B. F. (2004). The relationship between phoneme awareness and rapid serial naming skills and literacy acquisition: The role of developmental period and reading ability. *Scientific Studies of Reading, 8*, 27-52.

Chall, J. S. (1996). *Qualitative assessment of text difficulty: A practical guide for teachers and writers*. Cambridge, MA: Brookline Books.

Chen, M. J. (2003). Component skills for reading Chinese in primary school children. In C. McBride-Chang & H.-C. Chen (Eds.), *Reading development in Chinese children* (pp. 19-33). Westport, CT: Praeger.

Chiappe, P., Stringer, R., Siegel, L. S., & Stanovich, K. E. (2002). Why the timing deficit hypothesis does not explain reading disability in adults. *Reading and Writing: An Interdisciplinary Journal, 15*, 73-107.

Clarke, P., Hulme, C., & Snowling, M. J. (2005). Individual differences in RAN and reading: A response timing analysis. *Journal of Research in Reading, 28*, 73-86.

Compton, D. L. (2003). Modeling the relationship between growth in rapid naming speed and growth in decoding skill in first-grade children. *Journal of Educational Psychology, 95*, 225-239.

de Jong, P. F., & van der Leij, A. (1999). Specific contributions of phonological abilities to

early reading acquisition: Results from a Dutch latent variable longitudinal study. *Journal of Educational Psychology, 91*, 450-476.

Deeney, T., Wolf, M., & O'Rourke, A. G. (2001). "I like to take my own sweet time": Case study of a child with naming speed deficits and reading disabilities. *Journal of Special Education, 35*(3), 145-155.

Denckla, M. B. (1972). Color-naming defects in dyslexic boys. *Cortex, 8*, 164-176.

Denckla, M. B., & Cutting, L. E. (1999). History and significance of rapid automatized naming. *Annals of Dyslexia, 49*, 29-42.

Denckla, M. B., & Rudel, R. G. (1974). "Rapid automatized naming" of pictured objects, colors, letters, and numbers by normal children. *Cortex, 10*, 186-202.

Denckla, M. B., & Rudel, R. G. (1976a). Naming of objects by dyslexic and other learning-disabled children. *Brain and Language, 3*, 1-15.

Denckla, M. B., & Rudel, R. G. (1976b). Rapid automatized naming (R.A.N.): Dyslexia differentiated from other learning disabilities. *Neuropsychologia, 14*, 471-479.

Fawcett, A. J., & Nicolson, R. I. (1994). Naming speed in children with dyslexia. *Journal of Learning Disabilities, 27*(10), 641-646.

Felton, R. H., Naylor, C. E., & Wood, F. B. (1990). Neuropsychological profile of adult dyslexics. *Brain and Language, 39*, 485-497.

Geschwind, N. (1965). Disconnection syndrome in animals and man (Parts I, II). *Brain, 88*, 237-294, 585-644.

Ho, C. S.-H., & Lai, D. N.-C. (1999). Naming-speed deficits and phonological memory deficits in Chinese developmental dyslexia. *Learning & Individual Differences, 11*(2), 173-187.

Ho, C. S.-H., Chan, D. W.-O., Lee, S.-H., Tsang, S.-M., & Lawn, V. H. (2004). Cognitive profiling and preliminary subtyping in Chinese developmental dyslexia. *Cognition, 91*, 43-75.

Ho, C. S.-H., Chan, D. W.-O., Tsang, S.-M., & Lee, S.-H. (2002). The cognitive profile and multipledeficit hypothesis in Chinese developmental dyslexia. *Developmental Psychology, 38*, 543-553.

Ju, D., & Jackson, N. E. (1995). Graphic and phonological processing in Chinese character identification. *Journal of Reading Behavior, 27*, 299-313.

Kang, C. (2004). *Phonological awareness and naming speed in good and poor Chinese readers.* Unpublished master's thesis, University of Hong Kong, Hong Kong, China.

Katz, R. B., & Shankweiler, D. (1985). Repetitive naming and the detection of word retrieval deficits in the beginning reader. *Cortex, 21*(4), 617-625.

Liao, C.-H., Georgiou, G. K., Parrila, R. (2008). Rapid naming speed and Chinese character recognition. *Reading and Writing: An Interdisciplinary Journal, 21*(3), 231-253.

Lovett, M. W., Steinbach, K. A. & Frijters, J. C. (2000). Remediating the core deficits of developmental reading disability: A double-deficit perspective. *Journal of Learning Disabilities, 33*, 334-358.

Lu, T.-H. (2003). *The relationship of phonological processing (phonological awareness, verbal short-term memory, and rapid naming) and visual short-term memory to reading disabilities in Chinese children.* Unpublished doctoral dissertation, University of Iowa, Iowa, IA.

Manis, F. R., Doi, L. M., & Bhadha, B. (2000). Naming-speed, phonological awareness, and orthographic knowledge in second graders. *Journal of Learning Disabilities, 33*(4), 325-333.

Mann, V., & Wimmer, H. (2002). Phoneme awareness and pathways into literacy: A comparison of German and American children. *Reading and Writing: An Interdisciplinary Journal, 15*, 653-682.

Mayringer, H., Wimmer, W., & Landerl, K. (1998). Phonological skills and literacy acquisition in German. In P. Reitsma & L. Verhoeven (Eds.), *Problems and interventions in literacy development* (pp. 147-161). Dordrecht, The Netherlands: Kluwer Academic Publishers.

McBride-Chang, C., Shu, H., Zhou, A., Wat, C. P., & Wagner, R. K. (2003). Morphological awareness uniquely predicts young children's Chinese character recognition. *Journal of Educational Psychology, 95*, 743-751.

Meyer, M. S., Wood, F. B., Hart, L. A., Felton, R. H. (1998). Selective predictive value of rapid automatized naming in poor readers. *Journal of Learning Disabilities, 31*(2), 106-117.

Miller, L., & Felton, R. (2001). "It's one of them...I don't know": Case study of a student with phonological, rapid naming and word-finding deficits. *Journal of Special Edu-*

cation, 35(3), 125-133.

Neuhaus, G., Foorman, B. R., Francis, D. J., & Carlson, C. D. (2001). Measures of information processing in rapid automatized naming (RAN) and their relation to reading. *Journal of Experimental Child Psychology, 78*, 359-373.

No Child Left Behind Act of 2001, 115 State §1425 (2002).

Parrila, R., Kirby, J. R., & McQuarrie, L. (2004). Articulation rate, naming speed, verbal short-term memory, and phonological awareness: Longitudinal predictors of early reading development? *Scientific Studies of Reading, 8*, 3-26.

Patel, T., Snowling, M. J., & de Jong, P. F. (2004). A cross-linguistic comparison of children learning to read in English and Dutch. *Journal of Educational Psychology, 96*, 785-797.

Pennington, B. F., Cardoso-Martins, C., Green, P. A., & Lefly, D. L. (2001). Comparing the phonological and double deficit hypotheses for developmental dyslexia. *Reading and Writing: An Interdisciplinary Journal, 14*(7-8), 707-755.

Perfetti, C., Finger, E., & Hogaboam, T. (1978). Sources of vocalization latency differences between skilled and less skilled young readers. *Journal of Educational Psychology, 70*, 730-739.

Pikulski, J. (1994). Preventing reading failure: A review of five effective programs. *The Reading Teacher, 48*, 30-39.

Savage, R., & Frederickson, N. (2005). Evidence of a highly specific relationship between rapid automatic naming of digits and text-reading speed. *Brain and Language, 93*, 152-159.

Scarborough, H. S. (1998). Predicting the future achievement of second graders with reading disabilities: Contributions of phonemic awareness, verbal memory, rapid serial naming, and IQ. *Annals of Dyslexia, 48*, 115-136.

Shu, H., & Anderson, R. C. (1997). Role of radical awareness in the character and word acquisition of Chinese children. *Reading Research Quarterly, 32*, 78-89.

Siok, W. T., Spinks, J. A., Jin, Z., & Tan, L. H. (2009). Developmental dyslexia is characterized by the co-existence of visuospatial and phonological disorders in Chinese children. *Current Biology, 19*(1), 890-892.

Stanovich, K. E. (1981). Relationships between word decoding speed, general name-retri-

eval ability, and reading progress in first-grade children. *Journal of Educational Psychology, 73*, 809-815.

Stanovich, K. E. (1986). "Matthew effects" in reading: Some consequences of individual differences in acquisition of literacy. *Reading Research Quarterly, 4*, 360-407.

Sunseth, K., & Bowers, P. (2002). Rapid naming and phonemic awareness: Contributions to reading, spelling, and orthographic knowledge. *Scientific Studies of Reading, 6*(4), 401-429.

Tan, L. H., Spinks, J. A., Eden, G. F., Perfetti, C. A., & Siok, W. T. (2005). Reading depends on writing, in Chinese. *Proceedings of the National Academy of Sciences of the United States of America, 102*, 8781-8785.

Torgesen, J. K., & Wagner, R. K. (1998). Alternative diagnostic approaches for specific developmental reading disabilities. *Learning Disabilities Research & Practice, 13*(4), 220-232.

Torgesen, J. K., Wanger, R. K., & Rashotte, C. A. (1994). Longitudinal studies of phonological processing and reading. *Journal of Learning Disabilities, 27*(5), 276-286.

Torgesen, J., Wagner, R., Rashotte, C., Burgess, S., & Hecht, S. (1997). Contributions of phonological awareness and rapid automatic naming ability to the growth of word-reading skills in second to fifth-grade children. *Scientific Studies of Reading, 1*(2), 161-195.

Uhry, J. K. (2002). Kindergarten phonological awareness and rapid serial naming as predictors of Grade 2 reading and spelling. In E. Witruk, A. D. Friederici & T. Lachmann (Eds.), *Basic functions of language, reading, and reading disability* (pp. 299-313). Boston, MA: Kluwer Academic Publishers.

Vellutino, F. R., Scanlon, D. M., Sipay, E. R., Pratt, A., Chen, R., & Denckla, M. B. (1996). Cognitive profiles of difficult-to-remediate and readily remediated poor readers: Early intervention as a vehicle for distinguishing between cognitive and experiential deficits as basic causes of specific reading disability. *Journal of Educational Psychology, 86*, 601-638.

Vellutino, F. V., Fletcher, J. M., Snowling, M. J., & Scanlon, D. M. (2004). Specific reading disability (dyslexia): What have we learned in the past four decades? *Journal of Child Psychology and Psychiatry, 45*, 2-40.

Wagner, P. K., & Torgesen, J. K. (1987). The nature of phonological processing and its causal role in the acquisition of reading skills. *Psychological Bulletin, 101*, 192-212.

Wagner, R. K., & Torgesen, J. K., & Rashotte, C. A. (1994). The development of reading-related phonolofical processing abilities: New evidence of bi-directional causality from a latent variable longitudinal study. *Developmental Psychology, 30*, 73-87.

Wagner, R. K., Torgesen, J. K., Laughon, P., Simmons, K., & Rashotte, C. A. (1993). The development of young readers' phonological processingabilities. *Journal of Educational Psychology, 85*, 1-20.

Wagner, R., Torgesen, J., Rashotte, C. A, Hecht, S., Barker, T., Burgess, T. et al. (1997). Changing relations between phonological processing abilities and word-level reading as children develop from beginning to skilled readers: A 5-year longitudinal study. *Developmental Psychology, 33*, 468-479.

Walsh, D., Price, G., & Gilllingham, M. (1988). The critical but transitory importance of letter naming. *Reading Research Quarterly, 23*, 108-122.

Wasik, B. A., & Slavin, R. E. (1993). Preventing early reading failure with one-to-one tutoring: A review of five programs. *Reading Research Quarterly, 28*, 178-200.

Wise, B. W. (2001). The indomitable dinosaur builder (and how she overcame her phonological deficit and learned to read instructions, and other things). *Journal of Special Education, 35*(3), 134-144.

Wolf, M. (1991). Naming speed and reading: The contribution of the cognitive neurosciences. *Reading Research Quarterly, 26*, 123-141.

Wolf, M. (1997). A provisional, integrative account of phonological and naming-speed deficits in dyslexia: Implications for diagnosis and intervention. In B. A. Blachman (Ed.), *Foundations of reading acquisition and dyslexia: Implications for early intervention.* Mahwah, NJ: Lawrence Erlbaum Associates.

Wolf, M. (1999). What time may tell: Towards a new conceptualization of developmental dyslexia. *Annals of Dyslexia, 49*, 3-28.

Wolf, M., & Bowers, P. (1999). The double-deficit hypothesis for the developmental dyslexias. *Journal of Educational Psychology, 91*, 415-438.

Wolf, M., & Bowers, P. (2000). Naming-speed processes and developmental reading disabilities: An Introduction to the special Issue on the double-deficit hypothesis. *Journal*

of Learning Disabilities, 33, 322-324.

Wolf, M., Bally, H., & Morris, R. (1986). Automaticity, retrieval processes, and reading: A longitudinal study in average and impaired readers. *Child Development, 57*, 988-1000.

Wolf, M., Bowers, P. G., & Biddle, K. (2000). Naming-speed process, timing, and reading: A conceptual review. *Journal of Learning Disabilities, 33*, 387-407.

Wolf, M., Pfeil, C., Lotz, R., & Bidle, K. (1994). Towards a more universal understanding of the developmental dyslexias: *The varieties of orthographic knowledge I: Theoretical and developmental issues* (pp. 137-171). Dordrecht, The Netherlands: Kluwer.

Wolf, P., Michel, G., & Ovrut, M. (1990). Rate variables and automatized naming in developmental dyslexia. *Brain and Language, 39*, 556-575.

Yeh, S.-L., & Li, J.-L. (2002). Role of structure and component in judgments of visual similarity of Chinese characters. *Journal of Experimental Psychology: Human Perception and Performance, 28*, 933-947.

第五章

工作記憶與閱讀

李俊仁

 第一節

記憶的成分與架構

　　本章的重點在於介紹記憶的概念架構，討論工作記憶與詞彙、工作記憶與閱讀等關聯性的議題。

　　在心理學的歷史裡，有兩個研究取向深深地影響教學：一個是行為學派（behavioral approach）；另一個則是認知心理學派（cognitive approach）。行為學派盛行的年代是在 1920～1960 年，其認為人類出生時的認知狀態像一張白紙，會隨著教學者設定的學習狀態而改變，主要的核心思維只有一個：刺激跟反應的連結。認知心理學派的盛行年代，則是在 1960 年代以後，其認為人在出生時，本身已經具備一定的知識狀態或架構，以利知識的吸納，主要的核心思維在學習者透過主動地建構，以進行學習，因此教學者需了解學習個體的認知狀態，從學習者的已知出發，以利導向新的學習經驗。

　　刺激跟反應的連結強度，是行為學派裡最為重要的考量，基於這樣的思維，教學目標就是設計教學活動加強刺激與反應的連結強度。在行為學派的觀點裡，刺激跟反應之間的運作是「黑箱」（black box），是學習個體的內在運作。在行為學派盛行的年代，「黑箱」的運作是不予討論的，討論的焦點在於

96

刺激的定義與測量、反應的定義與測量，以及連結強度的計算。

　　到了認知學派興起，科學家開始討論「黑箱」內的運作，將學習個體的內在運作歷程，稱為認知（cognition）；研究個體內在認知運作方式的學問，稱為認知心理學（cognitive psychology）。認知心理學探索人類行為現象的心理運作歷程，討論的範圍包括人類的感覺、知覺、注意力、記憶、語言、思考等主題。儘管科學家還是看不到「黑箱」的內在運作，但透過假說驗證的方式，科學家先假設「黑箱」的運作方式，依照邏輯推論，假設給予個體某種刺激形態，則個體透過假設的運作歷程應該會產生特定的反應，藉由實驗的方式，驗證假說是否需要修正。利用個體行為的指標進行假說驗證，科學家逐步累積知識，方能了解人類的認知運作。

心理學從哲學轉向科學的關鍵——操作型定義

　　心理學所談論的概念，以抽象者居多。為了要澄清研究者彼此所指稱的內涵是相同的，心理學家透過操作型的方式，定義一個概念，此稱為該概念的操作型定義。心理學家利用可以被觀察到的行為，推論人類內在的運作歷程。研究者從來沒有直接觀察到態度、動機、語音等認知運作處理，而是透過行為表現，推論認知的存在以及運作。

　　此外，人是生物體，因此測量的指標都屬機率模型，且不是一個完全不能改變的數值，例如：什麼是一個人真正的體重？一個秤重為 60 公斤的人，體重真的就是 60 公斤嗎？它難道完全沒有變化，不會受到之前吃進去的食物或飲料所影響嗎？目前經由體重計所測量的指標只能算是一次的資料點。如果需要精準的檢測一個人的體重，理想的做法是需要多次採樣，取得平均值，例如：每天分早、中、晚測量一次，連續測量一個月，這些指標應該會形成一個常態分配，這個常態分配的平均值，比較接近真實的體重。但不管在日常生活中或是研究上，往往只能根據一次的測量進行推估，所以難免有誤差。

　　透過可被觀察的行為，以及透過抽樣的行為進行認知歷程的推論，這是讀者在閱讀相關文獻時，應該要謹慎之處。

一、記憶的成分

　　一般人往往將人的記憶視為是單一的，好像一個人的記憶能力差，則代表其對於所有項目的記憶力都不好。心理學對於人類記憶的看法為何呢？只要閱讀過教育學或心理學相關書籍的讀者，必定聽過短期記憶以及長期記憶的分野，這代表心理學並不將記憶視為是單一運作的系統。

　　心理學是一門科學，論述必須講究證據。心理學家將一個整體概念分成兩個分離地運作成分時，基本的證據是雙重分離（double dissociation）。假設A、B都是記憶的作業，當某群人在A作業裡表現很糟，但是在B作業裡的表現卻很好，這是單向的分離；如果又能找到另一群人，在B作業裡表現很糟，但在 A 作業裡的表現卻很好，這是另一種分離。兩者的證據合起來就構成雙重分離。研究者也可以利用操弄變項的方式，達成雙重分離的條件，例如：操弄某變項只影響 C 作業的表現，但對於 D 作業的表現卻無影響，然後再去操弄另一個變項，只影響 D 作業的表現，但對 C 作業的表現沒有影響。這樣也能達成雙重分離的條件。

　　利用雙重分離的邏輯，人類的記憶至少可以分成短期記憶（short-term memory）以及長期記憶（long-term memory）兩大部分：短期記憶可以再分成語文以及非語文等兩部分；長期記憶又可以再區分為語意記憶（semantic memory）、情境記憶（episodic memory）與程序記憶（procedural memory）（Sternberg, 2008）等三部分。

（一）短期記憶

　　短期記憶的特性是時間短（30 秒以內）、容量少（7±2 個單位），且主要的運作方式是聲韻（phonological）處理；長期記憶的特性則是可隨個體的存在而永久保持、沒有容量的限制，且主要是以意義為建立的架構（Sternberg, 2008）。在傳統的觀點裡，將短期記憶視為是訊息進入長期記憶的必經之路，因此，如果某個案的短期記憶受損，雖然對於大腦受損前的生活內容還有記憶，但個案沒有辦法記住受損後的生活經驗。教科書裡最常提及的例子是HM。

HM（Henry Gustav Molaison, 1926-2008）是美國康乃迪克州人，他是一名癲癇病患，在他 27 歲時，醫生決定移除他大腦的異常放電部位，以控制他的癲癇病情。醫生移除他大腦的顳葉中間（medial temporal lobe）靠近海馬回（hippocampus）的部位，但在手術後，他出現了後向性失憶症（anterograde amnesia）。如果以腦部病變影響記憶的時間點為基準，在該時間點後，產生失憶的現象，稱為後向性失憶症。以 HM 的例子來說，儘管他對於手術前的事情還保有記憶，但凡是在手術後所發生的事件或學習經驗，他都無法形成記憶〔請參見 http://en.wikipedia.org/wiki/HM_(patient)〕。在電影裡，「我的失憶女友」（50 first dates）也有一樣的徵狀。

雖然一般的書裡都說短期記憶是以聲韻處理為主，但那是針對語文刺激而言。實際上，對於非語文刺激，人類必須仰賴另一套認知運作系統。這一點，在「工作記憶」一節裡會有詳盡的說明。

（二）長期記憶

在長期記憶部分，則至少包括語意記憶、情境記憶以及程序記憶等成分。語意指的是對於知識架構的記憶，學校裡學科的學習幾乎都屬於此範疇，例如：「法國的首都是巴黎」、「花蓮在台灣的東海岸」等。情境記憶則是關於事件的記憶，運作的特性包括時間、地點、場景內容等三要素（Tulving, 1983），例如：有人記得 921 地震當時正在進行的事情以及所處的地點，但是對於前一天發生的事情，卻毫無印象；您也可能常常去某一家餐廳吃飯，但對其中幾次的印象特別深刻，這些都屬於情境記憶。語意記憶跟情境記憶都跟敘述（declarative）特性比較有關，因此也可統稱為敘述性記憶（declarative memory）。除了敘述性記憶外，心理學家也發現程序性記憶是另一個類型的長期記憶，例如：對騎腳踏車、游泳等，無法用語文描繪其程序的記憶。儘管 HM 在手術後喪失了語意跟情境記憶，但是在屬於程序性記憶的鏡描作業裡，HM 仍能顯示出學習進展（Ward, 2010）。HM 在喪失語意記憶後，其程序性記憶卻還是能正常運作，這也說明了程序記憶與語意和情境記憶是分離的。

二、記憶的架構

在記憶的研究裡，有足夠的實徵證據，顯示人類在短期記憶與長期記憶是可以分離的（如 HM 的案例），而在短期記憶裡，對於語文以及非語文刺激材料的記憶是可以分離的（Baddeley, 1986）。在長期記憶裡的語意記憶與情境記憶、語意記憶與程序記憶，都有行為以及生理的證據，支持其認知運作或是大腦功能運作方式是不同的（Kolb & Whishaw, 2008）。見圖 5-1 所示。

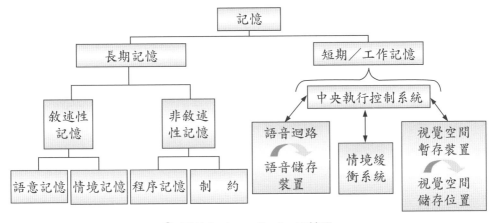

🔺 圖 5-1　Larry Squire 記憶圖

資料來源：改編自 Squire（2004）

若讀者對這三個記憶類型還不熟悉，並無關緊要，但是不要將記憶視為單一、統整的運作體系，卻是需要謹記在心的。

第二節

工作記憶

一、概念架構

在一般的書籍裡，往往將短期記憶與工作記憶（working memory）間劃上

等號，把兩者視為是同樣的現象，但對於認知心理學家而言，兩者雖然關係密切，但卻有差別。短期記憶僅牽涉儲存（storage），而工作記憶則包括儲存和處理（processing）等兩個成分。長期記憶與短期記憶的概念，大概在 1960 年代就有許多的討論（如 Atkinson & Shiffrin, 1968），工作記憶的概念則是 Baddeley 和 Hitch（1974）所提出的，由於概念上兩者有許多相似之處，有不少的研究者將工作記憶與短期記憶交互使用，在許多參考書籍裡也將兩個概念視為同一概念。但讀者必須察覺，一個後來提出的概念，如果不能夠比原來的概念更完整、更能解釋不同的現象，沒有道理能夠取代原來的概念，或是與原來概念並存的。因為工作記憶統整短期記憶的概念內涵，且跟臨床應用比較有關聯，因此，以下將針對工作記憶進行比較詳盡地介紹。

工作記憶包括一個中央執行控制系統（central executive system）的主系統，以及語音迴路（phonological loop）和視覺空間暫存裝置（visuospatial sketch pad）等兩個子系統（Baddeley & Hitch, 1974）。Baddeley（2000）後來又提出，應該增加情境緩衝系統（episodic buffer），以作為聯繫長期記憶以及短期記憶不同成分間的溝通橋樑，這樣才能解釋一些新的研究發現以及病人的徵狀。

中央執行控制系統是一個資源有限的訊息處理中心，可能的成分為訊息更新（updating）、抑制（inhibition）以及注意力分配（shifting）等（Miyake, Friedman, Emerson, Witzki, & Howerter, 2000）。語音迴路專司語音刺激的處理，包括語音儲存裝置（phonological store）以及覆誦（rehearsal）等兩個成分，前者是語音訊息儲存的裝置，後者則是保持語音訊息的運作方式（Baddeley, 1986）。視覺空間暫存裝置則負責處理視覺空間訊息，以作為視覺空間訊息的儲存裝置，近來，空間注意力（spatial attention）被認為是視覺空間訊息的覆誦機制（Awh & Jonides, 2001）。

在工作記憶裡分成兩個子系統，主要是因為在許多的記憶研究以及現象裡，人類對於語文刺激以及非語文刺激的記憶處理，符合雙重分離的條件，因此認為語文刺激以及非語文刺激是由兩套記憶系統來運作，在討論短期記憶時，可以將這樣的狀況，稱為雙碼理論（dual-code theory）（Paivio, 1986）。

不過，雖然語文刺激以及非語文刺激是不同表徵（representation），但運

作系統是相同或是相異的，卻有些爭議。什麼是表徵上的不同呢？讀者可以試著找到 10 個雙字詞，然後以一秒一個的方式呈現給受測者看，在刺激呈現完後，要求受測者回想剛剛所呈現的詞彙。在單一受測者以不同刺激進行多次，或是多人以同一刺激進行測試後，以刺激出現的次序為橫軸，以回憶正確率為縱軸，讀者應該可以發現在刺激列表前幾個刺激的記憶表現，會比中間段刺激佳，而在刺激列表後幾個刺激的記憶表現，也會比中間段刺激好，這樣的記憶現象稱為序列位置效果（serial position effect），相對於中間段的刺激，前段刺激記憶表現比較好的現象，稱為初始效應（primacy effect），後段刺激記憶表現比較好的現象，稱為新近效應（recency effect）。過去的研究顯示，初始效應受到覆誦（rehearse）的影響，新近效應則受到聲韻儲存的影響。語文刺激的序列位置效應是非常明顯的（Baddeley, 1986）。但如果是非語文刺激呢？讀者可以試者找到 12 個語文無法標記的視覺刺激，以再認記憶作業（recognition）進行同樣的實驗。再認記憶作業是指，將呈現過的舊刺激與同等數量的新刺激相混合，然後以隨機的次序呈現刺激，要求受測者進行新舊刺激之判斷。讀者會發現非語文刺激並沒有序列位置效應，不管刺激出現的次序位置為何，記憶表現是相同的。語文刺激呈現序列位置效應，但是非語文刺激並沒有序列位置效應，部分研究者將此視為語文以及非語文分離運作的支持證據（許瑛珍、曾志朗、洪蘭，1995）。不過，因為語文材料的記憶是利用再憶作業，而非語文材料僅能夠利用再認作業，因此，有研究者認為是因為作業特性造成記憶現象的差異，如果在非語文刺激以及語文刺激都使用相同的記憶作業時，兩者的記憶表現應是相同的（李宜蓓、張葶葶、洪蘭、曾志朗、李俊仁，2006；Avons, 1998）（如圖 5-2 所示）。

　　在討論記憶的現象時，記憶的材料以及記憶的作業是兩個關鍵項目。如果沒有同時檢視這兩個項目，就直接討論記憶的現象，則可能出現盲人摸象的狀況，每個人摸的地方不同，講述的現象也就不同。

二、記憶的能力與表現

　　心理學在討論某人的記憶能力時，需要利用其記憶「表現」推測記憶「能

102

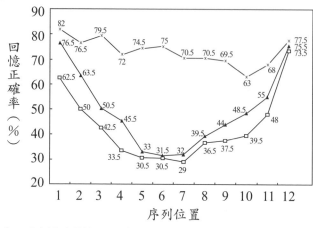

註：非語文空間位置記憶代表對於一系列圓點出現位置的記憶，語文刺激項目記憶代表對
雙字詞的記憶，語文刺激空間位置記憶代表對於雙字詞出現位置的記憶。圓點的位置
記憶沒有序列位置效果，但對於語文刺激而言，不管是對內容或是對位置，都呈現序
列位置效果。

🔺 圖 5-2　語文刺激和非語文刺激的記憶表現

資料來源：取自李宜蓓等人（2006）

力」。但是，記憶的表現受到知識背景的影響，因此在測量記憶能力時，需要
特別小心測量的內涵是否影響記憶的表現。舉個例子來說，如果要測量一個人
的記憶量時，最簡單的方式是呈現數個刺激項目給受測者，然後要求受測者進
行回憶，根據其回憶的刺激數目判定其記憶能力。但是，受測者對於刺激內涵
的熟悉度，會影響其記憶的「表現」。針對大學生跟麵攤老闆測試他們對於學
科內容以及麵攤用品的記憶，自然會產生迥異的結果，因此利用「表現」推估
「能力」時，需要注意測驗內容的影響。心理學家在討論記憶力時，往往需要
挑選的刺激是受試者都非常不熟悉的項目（如假詞），或是受試者都非常熟悉
的項目（如數字），以避免知識背景的影響。知識背景與記憶容量是一種類似
雞生蛋、蛋生雞的問題，本來就難以澄清，但是研究者又必須利用記憶的表現
分數，推論記憶能力，因此在進行推論時要小心謹慎。

　　基於工作記憶的架構模型，在美國的神經心理學測驗裡，工作記憶的測量
可以分別檢測中央執行運作控制系統、視覺／空間記憶以及語音記憶等（如表
5-1 所示）。

表 5-1　檢測工作記憶成分可能用的測驗

執行運作	語音記憶	視覺空間記憶
1. Wisconsin Card Sorting	1. Children's Test of Nonword Repetition	1. Benton Visual Retention Test
2. Towers of Hanoi	2. Wide Range Assessment of Memory and Learning	2. Brief Visuospatial memory Test- Revised
3. Towers of London	3. Children's Memory Scale	3. Rey Complex Figure Test
4. Stroop Test	4. Sentence Repetition	
5. Verbal Fluency	5. Recognition Memory Test	

註：1.這些測驗檢測的項目可能包括工作記憶以外的運作。
　　2.這些測驗由筆者自行整理，有興趣的讀者可在網路上查閱原出版商。

　　國內關於工作記憶的測驗非常有限。曾世杰（1999）發展過一個工作記憶測驗，有興趣的讀者可自行搜尋相關訊息。不過，筆者認為在「魏氏智力量表」中的數字記憶可以作為一個基本的檢測。數字的正向回憶比較接近短期記憶的概念，而數字的逆向回憶，則比較接近工作記憶的概念，主要的理由是數字正向回憶並不牽涉處理，但是數字逆向回憶則需要表徵數字，並進行認知加工。

第三節
工作記憶、詞彙與閱讀

　　工作記憶架構包括中央執行控制系統、語音迴路和視覺空間暫存裝置等三個成分所組成。閱讀有關的語文能力可以定義在識字正確性、識字量流暢性、詞彙，以及理解等方面。因此，討論工作記憶與語文能力間的關係時，需詳細地說明是工作記憶以及語文能力的哪一個成分，否則可能是使用相同詞彙，但卻指稱不同內涵的狀況。

　　從筆者所了解的文獻裡，語音工作記憶與詞彙發展以及語音工作記憶與理

解間關係的討論比較詳盡，其它的議題則相對稀少。不過近幾年來，執行運作逐漸受到重視，執行運作功能與理解間的關係，在研究上也開始占有一定的地位（Swanson, 1999）。

從概念上而言，閱讀理解需要將前後文的訊息同時放到一個暫存器進行整合。在理解運作時，放入的訊息就是詞彙，暫存器就是工作記憶。如果一個人沒有詞彙、詞彙不熟悉，或是工作記憶容量過小，訊息整合就會受到限制，而影響文章的理解。工作記憶處理器就像電腦的隨機處理記憶體（RAM），當容量過小時，電腦的表現就大受影響。隨機處理記憶體就是整合輸入訊息跟硬碟儲存訊息之處，人類的工作記憶也扮演著同樣的功能：一方面接收書面的文字訊息；另一方面則必須提取長期記憶的知識，進行整合以及推論。因為短期記憶的運作以語音為主，而工作記憶裡與語文比較有關的子系統為語音工作記憶，從此運作方式推論，工作記憶裡跟閱讀關聯性比較高的成分為語音工作記憶，其為處理訊息整合的暫存裝置。中央執行控制系統的運作，則負責從長期記憶裡搜尋詞彙意義以及語法，並進行整合，因此中央執行控制系統與閱讀理解比較有關，負責訊息的整合處理。至於視覺空間暫存裝置，一般認為與閱讀較無關；但若牽涉到中文的字詞辨識的議題，則會衍生中文裡所牽涉的視覺空間成分是否比拼音文字高的疑問。

一、語音工作記憶

語音工作記憶是工作記憶的一個子系統。檢測語音工作記憶時，需要注意兩個成分：儲存以及處理。常見的語音工作記憶檢測測驗是假詞重複測量（nonword repetition），在假詞重複測驗裡，主試者以聽覺的方式呈現英文假詞（例如：「mel」、「guk」、「vip」），然後要求受試者重複呈現過的假詞，依其正確回憶假詞的數量，作為語音工作記憶的指標。由於假詞沒有概念意義，但卻符合發音規則，因此假詞重複僅牽涉到語音運作，但卻不牽涉到長期記憶能力，也就是只有語音，而無語義的測量，這樣比較能夠貼近工作記憶的定義。

不過，這樣的測量方式是基於傳統的短期記憶概念。美國加州大學河濱分

校 Lee Swanson 教授大力提倡分離短期記憶與工作記憶對閱讀的影響力，兩者間雖然有相當高的關聯性，但是傳統短期記憶的測量強調被動的儲存，而工作記憶則強調儲存以及處理兩個成分（Swanson & Ashbaker, 2000; Swanson & Jerman, 2007）。在 Swanson 的研究裡，短期記憶測驗項目，如正向回憶的數字廣度（digit span）、字詞廣度（word span）以及假詞廣度（pseudoword span）；記憶的材料可能是數字、真詞或是假詞。研究者檢視受試者能夠記憶的項目數，在每一種材料裡，主試者依序呈現數個刺激，受試者需要進行序列回憶；研究者操弄記憶單位的多寡，檢視受試者的記憶廣度。工作記憶測驗則如句子廣度（sentence span）、數字逆向回憶（backward digit span）。句子廣度的測量與 Daneman 和 Carpenter（1980）所發展的閱讀廣度（reading span）相同；數字逆向回憶則如同「魏氏智力量表」的數字逆向回憶。

工作記憶的測量範例

Daneman 和 Carpenter（1980）所發展的閱讀廣度（reading span）。在檢測閱讀廣度時，會逐一呈現一些不相關的句子，受試者要閱讀每個呈現的句子後，作簡單的判定，並且需要記住每個句子最後一個英文詞，依照受試者能夠正確記住英文詞的多寡，定義為某受試者的閱讀廣度。由於此作業牽涉儲存（每一個句子的最後一個詞）與運作（句子的判斷及維持之前出現過的詞彙），因此符合工作記憶的定義，例如：螢幕上會逐一呈現下面的句子，

1. We waited in line for a *ticket*.
2. Sally thinks we should give the bird its *food*.
3. My mother said she would write a *letter*.

受試者需要簡短回答每一個句子一個簡短問題後，回憶每一個句子的最後一個詞，所以正確答案是 ticket、food、letter。利用可以正確回憶的數量定義受試者的閱讀廣度（Swanson & Berninger, 1996）。

除了作業方式外，刺激的特性也是影響工作記憶的表現，或是區辨閱讀障礙組與一般控制組的重要關鍵。

Brady、Shankweiler 和 Mann（1983）曾經在記憶作業裡加入雜訊噪音，測試雜訊噪音對於弱讀組以及控制組學童在假詞重複記憶表現的影響。她們發現，在單音節、沒有雜訊噪音時，弱讀組跟一般控制組表現相同；但在雜訊噪音情境中，弱讀組的表現低於一般控制組。除此之外，為了確定這樣的差異僅存在於語音刺激下，而非所有的聲音刺激，她們在另一個實驗中，以其它的非語言聲學刺激，如咳嗽、關門聲作為雜訊噪音，發現在非語音聲學雜訊噪音中，兩組學生並沒有任何的不同。這個研究顯示在檢測工作記憶時，記憶測驗材料的重要性。

二、詞彙與字詞辨識

詞彙能力可以分成口語詞彙能力以及書面詞彙能力，兩者間的關係，隨年齡而有差異。當一個人在幼兒時，口語詞彙數量遠多於書面詞彙數量，但隨著閱讀行為之發展，口語詞彙與書面詞彙則緊密地結合。除了口語詞彙以及書面詞彙的分類外，研究者將詞彙分成產出類（productive vocabulary）以及接受類（receptive vocabulary）。產出類口語詞彙的測驗如圖片唸名，接受類口語詞彙測驗如「畢保德圖畫詞彙測驗」；產出類書面詞彙如寫作，接受類書面詞彙如閱讀。圖片唸名的施測方法是主試者呈現圖片，要求學童唸出圖片的名稱，因此稱為產出類心理詞彙；「畢保德圖畫詞彙測驗」則是以聽覺方式呈現一個詞彙，請受試者挑選描繪該詞彙內涵的圖片，因此稱為接受類心理詞彙。

按照閱讀的簡單觀點（simple view of reading，詳見第七章），閱讀可以分成字詞辨識與閱讀理解（Hoover & Gough, 1990）。但對於字詞辨識，早期只重視正確性，但近來則分成正確性以及流暢性等兩個概念。在檢測識字正確性時，只要請受試者根據刺激字進行唸名或是造詞即可，目前可用的測驗，包括：「中文年級識字量表」（黃秀霜，2001）和「識字量評估測驗」（洪儷瑜、王瓊珠、張郁雯、陳秀芬，2006a）。識字流暢性則可以視受試者字詞辨識的自動化程度，例如：檢測受試者一分鐘內可以朗讀出的字數，目前可用的

測驗如「常見字流暢性測驗」（洪儷瑜、王瓊珠、張郁雯、陳秀芬，2006b）；而閱讀理解方面，則需要仰賴標準化測驗，例如：「閱讀理解困難篩選測驗」（柯華葳，1999）。

識字與記憶能力

　　如果將字詞辨識的正確性視為從書面符號獲得發音，這可以用兩種運作方式完成這項任務：一個是解碼能力（decoding）；另一個則是記憶能力。解碼能力是指，能夠根據一定的規則獲得字詞的發音，在拼音文字裡，指的是字素（grapheme）以及音素（phoneme）的對應關係。記憶能力是指，將書面符號與口語詞彙語音結合的記憶能力，這兩種刺激間的結合會形成連結，以達成記憶的方式，此可稱為配對連結學習（paired-association learning）。書面符號與詞彙語音相配對的記憶，屬於配對連結學習，但卻不是一般的配對學習。在一般的配對學習裡，不同嘗試刺激間是毫無關聯的。在字詞學習裡，語音內有相雷同的訊號（例如：滋事、姿勢；官、觀、關；知識、知能、知性；官、乾、高），書面符號內有相同的部件（例如：新、親；風流、風洞），且訊號的接續或組成規則，受到語言的限制，所以單純的視覺與聽覺刺激配對學習能力，對識字正確性並無有效的解釋力（李俊仁，1999）。台灣的學生在二年級時可以辨識約1,200～1,500個字（王瓊珠、洪儷瑜、張郁雯、陳秀芬，2008），但不管是學童或是成人，終其一生都無法記住1,000組電話號碼跟人名的配對。在文字學習時，儘管屬於書面符號和口語詞彙的配對學習，但卻與一般的配對學習大相逕庭（Share, 1995）。

三、工作記憶與閱讀

　　研究上，在工作記憶的檢測裡，比較重視的是聲韻的記憶，而不是視覺空間暫存器，也非書面符號和口語語音的配對記憶。在實徵研究的資料上，關於工作記憶與閱讀的研究，多數是討論語音工作記憶與閱讀理解的關係，關於語音工作記憶與字詞辨識正確性之間的關係，則相對較少。工作記憶與閱讀理解的關係廣受實徵證據支持，但是工作記憶與字詞辨識正確性間，則呈現不穩定的結果。

　　Gathercole 曾經對語音工作記憶與詞彙發展進行一系列的研究，她在研究上一個重大貢獻，為檢驗語音工作記憶與詞彙發展的關係（Gathercole & Baddeley, 1989; Gathercole, Willis, Emslie, & Baddeley, 1992）。Gathercole 和 Baddeley（1989）曾進行長期縱貫的追蹤研究，她們蒐集 4 歲學童在詞彙、非語文智力以及假詞重複等變項的資料，以追蹤學童的成長，該研究發現在排除學童的年齡、非語文智力以及 4 歲的詞彙能力時，4 歲的假詞重複能力對於 5 歲時的詞彙能力還是有達到顯著的解釋力（變異解釋量 8%）。Gathercole 等人（1992）曾經針對語音工作記憶影響詞彙發展進行縱貫研究，她們追蹤 4 歲學童數年的發展，發現即使排除年齡以及非語文智力的影響，4 歲時的語音工作記憶對於到 5 歲的詞彙能力還是有作用，但是到了 5 歲以上時，則是詞彙能力開始影響語音工作記憶。從 Gathercole 等人數篇論文的研究，大致上可以歸納的結論為：語音工作記憶是詞彙發展的成因，語音工作記憶佳者，詞彙能力較好，但是在發展的狀態裡，詞彙發展也會進一步地影響語音工作記憶，而形成交互影響。

　　如前文所述，產生理解時，需將訊息放入工作記憶進行整合，在實徵資料上，工作記憶與閱讀理解間的相關，廣受證據支持（Cain, Oakhill, & Bryant, 2004; Just & Carpenter, 1992）。在工作記憶的測量裡，Daneman 和 Carpenter（1980）的閱讀廣度，一直是檢測工作記憶與閱讀理解的重要工具，一個人的閱讀廣度與閱讀理解能力呈現高相關，這個結果支持工作記憶影響閱讀理解的論證。Daneman 等人利用閱讀的記憶作業來預測閱讀能力，兩者可能是檢測相同的內涵，以此方式得到高相關的結果，很難給予太強的結論。不過，Turner 和 Engle（1989）曾經以數學題目為判斷項目，而以題目中的數字作為記憶項目時，還是發現記憶廣度與閱讀的相關，因此他們認為 Daneman 等人所提出的閱讀廣度概念，其實是共通的認知資源運作處理能力，而不只是跟閱讀廣度有關。Liberman 和 Shankweiler（1985）認為，受試者在進行閱讀時，如果沒有適當的語音處理能力，則無法有效率的進行訊息整合，這會對閱讀理解產生影響，這一個論點被稱為語音瓶頸（phonological bottleneck）假說，其顯示語音處理對於閱讀理解的影響。不過，語音處理是直接影響閱讀理解，或是透過字詞辨識影響閱讀理解，這是有爭議的（Cain, Oakhill, & Bryant, 2000）。

語音處理的概念與操作型定義

　　語音處理（phonological processing）指的是針對口語（speech）訊號的表徵與處理能力。在語音處理的操作型定義上，有三個指標與閱讀有密切的關係，包括聲韻覺識（phonological awareness）、語音工作記憶（phonological working memory），以及快速唸名（rapid automatic naming）。聲韻覺識是對口語訊號的表徵以及操弄（representation and manipulation，請見第三章的說明），常見的作業為去音首（phoneme deletion）或是音綜合（phoneme synthesis）。語音工作記憶則是對口語訊號的記憶，常見的作業為假詞重複。快速唸名則是指對於文字訊號提取語音的效率，常見的作業為數字唸名；在數字唸名作業裡，受試者會看到一連串的數字，受試者的作業是正確且快速的依序唸完數字串，根據受試者單位時間內朗誦的數字量，建立快速唸名的指標（請見第四章的說明）。

　　除了語音工作記憶對於哪一個閱讀成分的作用有爭議外，工作記憶與短期記憶是否呈現不同的作用，也是討論的要點。Swanson 和 Berninger（1995）將四到六年級學童以理解能力及識字能力分成高低能力組，結果發現以識字進

行分組時，其工作記憶指標沒有呈現組間差異，但在聲韻的短期記憶上，則達組間差異；相反的，以聽力理解能力分組時，在工作記憶上呈現組間差異，但在聲韻的短期記憶上則無。該研究支持聲韻的短期記憶影響識字發展，但工作記憶則影響閱讀理解的發展。Swanson 和 Ashbaker（2000）則是檢測短期記憶、工作記憶對於字詞辨識以及閱讀理解的影響。在實驗裡，為了要移除工作記憶語音迴路裡的覆誦運作，以獲得單純語音儲存效果，同時檢測受試者的咬音速度（articulate speed），他們發現在排除年齡以及咬音速度後，即使進一步排除另一個記憶指標的影響下，短期記憶以及工作記憶都對於字詞辨識以及閱讀理解有獨特的貢獻，但在線索工作記憶（cued working memory）下，藉由提供受試者記憶線索，降低工作記憶在儲存（storage）的認知要求，而增加工作記憶在處理（processing）的認知要求，則發現不一樣的結果。僅有工作記憶在排除年齡、咬音速度以及短期記憶後，對於字詞辨識以及閱讀理解產生影響，但是，短期記憶在排除年齡、咬音速度以及線索工作記憶後，對字詞辨識以及閱讀理解都沒有作用。他們認為，這反應了受試者在工作記憶執行運作成分對於字詞辨識以及理解產生的影響。

　　由於詞彙對於閱讀理解產生重大的影響，詞彙可以視為一個獨變項，也被視為是一個依變項，對閱讀產生影響。因此，語音處理、詞彙、字詞辨識和閱讀理解間的關係，也就顯得難分難捨。在一般的文獻裡，比較一致的結果是聲韻覺識作用於字詞辨識正確性，而語音記憶作用於閱讀理解。Muter、Hulme、Snowling 和 Stevenson（2004）以 4 歲小朋友為受試者進行追蹤研究，發現閱讀理解受到字詞辨識、詞彙知識以及語法覺知的影響，而字詞辨識則受到聲韻覺識以及字母音覺知的影響。Gathercole、Willis 和 Baddeley（1991）以 4、5 歲兩個年齡群的小朋友為受試者進行研究，發現以迴歸的方式排除年齡、非語文智力以及詞彙能力影響後，僅韻的挑異者（rhyme oddity）測驗對於閱讀能力達顯著，但假詞重複則無；但是，如果以迴歸分析方式排除年齡、非語文智力以及閱讀能力影響後，僅假詞重複對於詞彙能力還有達顯著的變異解釋力，韻的挑異者測驗則無。從上面的研究看來，語音記憶可能透過詞彙影響閱讀理解，同時語音記憶也直接對閱讀理解產生影響，而聲韻覺識的作用比較影響在字詞辨識的正確性上。

由於中文和英文在口語訊號和書面符號間的對應有一定差距，不管是在理論上，或是在實徵資料上，中文聲韻覺識對字詞辨識正確性的影響，均有相當大的爭議。從解碼以及記憶的功能來看，中文字是一字一音節，英文一個詞可能是多音節，記憶中文字的認知要求，應該比英文低，不過如果討論的閱讀成分是閱讀理解，似乎沒有任何的原因可推論中、英文間有差異。但這些論述都缺少實徵資料或缺少可重複的實徵資料，因此都有待驗證。

結　語

想要了解工作記憶和閱讀的關係，必須了解工作記憶的基本成分，了解閱讀的基本成分，同時必須考量詞彙所可能產生的中介效果。由於中、英文在書面符號和口語對應關係並不相同，在閱讀相關文獻時，除釐清變項的內容以及相互關係外，需要進一步考量文字體系不同所可能導致的運作歷程之差異，避免在使用上產生錯誤，這是讀者特別需要注意的。

參考文獻

●中文部分

王瓊珠、洪儷瑜、張郁雯、陳秀芬（2008）。一到九年級學生國字識字量發展。**教育心理學報，39**，555-568。

李宜蓓、張葶葶、洪　蘭、曾志朗、李俊仁（2006）。語文記憶中項目與項目位置訊息的單一運作系統。**中華心理學刊，48**，315-327。

李俊仁（1999）。**聲韻處理能力和閱讀能力的關係**。國立中正大學心理學研究所博士論文，未出版，嘉義縣。

柯華葳（1999）。閱讀理解困難篩選測驗。**測驗年刊，46**，1-11。

洪儷瑜、王瓊珠、張郁雯、陳秀芬（2006a）。**識字量評估測驗**。台北市：教育部。

洪儷瑜、王瓊珠、張郁雯、陳秀芬（2006b）。**常見字流暢性測驗**。台北市：教育部。

許瑛珍、曾志朗、洪　蘭（1995）。"Where and what?" 訊息內容與其呈現位置記憶是可分離的嗎？**中華心理學刊，37**，45-57。

曾世杰（1999）。**工作記憶測驗**。台北市：行政院國家科學委員會。

黃秀霜（2001）。**中文年級認字量表**。台北市：心理。

●英文部分

Atkinson, R. C., & Shiffrin, R. M. (1968). Human memory: A proposed system and its control processes. In K. W. Spence & J. T. Spence (Eds.), *The psychology of learning and motivation: Advances in research and theory* (Vol. 2). New York: Academic Press.

Avons, S. E. (1998). Serial report and item recognition of novel visual patterns. *British Journal of Psychology, 89*, 285-308.

Awh, E., & Jonides, J. (2001). Overlapping mechanisms of attention and spatial working memory. *Trends in Cognitive Sciences, 5*, 119-126.

Baddeley, A. D. (1986). *Working memory*. Oxford: Oxford University Press.

Baddeley, A. D. (2000). The episodic buffer: A new component of working memory? *Trends in Cognitive Sciences, 4*, 417-423.

Baddeley, A. D., & Hitch, G. J. (1974). Working memory. In G. H. Bower (Ed.), *The psychology of learning and motivation* (Vol. 8). New York: Academic Press.

Brady, S., Shankweiler, D., & Mann V. (1983). Speech perception and memory coding in relation to reading ability. *Journal of Experimental Child Psychology, 35*, 345-367.

Cain, K., Oakhill, J. V., & Bryant, P. E. (2000). Phonological skills and comprehension failure: A test of the phonological processing deficit hypothesis. *Reading and Writing, 13*, 31-56.

Cain, K., Oakhill, J., & Bryant, P. E. (2004). Children's reading comprehension ability: Concurrent prediction by working memory, verbal ability, and component skills. *Journal of Educational Psychology, 96*, 31-42.

Daneman, M., & Carpenter, P. A. (1980). Individual differences in working memory and reading. *Journal of Verbal Learning and Verbal Behavior, 19*, 450-466.

Gathercole, S. E., & Baddeley, A. D. (1989). Evaluation of the role of phonological STM in the development of vocabulary in children: A longitudinal study. *Journal of Memory & Language, 28*, 200-213.

Gathercole, S. E., Willis, C. S., & Baddeley, A. D. (1991). Differentiating phonological memory and awareness of rhyme: Reading and vocabulary development in children. *British Journal of Psychology, 206A*(82), 387-406.

Gathercole, S. E., Willis, C. S., Emslie, H., & Baddeley, A. D. (1992). Phonological memory and vocabulary development during the early school years: A longitudinal study. *Developmental Psychology, 28*, 887-898.

Hoover, W. A., & Gough, P. B. (1990). The simple view of reading. *Reading and Writing: An Interdisciplinary Journal, 2*, 127-160.

Just, M. A., & Carpenter, P. A. (1992). A capacity theory of comprehension: Individual differences in working memory. *Psychological Review, 99*, 122-149.

Kolb, B., & Whishaw, I. Q. (2008). *Fundamentals of human neuropsychology* (6th ed.). New York: Worth Publishers.

Liberman, I. Y., & Shankweiler, D. (1985). Phonology and the problems of learning to read and write. In Topical Issue, *Remedial and Special Education, 6*(6), 8-17.

Miyake, A., Friedman, N. P., Emerson, M. J., Witzki, A. H., & Howerter, A. (2000). The unity and diversity of executive functions and their contributions to complex "frontal

lobe" tasks: A latent variable analysis. *Cognitive Psychology, 41*, 49-100.

Muter, V., Hulme, C., Snowling, M. J., & Stevenson, J. (2004). Phonemes, rimes and language skills as foundations of early reading development: Evidence from a longitudinal study. *Developmental Psychology, 40*, 663-681.

Paivio, A. (1986). *Mental representations: A dual coding approach.* Oxford, UK: Oxford University Press.

Share, D. L. (1995). Phonological recoding and self-teaching: Sine qua non of reading acquisition. *Cognition, 55*(2), 151-218.

Squire, L. R. (2004). Memory systems of the brain: A brief history and current perspective. *Neurobiology of Learning and Memory, 82*, 171-177.

Sternberg. (2008). *Cognitive psychology.* New York: Thomson/Wadsworth. 中文譯本：李玉琇、蔣文祁（譯）（2005）。認知心理學。台北市：雙葉書廊。

Swanson, H. L. (1999). Reading comprehension and working memory in learning-disabled readers: Is the phonological loop more important than the executive system? *Journal of Experimental Child Psychology, 72*(1), 1-31.

Swanson, H. L., & Ashbaker, M. (2000). Working memory, short-term memory, articulation speed, word recognition, and reading comprehension in learning disabled readers: Executive and/or articulatory system? *Intelligence, 28*, 1-30.

Swanson, H. L., & Berninger, V. (1995). The role of working memory in skilled and less skilled readers' comprehension. *Intelligence, 21*, 83-108.

Swanson, H. L., & Berninger, V. (1996). Individual differences in children's writing: A function of working memory or reading or both processes? *Reading and Writing: An Interdisciplinary Journal, 8*, 357-383.

Swanson, H. L., & Jerman, O. (2007). The influence of working memory on reading growth in subgroups of children with reading disabilities. *Journal of Experimental Child Psychology, 96*(4), 249-286.

Tulving, E. (1983). *Elements of episodic memory.* Oxford: Clarendon Press.

Turner, M. L., & Engle, R. W. (1989). Is working memory capacity task dependent? *Journal of Memory and Language, 28*, 127-154.

Ward, J. (2010). *Student's guide to cognitive neuroscience* (2nd ed.). Hove & New York: Psychology Press.

第六章

智力與閱讀障礙

李俊仁

在閱讀障礙的研究裡，什麼是閱讀障礙的定義，最更令人苦惱（No single problem has plagued the study of LDs more than the problem of definition）。

～Fletcher, Lyon, Fuchs, & Barnes (2007: 25)

第一節

閱讀障礙鑑定標準

在 Fletcher 等人（2007）所撰寫的《學習障礙——從鑑定到介入》（*Learning Disabilities: From Identification to Intervention*）一書中，將學習障礙依學科分為：字詞辨識正確性型、字詞辨識流暢性型、閱讀理解型、數學型，以及書寫型等五個亞型。美國的資料顯示，在學習障礙裡，大約有 80%的學童為閱讀障礙（reading disabilities）（Kavale & Reese, 1992）。陳淑麗、洪儷瑜（2003）發現，台北市經鑑定後確認為學習障礙的國中學生，閱讀理解困難者占 87%，識字困難者占 71%。這些資料顯示，不管是中文或是英文，閱讀障礙都是學習障礙的多數；同時，閱讀障礙裡的多數是字詞辨識障礙（包括正

116

確性以及流暢性）。本章將以字詞辨識障礙為主角，討論智力與字詞辨識障礙的關係。同樣的原則，也可以運用在學習障礙的其它類型。但是，讀者需要注意智力與不同學科成就間的相關性。如果其相關性與字詞辨識和智力的相關相同，則可以有相同的論述；如果不是，則需要檢視細部證據，方能進行推論。此處的字詞辨識障礙，基本上是屬於第一章所描繪的讀寫障礙者，但是卻不涉及任何關於書寫的問題。也就是說，本章所討論的內容，是字詞辨識正確性以及流暢性有缺陷的閱讀障礙者，為了簡便，本章將以閱讀障礙統稱之。

2006 年 9 月，政府公告依據《特殊教育法》所制訂修正的《身心障礙及資賦優異學生鑑定標準》。《身心障礙及資賦優異學生鑑定標準》第 10 條的內容為：

> 「本法[1]第三條第二項第八款所稱學習障礙，指統稱因神經心理功能異常而顯現出注意、記憶、理解、推理、表達、知覺或知覺動作協調等能力有顯著問題，以致在聽、說、讀、寫、算等學習上有顯著困難者；其障礙並非因感官、智能、情緒等障礙因素或文化刺激不足、教學不當等環境因素所直接造成之結果；其鑑定標準如下：
> 　一、智力正常或在正常程度以上者。
> 　二、個人內在能力有顯著差異者。
> 　三、注意、記憶、聽覺理解、口語表達、基本閱讀技巧、閱讀理解、書寫、數學運算、推理或知覺動作協調等任一能力表現有顯著困難，且經評估後確定一般教育所提供之學習輔導無顯著成效者。」

在鑑定標準裡，有幾點是值得注意的，包括：(1)學習障礙者需在聽、說、讀、寫、算等學科領域有顯著困難，其學科的成就低落導因於注意等認知能力有顯著問題；(2)學習障礙並非是因為感官剝奪等原因，直接影響學科領域障礙；(3)智力是正常或正常以上；(4)需要有內在能力的顯著差異；(5)一般教育的學習輔導無效。在第 2 點，排除了基本視、聽能力以及文化剝奪等因素，一般稱為排除條款；在第 4 點，主要精神是指學科成就以及才能（achievement-

---

[1] 本法指《特殊教育法》。

aptitude）達顯著差距，於實務上，就是指學科成就測驗表現與智力測驗表現達顯著差異，一般稱為差距標準（discrepancy criterion）條款。就筆者的個人經驗，智力正常條款、排除條款、差距標準條款是台灣判定學習障礙的重要準則。不同鑑定人員對於排除條款的判定還頗為一致，但是對於智力正常條款以及差距標準條款，鑑定人員就有相當不同的判定標準。

　　本章以閱讀為焦點，並針對智力條款以及差距標準條款進行討論。主要是希望讀者了解當採取某種標準時，對於鑑定所產生的影響。

智力與智力測驗分數

一、智力與智力分數

　　什麼是智力？基本的概念應該是學習的潛力。但在學習不同領域的主題時，人的學習潛力是否相同？有哪些不同的領域？這些都是運用智力概念的基本問題。根據多元智能（multiple intelligence）理論，人類的學習項目，至少可以分成八個不同的智能領域，重要的是，這些領域彼此間應該是獨立的。心理學家所研究的概念多屬心理構念，必須經由操作程序定義之，智力當然也是一樣。在進行個案智力的推估時，台灣往往以「魏氏兒童智力量表」（The Wechsler Intelligence Scale for Children, WISC）作為主要的測驗工具，而以其它非語文為輔助測驗工具。「魏氏兒童智力量表」是否能正確的反映出學童的學習潛力？是否包括了足夠的項目領域？這都是有疑問的。不過，這些議題並非本章的重點。「魏氏兒童智力量表」是一種常模參照（norm-referenced）測驗，可得的分數包括全量表智商（full IQ）、語文智商（verbal IQ）以及作業智商（performance IQ）等分數，當使用不同的智力正常標準可能產生什麼影響？當使用不同的智力內涵可能產生什麼影響？對於閱讀障礙者，「魏氏兒童智力量表」是否能公平的反映其智力水準？這些都是鑑定閱讀障礙時，需具備

的基本知識，也才是本章所討論的項目。

　　智力測驗分數僅能說是智力的推估值，但卻不能等同於智力。別忘了，任何測驗需經統計推估，都有誤差。當代智力測驗的概念，非常仰賴統計學；在統計學裡，當進行母體參數推估時，往往使用區間估計，也就是以一個數值為核心，其增加或減少一定數值為一個區間，然後設定有 95% 的機會，母體參數的代表值會落在此區間內，這也就是信賴區間（confidence interval）的概念。智力測驗也是運用相同的方式進行個人智力的推估。如果某個智力測驗手冊裡，說明了一個個案的智力測驗分數為 100，在 95% 的信心水準下，其區間估計為 92～108。這代表此個案的真正智力，有 95% 的機會，會落在 92～108 間。換個說法，如果獲得 100 個人的智力測驗分數，有 95 個人的智力會落在其智力測驗分數的信賴區間內，這代表有 5 個人並不是如此。請讀者注意「智力」跟「智力測驗分數」的差異，不要將兩者劃上等號。人們可以用智力測驗分數推估智力，但是智力測驗分數不等同於智力。在日常生活裡，多數的人將智力測驗分數等同於學童智力，更糟糕的情況會將智力只視為一個因素，當學童在智力測驗表現低落時，就斷定學生在任何領域的學習都有問題，但這是不對的。做為教師或心評人員，應該注意使用測驗時每一個測驗的限制。

　　如果是因為鑑定的原因需判定智力時，除了必須使用個別化的標準測驗外，一個很重要的準則是有無其它同測驗項目的測驗可供佐證，如果沒有，也必須以其它不同類型，但與智力關聯性強的測驗作佐證，或是從個案的生活反應作判斷。除了「魏氏兒童智力量表」外，如果能有其它智力測驗，鑑定人員對於判定個案的智力狀況當然會有比較大的信心，但是，如果沒有其它智力測驗，應該參酌其它與智力測驗高相關的測驗，例如：「心理詞彙測驗」，甚至是學校的成績。

二、智商正常標準的選擇

　　早期的智力測驗是以成就表現的年齡指標除以生理年齡指標所得的商數為指標，因此稱為智商（intelligence quotient, IQ）。但當代的智力測驗早以揚棄此一概念，改以同生理年齡符合常模樣本學童為基礎，檢視單一學童在常模樣

本所形成分配的位置,這種測驗稱為常模參照測驗。以「魏氏兒童智力量表」為例,平均數為 100,標準差為 15,因此,如果某個案的智力測驗分數為 115,高於平均值 1 個標準差,表示其在某項測驗的表現,勝過同生理年齡 83.3%的學童,也就是其百分等級為 83.3;如果某個案的智力測驗分數為 70,低於平均值 2 個標準差,表示其在某項測驗的表現,僅勝過同生理年齡約 2%的學童,也就是其百分等級為 2 左右。

在鑑定標準裡,有智力正常或正常以上的條款,以智力測驗分數為智力的參考指標,正常以及正常以上又是什麼意思呢?如果根據非智力障礙作為智力正常為正常以上的標準,因為鑑定標準裡,將智力障礙定義於低於平均值 2 個標準差,因此,以非智力障礙為定義的智力正常或正常以上者,大概占 98%的人。但是,如果是將正常定義為平均,也就是百分等級為 50,則有 50%的人,屬於智力正常或正常以上。

臨床上可見的智力正常或正常以上的最低標準,有的設定在低於平均值 2 個標準差,有的則是設定在 1.5 個以及 1 個標準差。最低智力標準的設定,自然會影響檢測的比率,如果是設定在低於平均值 1 個標準差時,約有 83%的人有可能符合智力正常或正常以上的標準,這與設定在低於平均值 2 個標準差時,約有 98%的人有機會符合智力正常或正常以上的標準,兩者的差距達到 15%之多。最低標準設定的差異,調查母體可能產生 15%的差距,這是個不容忽視的數據與現象。因為智力與學校成績間呈現高相關,智力測驗分數介於 70～85 間這 15%的學童,學校的成績非常容易落在後段班,並且難以呈現智力與學業成就間達顯著差異,也就是無法符合差距標準。難道他們在學業成就上的低落,就不值得教育體系幫忙,或是根本認定教育介入也不會有效果嗎?這一個議題,會在本章後段進一步討論。

三、智商分數的選擇

「魏氏兒童智力量表」包括了全量表智商、語文智商以及作業智商,三者都是智力的指標,而在鑑定時應該採取哪一個標準?如果三個分數間的相關極高,則採取任何智力指標都不會有太大的影響。但智力測驗的統計基礎是因素

分析而來，理論上，語文智商以及作業智商是兩個獨立的因素，表示語文智商以及作業智商兩者無相關性，或至少在概念上是相關性甚低的兩個因素。如果語文智商與作業智商兩者的相關並不高，這代表選擇語文智商以及作業智商會產生不同結果。這在鑑定上，自然是個重要的問題。

從概念上而言，語文智商是測量學童的語文學習潛力，因此語文智商與閱讀能力間的相關較高，而作業智商與閱讀能力的相關較低。在智力指標的選擇上，筆者認為，堅持差距標準者應該以語文智商為主；但如果是反對差距標準者，則應該以作業智商為主。筆者會做此建議，是因為差距標準基於智力與閱讀成就間為高相關，因此理當以語文智商為主。不過，當做此一選擇時，需注意語文類的智力測驗對於閱讀障礙者，特別是年齡大的閱讀障礙者，有不公平的現象，這一點將在下節說明。此外，採用語文智商、作業智商作為鑑定的智力標準時，需要注意到，因為語文智商與高階閱讀能力測驗間的相關高，同一個個案，如果以語文智商為指標，會比以作業智商為指標時，更難達到差距標準。

智力量表與因素分析

在實務上，「魏氏智力量表」分成語文智商（verbal IQ）以及操作智商（performance IQ），背後的邏輯也是一樣的。多數智力測驗主要是根據因素分析的統計方法發展的。在因素分析裡，分離出不同的因素時，因素間彼此獨立是基本的要求。當研究上宣稱兩個因素獨立時，意味著一個因素的分數大小不會跟另一個因素的分數大小間有關聯性。語文智商以及操作智商間是獨立的，所以兩者的表現達到一定的差異是可以預期的。在記憶上來說，語文記憶的表現與非語文記憶的表現也可以有一定的差距。許多人可能語文能力很好，但卻是個路痴，這也是兩種記憶能力分離的生活範例。

智力測驗是基於因素分析，而因素間是獨立的，所以因素間分數出

現差距是自然的現象。因此，智力測驗因素的內在差距，當然就不能成為鑑定閱讀障礙的指標。不管是語文智商與操作智商的差距，或是語文理解、專心注意、知覺組織、處理速度的差距，都不應該當成鑑定閱讀障礙的指標。但相對於一般控制組，閱讀障礙者如果出現比較多比例的人符合此特性，則智力測驗內在差距的現象，或許可以當成參考或附加的支持證據，但絕對不是主要的判定證據。

四、閱讀障礙者的智力測驗分數

　　為什麼語文類的智力測驗對於閱讀障礙者，特別是年齡大的閱讀障礙者，是不公平的呢？當代智力測驗的基準是個案在常模的相對位置，所計算的方式是以一個人跟同年齡人在某項作業的表現相比較，而且，雖然理論上智力應該測量學習潛力，但智力測驗的內容，有一定的比例，是利用一個人現在的學習表現來預測將來的表現，以達成測量潛力的目的。讀者沒有看錯，筆者認為智力測驗部分測量的內容是現在的知能表現，並不是學習潛力。一般人會因年齡成長，經歷課內、外讀物的閱讀，增長其知能，閱讀障礙者非常可能因為閱讀上的困難，沒有同等的學習機會，而造成知能停滯不前，在智力測驗的表現或是分數上，會產生隨年齡成長而滑落的現象。一個閱讀障礙者，如果在國中以前沒有適當的教學協助，其國中階段的智力測驗分數，非常可能反映的是閱讀障礙的結果，並不是反映其原來的學習潛力。年齡較大閱讀障礙學童的智力測驗分數，真的能夠反映出其智力，也就是學習潛力嗎？這是值得懷疑的。此外，因為智力測驗分數的低落，年齡較大的閱讀障礙者，也容易因為智力測驗分數的低落，更難符合差距標準的要求。

　　基於這樣的理由，筆者強烈建議，在國小一、二年級階段即施行閱讀障礙危險群的篩檢，並進一步的蒐集高危險群者的智力、心理詞彙等資料，這樣一來，比較能夠正確的反映出未受學校教育訓練影響的心理特質。

122

差距標準

　　根據 Hallahan 和 Mock（2003）介紹的學習障礙歷史，將差距標準帶入閱讀障礙領域的創始者應該是 Marion Monroe，她在 1932 年時曾建立閱讀能力指標，並據以計算一個學生在預期成就與實際成就間的差距。這樣的概念，於 1965 年時，Barbara Bateman 更進一步的建立了閱讀障礙裡成就—能力差距標準（achievement-aptitude discrepancy）的概念。到了 1990 年左右，美國多數州政府將差距標準設定為鑑定的基準之一。但是，在 2004 年公告的 IDEA（Individualized Disabilities Educational Act）法案裡，美國聯邦政府已經明文反對使用差距標準為鑑定準則，而建議以介入反應模式（response to intervention, RTI）進行鑑定。IDEA 裡有兩個新的準則：(1)學校不應採用學生在口語表達、聽力理解、書寫表達、基本閱讀技能、閱讀理解、數學計算或數學理解上的成就與智力間的巨大差距作為必要考量；(2)決定一個學童是否為學習障礙，當地的教育機構需要決定一套檢驗程序，用以決定學生對以科學及研究驗證有效的教育介入是否有反應。

　　從差距標準概念的提出，到多數州政府使用差距標準，到聯邦政府的反對，美國閱讀障礙定義的轉變是相當劇烈的。筆者認為這些轉變，牽涉到以下幾個概念：

1. 差距標準的基本假設是認為智力跟學業成就間有高相關。
2. 符合差距標準的讀寫障礙者（dyslexia、discrepancy group）與什錦型弱讀者（poor reader、garden variety group），在認知、閱讀發展以及對教育介入的反應是不同的。
3. 介入反應模式（RTI）有其優點。

　　智力與閱讀成就的差距標準存在一個基本假設：閱讀能力和智力間呈現高度正相關。當某個人違背了閱讀與智力間高相關的特性，表示跟一般人的發展特性並不相符，在閱讀發展的合理軌跡下偏離常態，因此稱為閱讀障礙。這一點，在文獻裡鮮少有人討論，多數的論文僅將焦點放在差距標準的分類是否有

意義。但筆者認為，這一點對於中文閱讀障礙的鑑定與研究相當重要，因為差距標準是根據閱讀與智力間的高相關，會因為識字與智力的相關低，而閱讀理解跟智力的相關高，當研究者採用不同閱讀能力的定義時，就可能產生相異的結果。

　　以中文為例，當使用非語文智力測驗時，智力與字詞辨識正確率的相關係數約為 .2 到 .4 之間，至於是否達統計顯著性，端視樣本多寡而定。這樣的數據或許比西方的智力與字詞辨識正確率相關係數高，但絕對非高相關。當使用閱讀理解測驗、一般的國語文成就測驗以及學校語文科成績時，就會發現閱讀能力與智力間達到高相關（約為 .6 到 .8 之間）。

　　提倡智力與閱讀成就間並無相關者，以 Siegel（1988）最為積極，她曾經徵求一群一般學童以及閱讀障礙者為受試者，以「多向度成就測驗」（Wide Range Achievement Test, WRAT，主要測驗重點為字母以及字詞辨識）為閱讀能力測驗並作為縱軸，依智力測驗分數高低將受試者分成多個智力成就組別，並以智力成就組別作為橫軸，將一般學童以及閱讀障礙者分別依照智力組別計算閱讀成就後作圖。她發現不管是一般學童組或是閱讀障礙組，在不同智力組別的情況下，其閱讀成就是相同的，並沒有呈現隨著智力升高，閱讀成就也愈高的趨勢。基本上，不論一般學童或是閱讀障礙學童，其智力與閱讀成就間並無相關性，或相關甚低（Siegel, 1988, 1989）。根據這樣的結果，Siegel 論證智力與閱讀成就間並無關係，或是認為智力對於閱讀成就的影響並不重要，並進而反對以智力與閱讀成就的差距標準作為閱讀障礙的定義。筆者認為，這樣的結果與閱讀能力指標的選擇有重大關聯性。

　　閱讀研究裡有所謂閱讀簡單觀點（simple view of reading），將閱讀分為字詞辨識以及閱讀理解等兩個成分。筆者認為，以閱讀理解與字詞辨識兩成分而言，閱讀理解與智力間的相關高，而字詞辨識則與智力間的相關低。就筆者所知，Siegel 以及支持智力與閱讀無關者，或是認為對於閱讀而言，智力並不是重要因素的論者，都是以字詞辨識為閱讀能力指標。他們發現以字詞辨識正確性為定義時，智力與閱讀能力的相關會較低或沒有相關，並據此推論智力並非鑑定閱讀障礙時的重要指標。不管這樣的想法是對與錯，從 IDEA 的修正裡，可以看到這樣的想法已經成為主流，並落實到政策裡。在此之前的學者，

或當代還固守差距標準者，他們採取的閱讀能力定義，則應該屬於閱讀理解等測驗，涵蓋較多關於詞彙、概念學習、推理等高等認知功能的測驗。智力，概念上是學習潛力，自然與高等認知功能息息相關，因此，可以觀察到智力與閱讀能力高相關的情形。

在中文的世界裡，不需要依循西方的研究成果，但了解背後的邏輯是非常重要的。由於不同閱讀能力指標與智力間的相關性是不同的，使用不同閱讀能力定義時，會衍生歧異的結果，讀者需察覺使用某種閱讀能力定義時，所可能產生的影響。在台灣，「國語文成就測驗」（謝雯玲、黃秀霜，1997）、閱讀理解（柯華葳，1999）以及字詞辨識的正確性（李俊仁、柯華葳，2007a）都是常見的閱讀能力測驗。當使用不同的閱讀能力測驗時，篩檢出的受試者有相當的差異（李俊仁、柯華葳，2007b），這是臨床實務界以及學術界必須了解的作用。舉例而言，當採取智力與閱讀能力間達差距標準為閱讀障礙的定義時，以閱讀理解為閱讀能力指標者，篩檢出閱讀障礙的比率就會比採用字詞辨識者為低；因為閱讀理解與智力間的高相關，違背差距標準者寡，而字詞辨識與智力間的相關低，違背差距標準者眾。同樣的道理可以用在「國語文成就測驗」或是學校成績上，因為這兩者都與智力間呈現高相關。因此，相對於字詞辨識，「國語文成就測驗」或是學校成績都更難篩檢出閱讀成就與智力達顯著差異者。

傳統上將智力與閱讀成就間視為高度相關，且認為智力是學習的要素，因此當學童智力高，但閱讀表現低，則認為需要特別關注。在差距標準盛行的年代，當個案符合智力與閱讀成就達顯著差異時，稱為閱讀障礙，也就是說，學童的智力成就高，但閱讀表現低，除了閱讀的學科外，學童在其它不涉及閱讀的學科表現是落於常態之內，甚至是優越於平均值的。當個案的閱讀成就低落（low achiever，如 PR < 20），而且智力與閱讀成就間無法達到顯著差異者，因為往往在其它學科的表現也不好，因此稱為什錦型弱讀者（Rutter & Yule, 1975）。儘管閱讀障礙者與什錦型弱讀者都呈現閱讀低成就的現象，但閱讀障礙者的智力比什錦型弱讀者高，因此也假設兩者在閱讀的發展上、在影響閱讀的認知缺陷上，以及對於閱讀補救教學的反應上，都應該呈現不同的風貌。更有甚者，可能認為什錦型弱讀者乃是因為智力問題所造成的低成就，因此，施

行補救教學也是枉然。

　　然而，實徵研究顯示，閱讀障礙者與什錦型弱讀者的閱讀發展軌跡不同，在認知剖面圖上不同，對補救教學的反應不同的三個推論，都是錯誤的（Vellutino & Fletcher, 2007）：(1)閱讀障礙學童與什錦型弱讀者，在閱讀上是呈現一樣的成長曲線，而且兩組人即使在成長後，都還是落後同年齡的閱讀成就（Francis, Shaywitz, Steubing, Shaywitz, & Fletcher, 1996）；(2)在認知成分的研究上，兩組的認知剖面圖非常的類似，且都是在聲韻覺識以及字詞搜尋上落後一般人甚多（Fletcher et al., 1994; Steubing et al., 2002）；(3)在補救教學上，智力並不能預測學童對於補救教學的反應（Vellutino et al., 1996; Vellutino, Scanlon, & Lyon, 2000）。上面的論述，都是根據西方的資料，在中文裡，前兩點國內並無資料，最後一點，陳淑麗（2008）在台東進行以注音符號以及字詞辨識為主的補救教學時，則得到一樣的結論——智力與補救教學成效間沒有相關。

　　就筆者的觀點，正因為根據智力所作的分類以及推論，都無法獲得支持證據，在布希政府強調證據為基礎（evidence-based）的教育理念下，進行 IDEA 的修改，是必然發生的。

介入反應模式（RTI）

　　除實證研究無法支持差距標準的理念外，差距標準還有等著失敗（wait to fail）的議題。實務上在進行閱讀障礙鑑定時，或是用智力與閱讀成就的差距標準，或是利用生理年齡與閱讀年齡的差距標準。因此，一般來說必須等到國小三年級才能符合顯著差距。於是乎，即使教師在學童剛入學時即發現學童有學習上的問題，仍需要等到三年級，才能有確認的鑑定。而根據 Lyon 的證詞，年齡超過國小三年級以上的學童，即使運用有效的補救教學方法，學童的反應仍是有限的。RTI 的模式，正可以擺脫離傳統差距標準的缺點。

RTI 的運作模式為何？RTI 的特點為脫離傳統的測驗—診斷（test then diagnose）模式，改變為教學介入—鑑定模式，將教學後的反應作為鑑定準則。在 RTI 裡，測驗的目的是為教學（assessment to instruction, a2i）。在 RTI 的運作模式中，一般建議分成三個層級（tiers）進行處理：第一層是以標準測驗進行普查，了解哪些學生的閱讀表現低於百分等級 20 或 25；第二層則將閱讀表現低於百分等級 20 或 25 者，以小於原班級人數的方式（約莫 4～6 人）加強份量進行教學；一般而言，一個星期會進行 3 次，並持續 6 個星期以上的時間；第三層則挑選出對第二層教學無反應的學童，以更小的班級人數（如 1～3 人，或是個別化）加上更多份量的方式來進行教學，例如：一星期 5 次，並持續更長的一段時間；如果學童還是呈現閱讀的問題，則提報特殊教育系統並提供個別化教育方案（Fuchs & Fuchs, 2006）。

RTI 的處理模式有下列好處：(1)能夠確保每一位學童獲得一定品質的教學；萬一學童在此教學模式下，還是呈現學業上的困難，則可以排除是由於教學不當所造成；RTI 不僅是特殊教育中對閱讀障礙族群的一種轉介方式，更能確保每一位學童都能夠接受以實證為基礎的優質教學；(2)在過去的系統裡，幾乎沒有資源會去處理弱讀者學童的需求；如果證據顯示，這些學童能夠因為教學而獲得閱讀成就的改善，則政府應該投注教育資源於此類學童，方符合正義原則；(3)實施 RTI，可以大幅降低需要特殊教育介入的人數（從 6～9%降到 2～3%），以減輕特殊教育的資源負擔（Vellutino et al., 1996）。

結　語

美國基於研究證據，已經於 2004 年修改 IDEA 時，反對使用差距標準，並強調 RTI 的重要性。但不論是在台灣，或是所有關於中文閱讀發展的研究裡，就筆者所知，對於閱讀能力的不同操作型定義，對於智力與閱讀不同操作型定義間的相關性，以及對於閱讀障礙學童與什錦型弱讀者在閱讀發展軌跡、

認知成分，以及對於教學模式反應異同等議題，都僅有零星的資料，或根本沒有資料，遑論有系統性的研究。RTI的發展，也與什麼是閱讀有效的教學方式有密切關係（National Reading Panel, 2000），但很不幸的，中文裡什麼是有效的閱讀教學方式，目前並沒有可令人信服的答案。教育的發展，沒有足夠的科學證據為基礎，是國人之不幸。

在美國的閱讀教學歷史裡，往往可見學術研究成果對於教學過程產生典範性的轉換影響，全語文（whole word）與字母音拼讀法（phonics）即是一例，鑑定閱讀障礙的差距標準與RTI也是另一個例子；這種轉變，絕對是正面的。台灣是否能讓官員、教師以及家長，都了解教育的發展需要科學研究，而且能遵循「比證據，而不比官大」的原則，是台灣教育能否向上提升的核心力量。

 參考文獻

中文部分

李俊仁、柯華葳（2007a）。以認知因素區辨不同閱讀能力組的效能分析。**特殊教育研究學刊，32**（1），1-14。

李俊仁、柯華葳（2007b）。中文閱讀弱讀者的認知功能缺陷——視覺處理或是聲韻覺識？**特殊教育研究學刊，32**（4），1-25。

柯華葳（1999）。閱讀理解困難篩選測驗。**測驗年刊，46**，1-11。

陳淑麗（2008）。二年級國語文補救教學研究——一個長時密集的介入方案。**特殊教育研究學刊，33**（2），25-46。

陳淑麗、洪儷瑜（2003）。學習障礙國中學生在不同差距標準差異之研究。**特殊教育研究學刊，24**，85-111。

謝雯鈴、黃秀霜（1997）。閱讀障礙兒童與普通兒童在視覺辨識、視覺記憶與國語文成就之比較。**特殊教育學報，12**，321-337。

英文部分

Fletcher, J. M., Lyon, G. R., Fuchs, L. S., & Barnes, M. A. (2007). *Learning disabilities: From identification to intervention.* New York: The Guilford Press.

Fletcher, J. M., Shaywitz, S. E., Shankweiler, D. P., Katz, L., Liberman, I. Y., Stuebing, K. K., Francis, D. J., Fowler, A. E., & Shaywitz, B .A. (1994). Cognitive profiles of reading disability: Comparisons of discrepancy and low achievement definitions. *Journal of Educational Psychology, 86*(1), 6-23.

Francis, D. J., Shaywitz, S. E., Steubing, K., Shaywitz, B. E., & Fletcher, J. M. (1996). Developmental lag versus deficit models of reading disability: A longitudinal, individual growth curves analysis. *Journal of Educational Psychology, 88*(1), 3-17.

Fuchs, D., & Fuchs, L. S. (2006). Introduction to response to intervention: What, why, and how valid is it? *Reading Research Quarterly, 41*(1), 93-99.

Hallahan, D. P., & Mock, D. R. (2003). A brief history of the field of learning disabilities. In H. L. Swanson, K. R. Harris & S. Graham (Eds.), *Handbook of learning disabili-*

ties. New York: The Guilford Press.

Kavale, K. A., & Reese, J. H. (1992). The character of learning disabilities: An Iowa profile. *Learning Disability Quarterly, 15*, 74-94.

National Reading Panel (2000). *Report of the National Reading Panel: Teaching children to read: An evidence-based assessment of the scientific research literature on reading and its implications for reading instruction* (NIH Publication No. 00-4769). Washington, DC: U.S. Government Printing Office.

Rutter, M., & Yule, W. (1975). The concept of specific reading retardation. *Journal of Child Psychology and Psychiatry, 16*, 181-197.

Siegel, L. S. (1988). Evidence that IQ scores are irrelevant to the definition and analysis of reading disability. *Canadian Journal of Psychology, 42*, 210-215.

Siegel, L. S. (1989). IQ is irrelevant to the definition of learning disabilities. *Journal of Learning Disabilities, 22*, 469-478.

Steubing, K., Fletcher, J. M., LeDoux, J. M., Lyon, G. R., Shaywitz, S. E., & Shaywitz, B. A. (2002). Validity of IQ-discrepancy classifications of reading disabilities: A meta-analysis. *American Educational Research Journal, 39*, 469-518.

Vellutino, F. R., & Fletcher, J. M. (2007). Developmental dyslexia. In M. J. Snowling & C. Hulme (Eds.), *The science of reading: A handbook* (pp. 362-378). Oxford, UK: Blackwell.

Vellutino, F. R., Scanlon, D. M., & Lyon, G. R. (2000). Differentiating between difficult-to-remediate and readily remediated poor readers: More evidence against the IQ-achievement discrepancy definition of reading disability. *Journal of Learning Disabilities, 33*, 223-238.

Vellutino, F. R., Scanlon, D. M., Sipay, E. R., Small, S., Chen, R., Pratt, A., & Denckla, M. B. (1996). Cognitive profiles of difficult-to-remediate and readily remediated poor readers: Early intervention as a vehicle for distinguishing between cognitive and experiential deficits as basic causes of specific reading disability. *Journal of Educational Psychology, 88*, 601-638.

第七章

語言理解評量

陳美芳

第一節

前言

　　由兒童閱讀的發展來看，兒童在閱讀之前先經歷了聽話的階段，也在這些經驗中習得許多詞彙和背景知識。這些詞彙和背景知識是預測閱讀很重要的指標，在此階段對孩童詞彙的測量，以非文字的圖畫詞彙測驗最常見。隨著學習進展，學生漸漸由學習閱讀轉為藉閱讀學習知識或方法，更精確的說，閱讀漸漸成為學習知識與方法的重要途徑之一，聽取講述或參與討論仍是重要的學習途徑，在此階段的閱讀理解和聽覺理解之關係可能更為密切並互為影響。

　　許多學者由語言理解（以聽覺理解測量結果表徵）、識字解碼等兩大成分研究閱讀理解。在這兩個成分對閱讀理解的變異詮釋力方面，多位學者認為，初學讀者（國小中、低年級學童）的識字解碼占閱讀理解能力較為重要的比重；而隨著學童識字解碼能力提升至精熟程度，語言理解能力漸漸成為影響閱讀理解能力較大的因素（Perfetti, 1985; Stanovich, 1991; Vellutino, Scanlon, & Tanzman, 1994）。吳怡潔（2007）的研究發現，中、低年級學童的語言理解和識字解碼能力對閱讀理解能力的預測可能較獨立，相互間的影響不大；但較高年級學童的語言理解和識字解碼兩項能力對閱讀理解的影響，可能是非獨立

的，二者會互相調節彼此對於閱讀理解變異的解釋力。

我們除了注意閱讀理解與聽覺理解的關聯性外，兩者的區辨性也值得注意，此對診斷閱讀障礙學童的亞型尤其重要。陳美芳（2003）以台灣地區 12 所國小，二至六年級 2,058 位學童為對象的研究發現，在各年級優聽型的學生介於 7.12%～15.80%，優讀型的學生介於 0.72%～4.49%。有研究顯示，針對優勢管道調整評量方式，可使學生學業成就表現較佳（陳明仁，2002）。

探究閱讀歷程的理論很多，由語言理解及解碼兩成分研究閱讀理解，常是以「閱讀簡單觀點模式」為基礎，目的常與閱讀困難學童的發現與診斷有關。本章先介紹「閱讀簡單觀點模式」的構念、相關研究證據，及其對閱讀障礙診斷與閱讀教育實務的影響；其次再分析語言理解的成分與評量；最後介紹台灣地區的語言理解（或聽覺理解、口語理解）評量工具。由於本章以「閱讀簡單觀點模式」為架構討論閱讀理解的成分，因此沿用該理論強調的以聽覺理解的測量結果表徵「語言理解」。在本章中使用「語言理解」作為表達構念的詞彙，以「聽覺理解」作為表達測量的詞彙。

閱讀簡單觀點模式

一、理論介紹

Hoover 和 Gough（1990）提出「閱讀簡單觀點模式」，主張閱讀可分為「解碼」和「語言理解」等兩個成分，且兩個成分同等重要。「閱讀簡單觀點模式」有以下幾項主要假設：

1. 「解碼」和「語言理解」對閱讀理解變異的解釋各自有其重要貢獻。
「閱讀理解」（RC）、「解碼能力」（D）及「語言理解」（LC）介於 0（能力全無）至 1（能力完美）之間。三者間的關係可能是：

$$加法關係：RC = 0.5 \times (D + LC) \quad 或$$
$$乘法關係：RC = D \times LC$$

Hoover 和 Gough 主張，「解碼」與「語言理解」二者的乘積能顯著提升兩個成分總和對閱讀理解的預測力，乘法公式優於加法公式。

2. 閱讀能力低落可能來自以下三種情形：(1)解碼能力正常，但語言理解弱；(2)語言理解正常，但解碼能力弱；(3)解碼能力與語言理解均弱。就閱讀能力低落的族群來說，解碼能力與語言理解的傾向呈現負相關。

3. 乘法模式假設閱讀理解、解碼能力及語言理解成比例關係，其中一個成分改變對閱讀理解的影響，會受到另一個成分的影響，例如：如果學生解碼能力為 1（完美），則語言理解的改變速率與閱讀理解能力相同；如果學生解碼能力為 0.5，與上例相同的語言理解的改變速率只能產生一半的閱讀理解改變效果；如果學生解碼能力為 0，則無論語言理解能力如何改變，閱讀理解能力都仍為 0。

二、理論證據與相關研究

Hoover 和 Gough（1990）提出「閱讀簡單觀點模式」後，引起不少後續的研究與討論。Kirby 和 Savage（2008）回顧近 20 年的多篇研究，對「閱讀簡單觀點模式」歸納出以下結論：(1)許多研究發現，有些孩童解碼能力佳，但文本閱讀能力差；同樣的，也有學童的語言理解沒問題，但解碼能力差；這些研究發現支持了「解碼能力和語言理解能力是可分割的」之論點；(2)異質學童群體的研究結果多發現，解碼和語言理解能力與閱讀理解能力有顯著相關；(3)就學童開始學習閱讀的前 4 年（即小學四年級以前），「閱讀簡單觀點模式」對預測學童的閱讀理解表現，是有效的預測模式；(4)乘法公式並未得到後續研究一致性的支持。

對 Hoover 和 Gough（1990）主張「乘法公式」最有效的論點，後續研究發現並不一致，也有些研究者提出乘法公式的修正公式，或嘗試在原方程式中加入其他閱讀成分，例如：Chen 和 Vellutino（1997）認為，乘法公式太強勢而簡略，建議可將加法與乘法結合為：$RC = D + LC + (D \times LC)$。

Joshi 和 Aaron（2000）以小學三年級普通班 40 位學童為對象的研究發現，以「解碼能力」和「語言理解」的乘積或總和預測閱讀理解能力，結果並

無顯著差異,但乘法模式可運用於了解或預測更廣範圍學童的閱讀表現(例如:閱讀障礙者),因此 Joshi 和 Aaron 支持乘法公式優於加法公式。但在另一項研究中,Joshi 和 Aaron 發現,如果在解碼與語言理解之外,再加上唸名速度,可將閱讀理解的解釋量由 48% 提升至 58%,因此他們建議可將原乘法公式修改為:RC = D × LC + S,此公式中的 S 即是唸名速度。

吳怡潔(2007)利用教育部 2003 至 2006 年委託柯華葳執行「中文閱讀障礙診斷測驗編制計畫」中幾項新編測驗的台灣地區常模資料,包括三到八年級共計 931 位學生樣本,檢驗 D + LC、D×LC、D + LC +(D×LC)等三種方程式對閱讀理解預測力的差異,結果發現三種公式對閱讀理解的解釋量皆達顯著水準,加法公式的解釋量約在 32%~66% 之間,乘法公式對三至八年級學生閱讀理解的解釋量介於 35%~66% 之間,加法加乘法公式的解釋量與乘法公式相當。由於乘法公式可說明解碼與語言理解等兩個成分對閱讀理解的交互關係,因此研究結果支持乘法公式是最佳公式;三個公式的解釋量大致皆隨學生年級升高而增加。吳怡潔的研究並發現,在原「閱讀簡單觀點模式」中加入識字流暢性,並未能顯著提升對於閱讀理解的解釋力。

綜合看來,研究證據大多支持「解碼」與「語言理解」對「閱讀理解」的預測有個別的貢獻;但對於這兩個成分如何組成才能最有效預測閱讀理解,則有不同的發現。

三、對評量與教學的意義

雖然「閱讀簡單觀點模式」最初並非針對教育實務而發展,但或因其成分與結構精簡而宏觀,此模式對閱讀障礙亞型的診斷,乃至於對閱讀教學課程的發展都產生了一些影響力。在閱讀障礙診斷方面,在 Hoover 和 Gough(1990)提出「閱讀簡單觀點模式」後,引發若干學者以類似或修正的分類結構分類閱讀障礙亞型,並經由實際案例檢驗其有效性,此部分請參見本書第一章第四節「閱讀障礙亞型」的論述。

在對閱讀教學的影響方面,Kirby 和 Savage(2008)認為,「閱讀簡單觀點模式」由識字與聽覺理解等兩個成分分析閱讀,這兩個成分都是可學習的,

教師由此整體模式思考閱讀課程設計，也可提醒自己在閱讀課中應重視語言理解的訓練；此成分雖然常被評量，但極少受到明確的訓練。近年來在英國，「閱讀簡單觀點模式」甚至成為國家倡導早期讀寫行動的理論或概念模式，明白揭示促進閱讀需經由識字歷程及語言理解歷程等兩個向度，給予學童系統而具體化的教導（Rose, 2006）。英國並設有官方網站（http://www.standards.dcsf.gov.uk/phonics/rosereview/），協助教師、幼教人員、教育行政人員、家長、出版商等相關人員，實施以「閱讀簡單觀點模式」為理論基礎的早期閱讀課程。

語言理解的成分

Hoover 和 Gough（1990）認為，「語言理解」是指有能力獲取詞彙訊息（字詞的語意），並對句子和篇章做解釋；評量語言理解應採取和評量閱讀理解相當的材料，只是接受訊息的管道不同。

有些學者進一步研究「閱讀簡單觀點模式」的「語言理解」及「解碼」等兩個主要成分下的子成分。在「語言理解」成分方面，例如：Conners 和 Olson（1990）將語言理解再細分為「一般口語能力」和「逐字口語記憶」，「一般口語能力」又分為「詞彙」及「世界知識」；Wren（2000）則將閱讀理解分為語言理解及識字解碼等兩大成分，語言理解再細分為「背景知識」及「語言知識」，語言知識又包含聲韻學、語法及語意等三個成分；識字解碼下又分為聲韻覺識、拼字原則知識、字母知識、書面概念等成分。但針對這方面的研究很少，且有研究發現，「語言理解」及「解碼」等兩個主要成分下的子成分不易獨立區分，且可能因研究群體的差異而得到不一致的結果（例如：Conner & Olson, 1990）。

教育部 2003 至 2006 年委託柯華葳執行「中文閱讀障礙診斷測驗編製計畫」，國內有多位學者參與該計畫，當時發展的測驗包含了閱讀理解、聽覺理

解、識字（識字量評估、部件辨識等），適用對象包含國小至國中學生，並另與曾世杰發展之「聲韻覺識測驗」共同建立台灣地區常模（柯華葳，2006）。當時發展的各測驗之間的相關顯示：不同年級學童聽覺理解與閱讀理解的相關大致在 .40～.69 之間，與識字量的相關在 .34 ～.58 之間，與聲韻覺識的相關在 .25～.42 之間（陳美芳、吳怡潔，2008）；不同年級學童識字量與閱讀理解的相關在 .54～.66 之間，與聲韻覺識的相關在 .25～.48 之間，與部件辨識的相關在 .01～.30 之間（洪儷瑜，2006）。

　　上述的研究資訊雖無法完整的檢驗「閱讀簡單觀點模式」及主要成分與其下子成分之間的關係，但可歸納出以下的可能結論：(1)識字及語言理解均與閱讀理解有顯著的中度相關；(2)識字及語言理解下的子成分尚未能清楚釐清，例如：聲韻覺識一般被歸為識字解碼下的成分，但上述研究數據顯示，其與識字及聽覺理解間的相關相當；部件辨識應為識字的子成分，但上述研究數據顯示，兩者相關偏低且不穩定，此部分能呼應Conner和Olson（1990）的發現；(3)聽覺理解與識字之間的獨立性尚待檢驗。在上述研究中，聽覺理解與識字量評估測驗的相關不低於和閱讀理解的相關，可能是由於「識字量測驗」包含了注音與造詞等兩個部分，注音造詞皆對才給分；造詞能力其實已牽涉到理解成分下的「世界知識」與「背景知識」。

聽覺理解評量的原則與構念

一、評量目的

　　我們對學童進行聽覺理解評量，事實上是為了預測或診斷其閱讀問題。在不同階段對聽覺理解的評量目的包含以下幾方面：

1. 評量聽覺理解，發現閱讀困難高危險群。

2. 診斷閱讀理解問題或閱讀障礙亞型。

3. 發覺優勢學習管道，以作為教學或評量調整的參考。

二、針對評量目的選擇適宜的形式

美國最常用於閱讀診斷的測驗（例如：Woodcock Reading Master Test: Revised Edition、Woodcock Diagnostic Reading Battery、Comprehensive Inventory of Basic Skills: Revised Edition），均包含聽覺或口語理解分測驗（洪儷瑜，2005）；評量閱讀認知成分的測驗也經常包含語言（聽覺）理解，有些測驗則可同時評量閱讀理解與語言（聽覺）理解。台灣近年來在語文型學習障礙診斷過程中，對閱讀能力低落的學生，排除可能直接造成閱讀困難的內外在因素後，常實施識字和聽覺理解測驗，以確認個案是否有閱讀的問題（教育部特殊教育工作小組委託，2007）。

針對閱讀困難的評量目的，如果希望評量單純的語言理解，測量內涵與方式就不應涉及書面閱讀，從指導語到測驗題的呈現均應以口語形式呈現，亦即應以口語形式評量語言理解（Wren, 2000）。孩童受限於識字能力，常無法在閱讀理解測驗中表現理解能力，如果仔細比較孩童的閱讀理解能力、語言理解能力和識字能力，就可清楚孩童閱讀理解的困難是出自於理解能力的問題或是識字能力的缺陷。

如果希望評量受試者的學習優勢管道，則可考慮採用評量結果可直接比對聽覺理解與閱讀理解的工具。陳美芳（2003）採用 Royer 及其同事發展的「語句變化技術」（Royer, Hastings, & Hook, 1979; Royer, Kulhavy, Lee, & Peterson, 1986; Royer, Greene, & Sinatra, 1987）之「語文理解測驗」，即可將測驗結果直接比較閱讀理解和聽覺理解能力之優勢。這項測驗包含了閱讀理解與聽覺理解等兩個版本，兩個版本均是請受試者在閱讀或聽過一段短文後，判斷依據前面的短文，若干語句的意思是否正確。請受試者判斷的語句包括四種類型：(1)原句（Original），是指語句與文中的語句完全相同；(2)釋義句（Paraphrase），是指依文中某語句或數句的意義改編而成，通常取自文中重要的名詞或概念；(3)改義句（Meaning Change），是指與文中句子相似但意義不對的句子；(4)誤導句（Distractor），是指雖然內涵可能與短文有關（表面相似），但實則是與短文中語句無關的句子。如果受試者能理解短文的意思，應會在「原句」與「釋義句」回答「正確」，但在「改義句」與「誤導句」回答「不正確」。

三、聽覺理解評量的一個構念

進行教育評量與診斷是一個假設建立與檢驗的歷程。評量者在進行閱讀理解能力評量時，可運用關於閱讀與聽覺理解的知識，選用適當工具，配合其他測驗、觀察及晤談資料，在評量過程中針對受試者狀況建立假設，依評量資料檢驗假設，再一次修正或檢驗。

聽覺或口語理解可由不同向度分析，Wren（2000）認為，在分析語言理解的結構時，可將語言理解分為正式與非正式語言等兩類。正式語言是指較為抽象或較不需考慮上下文的語言，在班級教學中的語言學習多屬此類；非正式語言則是指平常日常生活的對話，較依賴上下文脈絡，所談及的訊息多半是與情境相關或是較具體的事情，朋友與家人間的對話多屬此類（陳美芳，吳怡潔，2008）。

我們也可從語言理解的層次將語言理解分為「表面語意理解」與「推論」，表面理解是指對話或敘述中已提供明顯線索，聽者或讀者掌握這些線索即可理解意義；推論則是較精緻的理解，敘述中未提供完整的線索，聽者或讀者必須自己推敲上下文才可理解（陳美芳，吳怡潔，2008）。

評量者可依聽覺理解的語言特性與理解層次，系統化的建立評量假設與檢驗機制，表 7-1 提供了一個診斷構念的案例。如果評量者關切學童聽覺理解可能因語言特性（正式語言與生活口語）而有差異，或可參考表 7-1 的構念，先針對初步假設選用適當工具對受試者進行評量，並由評量結果形成進一步的假設，再進行進一步的檢驗（例如：進一步由評量或學習管道調整，確認學生閱讀困難與學習優勢管道）。

四、台灣聽覺理解評量工具介紹

聽覺理解的評量方式通常由主試者讀出題項，再由受試者指出圖片、口語回答，或在紙筆測驗中選出正確選項。測量的題項包含口語詞彙、語句記憶或理解、短文理解等。

台灣早期對學童語文困難評量的工具設計，即已將聽覺理解相關能力納

表 7-1　由評量形成假設的案例──分析閱讀困難者的可能優勢管道

針對初步假設（理解受語言特性影響？）的評量結果				形成進一步假設
閱讀理解	識字	聽覺理解		
		正式	非正式	
×	○	×	×	識字無困難、閱讀與聽覺理解都有困難，單純理解的困難？
×	×	○	○	聽覺理解無困難、學習的優勢管道在聽？
×	×	×	○	生活化的口語理解無困難、借助口語引導有助學習？
×	×	○	×	正式語言理解無困難、困難在與生活相關或依賴上下文脈絡的語言理解？
×	×	×	×	智能障礙、其他多面性的困難？

註：「○」表示能力正常或超常；「×」表示能力落後。

入，例如：吳武典、張正芬（1984）編製之「國語文能力測驗」，早年是學習障礙資源班鑑定、語文低成就學童篩檢、語文學習困難分析所使用的主要工具（洪儷瑜，2005）；這項測驗包含八項分測驗，其中「聽覺記憶」及「聽覺理解」等兩個分測驗即屬口語理解能力的測量。近年來以語文困難學童為可能施測對象而編製的語文綜合測驗，也有包含聽力評量者，例如：邱上真、洪碧霞（1997）編製之「國語文成就測驗」，聽力評量是其中重要部分，測量的成分包含字音辨識、聽覺記憶和短文理解。

　　近年來，國內開始有學者將聽覺理解列為獨立的測驗，茲將已正式出版或發表於學術期刊上的工具，整理如表 7-2 所示，並另將這些測驗的適用階段、語言成分與語言接收表達管道，整理如表 7-3 所示，本文特別分析這些測驗是否提供以閱讀能力為效標的效標關聯效度，如表 7-3 最後一欄所示。

　　由表 7-3 可發現，目前國內測驗絕大多數適用於國小階段，建有國中階段常模的發行測驗極少。在測量的語言結構方面，有些測驗包含詞彙、語句與短文，有些僅測部分。在語言接收或表達管道方面，有些測驗除了聽覺理解外，同時也測量口語表達。雖然同時評量語言接收與表達較完整，但在使用這些測

表 7-2　國內聽覺理解能力評量工具簡介

測驗名稱	作者／修訂者	測驗內容	適用對象	施測方式
修訂畢保德圖畫詞彙測驗	陸莉、劉鴻香（1998）	兒童聽讀詞彙後，指出四幅圖畫中的正確答案	3～12 歲	個別施測
國小學童語意與語法測驗	錡寶香（1998）	語意測驗：詞彙誤用、詞彙定義；語法判斷修正、造句；口語記憶；理解口語篇章大意並推論	小二、小五	個別施測
聽覺記憶測驗	陳美芳（1997，1999）	語句記憶複述	小二～國一	個別施測
兒童口語理解測驗	林寶貴、錡寶香（2000，2005）	聽覺記憶、語法理解、語意判斷、短文理解	小一～小六	個別施測
語文理解能力測驗（聽覺理解部分）	陳美芳（2000，2003）	對 10 篇短文的聽覺理解、閱讀理解	小二～小六	團體施測
學前幼兒與國小低年級兒童口語語法能力診斷測驗	楊坤堂、張世彗、李水源（2005）	接受性口語（傾聽後指認圖片、動作反應、簡短回答字詞）、表達性口語（傾聽後仿說、回答、完成句子、造句）	幼稚園中班～小二	個別施測
學童早期口語理解能力檢測	楊志堅、蘇啟明、沈文娟（2006）	聽覺詞彙（選出近義詞）、語意／語法判斷、語句理解、聽覺語詞記憶	小一	團體施測
修訂學前兒童語言障礙評量表	林寶貴、黃玉枝、黃桂君、宣崇慧（2008）	聲音與語暢、語言理解、表達性詞彙與構音、口語表達	3～5 歲	個別施測
圖畫式聽覺理解測驗	陳美芳、吳怡潔（2007a，2008）	聽一句口語語句後，由 4 幅圖畫中指出正確的圖畫	小學一、二年級	個別施測
聽覺理解測驗	陳美芳、吳怡潔（2007b，2008）	聽一段生活對話錄音，由 3 個選項中選出正確選項。測量能力包含表面理解和推論。	三～九年級	團體施測

表 7-3　台灣地區現有的聽覺理解評量工具的分析

測驗名稱	作者／修訂者	適用階段			語言結構			管道		提供閱讀關聯效度
		學前	國小	國中	詞彙	語句	短文	理解	表達	
修訂畢保德圖畫詞彙測驗	陸莉、劉鴻香（1998）	●	●		●			●		
國小學童語意與語法測驗*	錡寶香（1998）		●		●	●	●	●	●	
聽覺記憶測驗*	陳美芳（1997，1999）		●	●	●		●	●		●
語文理解能力測驗（聽覺理解部分）	陳美芳（2000，2003）		●		●			●	●	●
兒童口語理解測驗	林寶貴、錡寶香（2000，2005）		●			●	●	●	●	
學前幼兒與國小低年級兒童口語語法能力診斷測驗	楊坤堂、張世彗、李水源（2005）	●	●		●	●		●	●	
學童早期口語理解能力檢測*	楊志堅、蘇啟明、沈文娟（2006）		●		●	●		●		
修訂學前兒童語言障礙評量表	林寶貴、黃玉枝、黃桂君、宣崇慧（2008）	●			●	●	●	●		
圖畫式聽覺理解測驗	陳美芳、吳怡潔（2007a，2008）		●			●		●		●
聽覺理解測驗	陳美芳、吳怡潔（2007b，2008）		●	●			●	●	●	●

註：*該測驗僅用於學術研究，並未正式發行。

驗時,需注意因為這些測驗同時以口語表達的正誤或完整性作為聽覺理解的表徵,受試者可能因口語表達能力,干擾了其聽覺理解的展現。由於聽覺或口語理解評量常是與閱讀障礙的診斷有關,筆者特別分析這些測驗是否提供以閱讀能力為效標的效標關聯效度,結果發現僅少數測驗提供與閱讀關聯的證據,這些測驗與閱讀能力的關聯可能尚不清晰。評量者為診斷閱讀障礙使用這些測驗時,宜注意其可能的限制,並自行累積效度資料,使診斷過程中的假設檢驗更有效。

第五節
結　語

　　本章有兩大重點:其一是以「閱讀簡單觀點模式」為理論基礎,討論語言理解與閱讀理解的關係,並由相關研究證據分析「閱讀簡單觀點模式」的理論構念是否獲得支持;其二在介紹聽覺理解的評量與台灣地區可使用的測驗工具。

　　在理論檢驗方面,台灣地區近年的研究結果顯示:(1)識字及語言理解均與閱讀理解有顯著的中度相關,以這兩個構念為向度可作為閱讀障礙亞型診斷的重要參考架構,其結果並能與國外相關研究的發現相比對與連結;(2)識字與語言理解之間的獨立性及這兩個主成分之下的子成分尚待進一步釐清;(3)識字與語言理解等兩個成分如何組成才能最有效預測閱讀理解,則有不同的發現。有些研究發現在不同發展階段,識字、語言理解與閱讀理解的相關不同,高年級學童的語言理解和識字解碼等兩項能力,可能會互相調節彼此對於閱讀理解變異的解釋力。但這方面的研究仍少,雖尚難形成定論,但發展階段可能是檢驗理論適用性必須考量的因素。

　　在聽覺理解的評量工具方面,現有工具多適用於國小階段,不同工具評量的成分不同、作答要求的反應方式不同、提供的效度證據也不相同;與閱讀理解相比,聽覺理解評量的信效度可能受更多干擾因素影響。這些都是選用測驗、未來發展測驗時應注意的議題。

●中文部分

吳怡潔（2007）。「閱讀的簡單觀點模式」在中文一般及閱讀理解困難學童之驗證
　　研究。國立台灣師範大學特殊教育學系碩士論文，未出版，台北市。

吳武典、張正芬（1984）。國語文能力測驗之編製及其相關研究。測驗年刊，**31**，
　　37-52。

林寶貴、黃玉枝、黃桂君、宣崇慧（2008）。**修訂學前兒童語言障礙評量表指導手
　　冊**。台北市：國立台灣師範大學特殊教育中心。

林寶貴、錡寶香（2000）。兒童口語理解測驗之編製。**特殊教育研究學刊，19**，
　　105-125。

林寶貴、錡寶香（2005）。**兒童口語理解測驗指導手冊**。台北市：國立台灣師範大
　　學特殊教育中心。

邱上真、洪碧霞（1997）。國語文低成就學生閱讀表現之追蹤研究（**I**）——國民
　　小學國語文低成就學童篩選工具系列發展之研究（II）。行政院國家科學委員
　　會專案研究報告（編號：NSC86-2413-H-017-002-F5）。

柯華葳（2006）。**編製中文閱讀障礙診斷測驗工作計畫第三年期末報告**。台北市：
　　教育部特殊教育小組。

洪儷瑜（2005）。由語文學習困難的評量工具談其概念與運用。載於洪儷瑜、王瓊
　　珠、陳長益（主編），**突破學習困難——評量與因應之探討**（頁2-28）。台北
　　市：心理。

洪儷瑜（2006）。部件辨識測驗。載於柯華葳主持，**編製中文閱讀障礙診斷測驗工
　　作計畫第三年期末報告**（頁123-152）。台北市：教育部特殊教育小組。

教育部特殊教育工作小組（委託）（2007）。**中文閱讀障礙診斷流程與測驗簡介**。
　　台北市：國立台灣師範大學特殊教育中心。

陳明仁（2002）。**語音唸題對紙筆測驗結果之影響——以國小四年級自然科為例**。
　　國立台灣師範大學科學教育研究所碩士論文，未出版，台北市。

陳美芳（1997）。國小學童聽覺理解與聽覺記憶能力之研究——不同國語文程度學
　　生的比較。**特殊教育研究學刊，15**，293-305。

144

陳美芳（1999）。國語文低成就學童口語理解能力的發展。**特殊教育研究學刊，17**，189-204。

陳美芳（2000）。語文理解能力測驗之編製。載於柯華葳、陳美芳，**中文閱讀歷程評量及相關測驗編製報告**（頁3-24）。台北市：國立台灣師範大學心理與教育測驗研究發展中心。

陳美芳（2003）。語文理解能力測驗之發展與效度分析。**特殊教育研究學刊，24**，1-14。

陳美芳、吳怡潔（2007a）。**圖畫式聽覺理解測驗指導手冊**。台北市：國立台灣師範大學特殊教育中心。

陳美芳、吳怡潔（2007b）。**聽覺理解測驗指導手冊**。台北市：國立台灣師範大學特殊教育中心。

陳美芳、吳怡潔（2008）。中小學學童生活口語理解評量工具建構與效度研究。**特殊教育研究學刊，33**（3），77-93。

陸　莉、劉鴻香（1998）。**修訂畢保德圖畫詞彙測驗**。台北市：心理。

楊志堅、蘇啟明、沈文娟（2006）。學童早期口語理解能力之檢測。**師大學報——教育類，51**（1），213-232。

楊坤堂、張世彗、李水源（2005）。**學前幼兒與國小低年級兒童口語語法能力診斷測驗指導手冊**。台北市：國立台灣師範大學特殊教育中心。

錡寶香（1998）。國小學童語意與語法能力之研究。**國教學報，10**，165-196。

●英文部分

Chen, R., & Vellutino, F. R. (1997). Prediction of reading ability: A cross-validation study of the simple view of reading. *Journal of Literacy Research, 29*, 1-24.

Conners, F., & Olson, R. (1990). Reading comprehension in dyslexia and normal readers: A component analysis. In D. A. Balota, G. B. Flores & K. Ranyner (Eds.), *Comprehension process in reading*. Mahwah, NJ: Lawrence Erlbaum Associates.

Hoover, W. A., & Gough, P. B. (1990). The simple view of reading. *Reading and Writing: An Interdiciplinary Journal, 2*, 127-160.

Joshi, R. M., & Aaron, P. G. (2000). The component model of reading: Simple view of reading made a little more complex. *Reading Psychology, 21*, 85-97.

Kirby, J. R., & Savage, R. S. (2008). Can the simple view deal with the complexities of reading. *Literacy, 42*(2), 75-82.

Perfetti, C. A. (1985). *Reading ability.* New York: Oxford University Press.

Rose, J. (2006). *Independent review of the teaching of early reading: Department for education and skills*. Retrieved January 4, 2010, from http://www.standards.dcsf.gov.uk/phonics/rosereview/

Royer, J. M., Greene, B. H., & Sinatra, G. W. (1987). The sentence variation technique: A practical procedure for testing comprehension. *Journal of Reading,* 414-422.

Royer, J. M., Hastings, C. N., & Hook, C. (1979). A sentence variation technique for measuring reading comprehension. *Journal of Reading Behavior, 11*(4), 355-363.

Royer, J. M., Kulhavy, R. W., Lee, S., & Peterson, S. E. (1986). The relationship between reading and listening comprehension. *Educational and Psychological Research, 6*, 299-314.

Stanovich, K. E. (1991). Discrepancy definitions of reading disability: Has intelligence led us astray? *Reading Research Quarterly, 26*(1), 7-29.

Vellutino, F. R., Scanlon, D., & Tanzman, M. S. (1994). Components of reading ability: Issues and problems in operationalizing word identification, phonological coding, and orthographic coding. In G. R. Lyon (Ed.), *Frameworks of references for assessment of learning disabilities.* Baltimore, MD: Paul H. Brookes.

Wren, S. (2000). *The cognitive foundations of learning to read: A framework*. Retrieved January 4, 2010, http://www.sedl.org/reading/framework/assessment.html

第八章

識字能力的評量

洪儷瑜、王瓊珠

第一節

識字的意涵

　　閱讀不是天生就會的能力，閱讀能力需要透過教育獲得，所有學童剛進入正式教育的第一年，都是從學習識字開始（Chall, 1996），因為識字是閱讀的基礎。雖然學會識字並不一定表示就會閱讀，但不會識字就無法閱讀，卻是鐵定的事實。如果把閱讀當作是可以詮釋前人留下來的文字密碼之意義，那識字就是一種解碼技巧。因此，識字是閱讀理解的必要條件，但不是充分條件，而在閱讀能力的測量中，識字能力的評量是不可或缺的項目。但是要談識字評量之前，筆者認為需要先了解識字能力的內涵、重點，才能充分了解各種不同評量工具的意義。

　　Vacca、Vacca 和 Gove（1987）認為，識字（word identification）的意涵很廣，包括認讀熟悉的字，以及透過中間媒介（字音、字形的線索）去辨識生字、假字或非字，例如：讀者看到英文單字「mistake」，若無法直接唸出字音時，可以先將此字分解成「mis-take」，透過拼音規則唸出各自的發音，再將兩部分的發音拼在一起，最後讀出該字的字音（如圖 8-1 所示）。前者即是將所見的印刷字立即由其長期記憶庫中檢索出來，稱之為「認字」（word re-

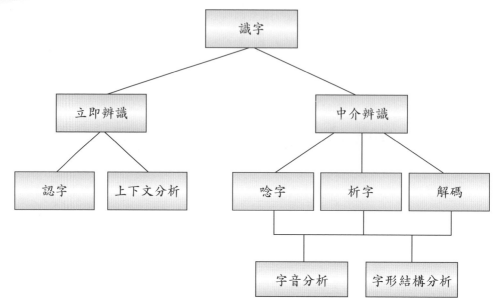

● 圖 8-1　識字相關名詞關係圖

資料來源：修正自 Vacca 等人（1987: 207）

cognition）；而後者是透過中介線索去區辨或認讀字，包括：唸字（word at-tack，利用全字形直接觸接字音）、析字（word analysis，利用字母串或音節分析去認讀），以及解碼（decoding，利用音形配對去拼讀）等。因為三者都是需要將印刷品的文字透過形音連結或字形結構的分析，譯成有語音或概念，文獻上對這三者的區分並不明顯，也常混用，最常用「解碼」一詞取代。所以，國內學者簡化 Vacca 等人（1987）的架構，將識字僅區分為認字和解碼等兩種（邱上真、洪碧霞，1996）。

　　McCormick（1995）則是將識字和認字兩者平行區分，她認為識字是指認讀不熟字或不成熟的讀者之識字歷程，讀者需要使用一種或多種策略去摸索如何唸出或辨識這個字，而讀者在認字時，幾乎不需要任何機制就可以立即回憶。不論識字和認字的關係是階層隸屬或平行，上述兩種說法都清楚指出：識字指讀不熟悉或熟悉的字，意涵比較廣泛；而認字是指直接檢索、立即回憶的讀字歷程；讀生字或假字和認讀已經熟悉的字是不一樣的。讀熟字是直接到詞

彙庫提取該字相關的形音義訊息;讀生字、假字則需要透過拼音規則或類比（analogy）相似的字，推敲該字可能的讀音，如從已知的「表」字，類比生字「裱」的讀音，亦同「表」。

識字發展

　　識字是學習而來的，精熟此能力需要經歷數個發展階段。識字發展有幾種說法，以下僅介紹數個主要代表人物及其觀點，包括：Chall（1996）的閱讀發展理論，Frith（1985）、Ehri（1992, 2000）、Richeck 等人（2002），以及萬雲英（1991）的識字發展理論。Chall 的閱讀發展理論之前三個階段（稱為「學著讀」階段）與識字解碼能力的發展特別有關;至於其他學者僅針對識字發展提出理論。

一、Chall 的閱讀發展理論

　　閱讀發展理論最常被引用以及闡述最完整的，莫過於由美國哈佛大學 Jeanne Chall（1996）所提出的研究，Chall 將完整的閱讀能力發展區分為萌芽、初始、穩固、讀以學、多元觀點，以及建構與重組等六個階段，其中前三個階段主要在「學著讀」（learn to read），即以識字能力發展為主。上述六個階段，雖然後三個階段是閱讀能力發展的主要目標，但前三個階段卻是奠定閱讀的基礎，也是學習識字解碼能力的重要階段，前三個階段的識字發展歷程由全字認字、建立形一音連結到自動化。以下僅針對與識字能力發展最為相關的前三個階段加以說明[1]：

　　1. 萌芽期（或稱前閱讀）（emergent reading、pre-reading）：入學前幼兒

---

[1] 在第二章中，階段 0 是指萌芽期，階段 1 是指初始期，階段 2 是指穩固期。

主要的發展重點在建立口語能力、對印刷品正確的概念、文字符號（字母）或常用字的自動化連結，以及聲韻覺識等，這些都是進入小學正式學習閱讀之重要基礎。

2. 初始期（initial reading）：是指進入小學的前一到二年，開始正式學習文字的符號系統，其主要目標在培養解碼能力，也被稱為正式閱讀期。本期主要是在發展語音能力、形—音連結、字形與字音之自動化連結、擴充瞬視字（sight words）的字庫、利用已知的字彙知識猜測新字、區辨組字線索與規則、在文章中利用上下文猜測新字等。此階段和前一階段的差異，在學童由全字認字，到認讀字母、字母串、音節等，擁有更有效的解碼技巧。

3. 穩固期（confirmation）：是指進入小學的第二到第三年，其主要發展目標在建立解碼的流暢和自動化，讓認讀字不會占去過多的認知資源。在此階段，流暢閱讀將有助於閱讀量的擴增，而大量閱讀亦可帶動識字速度的提升，兩者會產生交互影響。

二、Frith 的識字發展理論

Frith（1985）將識字發展依據不同的識字技巧分成三個階段：第一個階段是圖像字意階段（logographic skill）；第二個階段是字母拼音技巧階段（alphabetic skill）；第三個階段是組字技巧階段（orthographic skill）。說明如下：

1. 在圖像字意階段時，讀者對字的記憶如同圖像記憶一般，以全字形狀，或是針對部分的特徵進行記憶，因此常會將相似的字形搞錯，例如：看到「look」一字中間的字母「oo」，記成是「一雙眼睛」，「look」是用「一雙眼睛」「看」東西，因此讀者有可能會將「book」誤認為「look」。

2. 到了拼音技巧階段，讀者開始使用形音對應的關係，藉著解碼的方式來學習字詞，對於字形辨識的精確度提高了，因此，「book」、「look」、「took」即便很像，也因為知道它們的字首分別對應到不同子音而不會弄混。

3. 而拼字技巧發展階段則是更成熟的識字能力，此時讀者會利用字形組織，進一步將字分解成較小的詞素，以解讀字母串（chunk）為單位，例如：將「-phone」當成一個單位，就能夠很快讀出「telephone」、「microphone」這些字；與上一階段的差異是此階段分析字的單位比較大。

三、Ehri 的識字發展理論

Ehri 延續 Firth 的識字發展理論，也提出了識字發展三階段理論（Ehri, 1992），但重點轉移到識字線索和識字歷程，並修正識字雙軌模式（dual-route model）。Ehri 認為識字乃在建立常見字（sight word），他將識字發展區分為：視覺線索閱讀（visual cue reading）、聲韻線索閱讀（phonetic cue reading）、密碼視覺閱讀（cipher sight reading）。各階段的識字特徵說明如下：

1. 視覺線索閱讀：此階段的讀者主要係由選擇性的視覺線索任意連結語意，例如：看到「McDonald」的「M」，就說出「麥當勞」。由於用視覺線索閱讀，所以很容易把相似的字搞混，或使用同義字，其認讀的方式是不管字形的拼法。他們的閱讀是利用相關的視覺提示，所以可以讀很難的字或標記、號誌。

2. 聲韻線索閱讀（phonetic cue reading）：此階段的讀者開始學到字母的形狀和它的讀音，他們會運用字母知識去建立形音連結，例如：看到字母「b」讀音是[b]，看到字母「c」讀音多是[k]，只有在「i」、「e」、「y」之前才唸[s]的音。

3. 密碼視覺閱讀（cipher sight reading）：此階段的讀者可以直接用視覺處理字母像處理語音一樣自如。當讀者學了很多字之後，建立了完整的語音和字形之間的連結，此連結類似字形影像庫，混合了語音和其符號密碼。閱讀時便會直接將拼字的字串組合連接到整字發音，必要時，也可以採個別字母形音連結、部分字母串或整字連結都可以。此階段的讀者和上一階段的主要差異，在於密碼視覺閱讀者在音素結構的知識，以及字母拼法與音素之間的連結更為完整與精確，所以他們可以拼讀較長的

字，正確性也較高。聲韻線索階段的讀者拼讀長字時，對於前後字母記得較正確，但是對於記沒有意義的假字，並不像密碼視覺閱讀者表現得好。

　　Ehri 認為，第二個階段到第三個階段是連續性量的差異，其進步是逐漸的。她也認為密碼視覺閱讀者需要運用很多複雜的技巧，所以聲韻教學固然重要，也需要音形連結，而且音形連結的練習要提供很多字，讓學生可以辨識字串或字母群組，才有機會進入到第三個階段。密碼視覺閱讀者面對所讀的字都是所謂的「瞬視字」（sight word），瞬視字不一定是高頻字或規則字，也不一定是教過的字，而是讀者直接在記憶庫中建立連結，可以直接提取的字。另外，她修改了原來的識字雙軌模式來說明密碼視覺閱讀階段的讀者，其字義觸接（直接由字形到字義）的形義連結，並非如第一個階段視覺線索之讀者是單一、強制的，而其解碼途徑是相當多元且具有彈性，可以直接觸接字音和字意，或透過語音認讀。所謂的精熟讀者（good reader）是擁有豐富的常見字庫，也透過閱讀不斷擴充其常見字庫的人。

　　Ehri的觀點和目前腦神經科學的研究結果一致，根據腦神經研究，精熟讀者與弱讀者（poor reader）閱讀時主要的差別，在於精熟讀者主要是大腦腹側系統的枕葉顳葉區（occipito-temporal region，簡稱 OT）活躍，而弱讀者則是大腦負責聲韻解碼的額下迴（inferior frontal gyrus, IFG），或是負責形音義連結的背側頂顳葉系統（parieto-temporal system）較為活躍（Shaywitz, 1996, 2003）。常見字的閱讀應是 OT 區的活動，亦即個人快速啟動儲存的字彙（Carr, Brown, Vavrus, & Evans, 1990）。

　　後來，Ehri又將原有三個階段的識字發展細分為四個階段，分別是前字母階段（pre-alphabetic phase）、部分字母階段（partial alphabetic phase）、全字母階段（full-alphabetic phase）以及鞏固字母階段（consolidated-alphabetic phase）（Ehri, 2000）。其主要的差異在於將「聲韻線索閱讀」的歷程分為「部分字母階段」和「全字母階段」，以呈現讀者在字的辨識單位增大，從部分字母到全字。而「鞏固字母階段」則與 Chall 的「穩固階段」有異曲同工之妙；易言之，識字能力發展之初在於形、音、義的正確連結，以及辨識和連結單位的增大，到了後期發展階段則是朝向識字自動化，以降低閱讀時的認知負

荷量為目標。

四、中文的識字發展

在中文方面，萬雲英（1991）曾綜合有關漢字學習之系列研究，得到類似的結論。她將漢字學習分成三個發展階段，分別為泛化、初步分化和精確分化。泛化階段為學習漢字的初期，讀者對於漢字字形結構和組成部件的概念模糊，僅是一般泛泛的區辨，所以部件容易錯置，例如：「要」寫成「栗」、「春」寫成「香」、「行政」唸成「行攻」，或是以同一詞彙的字替代，例如：「身」唸成「體」、「學」唸成「同」。到了初步分化階段，讀者大致能掌握字型的基本結構，不致於有結構混淆、方位錯的問題，但對於細微的規則尚未熟悉，例如：同音異義字的混淆，如「清潔」寫成「青潔」，或過度類化聲旁，如「後悔」唸成「後ㄇㄟˇ」。他們雖然可以區分真字和非字，但容易出現別字，尤其是同音的字，例如：把「明白」的「明」和姓「名」之「名」混淆。直至精確分化階段，讀者已能熟悉偏旁、部首等組字單位與組字規則，以及規則的特例，可藉由對漢字形音義三者關係的高熟悉度，正確而快速的辨識、認讀和默寫，例如：可以利用部首意義區分籃球的「籃」不是「艸」字頭的「藍」，或是可以區分同音異義字，如「採花」和「踩草地」。萬雲英所提出的漢字識字發展，與英文拼音文字對識字的發展有不同的重點區分，但在各階段的特徵差不多，其識字的發展都由視覺字形線索、形音規則的掌握，到精緻化彈性使用規則。

五、小結

如果從識字所包括的技巧來看，上述幾種說法可以整理成表 8-1，識字發展主要技巧包括有視覺線索、語音線索、完全音形連結、組字規則等。不論三或四個階段，識字能力的發展均是由整體的全字認讀，進到認識文字特徵，再到精確或自動化。

表 8-1　識字發展階段的主張及其識字技巧成分

識字技巧	視覺線索	語音線索	完全音形連結	組字規則
Chall（1996）	萌芽	初始閱讀		自動化
Frith（1985）	圖像字意	拼音		拼字
Ehri（1992）	視覺線索	聲韻線索		密碼視覺線索
Ehri（2000）	意符階段	音素線索	完全字母	鞏固階段
Richek, Caldwell, Jennings, & Lerner（2002）	視覺線索	語音譯碼	完全字母	常見字
萬雲英（1991）*	泛化	--	初步分化	精緻分化

註：＊是指由於中文識字初期沒有語音線索識字的階段，此分類僅以漢字和音的連結為主。

第三節

識字評量的內涵與方法

　　從識字的定義與發展來看，識字評量的目標字可以包括常見字、生字、假字，甚至是非字。以常見字和生字等真字為測試目標字，目的在了解讀者對字形、字音、字義間的聯繫是否正確，如果還加上計時，則可以看到識字自動化程度。若以假字或非字為測試目標字，則在了解讀者是否具備拼音能力或組字規則的概念。美國學者 Catts 和 Kamhi（2001）主張識字解碼的評量內容有三項重要成分，即瞬視字閱讀（sight-word reading）、聲韻解碼（phonetic deco-ding）和認字流暢性（word recognition fluency），他們將認字能力評量界定在常見字，解碼的評量界定於聲韻解碼，另增加一個被 Vacca 等人（1987）忽略，但在識字發展階段都強調的流暢性或自動化。但因為中文字並非拼音文字，所以聲韻解碼能力少被納入識字範圍內，僅有北京師範大學的研究曾將語音覺識（phonetic awareness）作為測試學童對形聲字聲旁表音的洞察能力（Shu, Anderson, & Wu, 2000），但並非在測試拼音。在台灣的聲韻解碼主要是以處理注音符號的評量為主（曾世杰、陳淑麗、謝燕嬌，2006）。聲韻評量

將於另一章詳述（參見第三章），本文僅就認字正確性和流暢性以及錯誤類型等三項討論評量的內容。至於識字評量方法眾多，可從題型設計與作答方式、評量工具是否標準化，以及結果之運用等數個面向來剖析。

一、識字評量的內涵

（一）正確性

　　識字正確性的意涵可能涉及字形、字音的連結無誤，甚至包括字義之正確使用，例如：看到「地」可以讀出「ㄉㄧˋ」，還知道「地」是「土地」、「地球」的「地」。由於施測時間有限，識字評量多先從特定的字庫中按照某些標準（如：字頻）選取目標字，字頻愈高的字表示愈基礎、簡單，字頻愈低的表示愈難、通過率愈低，因此答對不同字頻的字，在識字能力的意義也應不同。因此，黃秀霜（2001）編製的「中文年級認字量表」，便在受試者連續唸錯 20 題後停止施測。英國的「字彙測驗」（Nation, 1990）也是將字彙分為前 1,000、2,000、5,000、10,000 字等不同級數，由受試者的答對情形推算其平均學術水平（Cameron, 2002）。

　　從「中文年級認字量表」和英國的「字彙測驗」比較得知，前者對識字正確性之評估乃是作為和同儕識字能力相比之用，但後者則有推估其字詞量之企圖，因為字詞量與閱讀能力之相關密切。Nagy 和 Anderson（1984）的研究估計：小學中年級不太喜歡閱讀的學生，一年約讀到 100,000 個詞，而一般的同儕一年可能讀到 1,000,000 個詞，至於求知慾更強的同儕，一年更可能讀到 10,000,000 個詞，甚至更多。擁有較多詞彙的學生可以在大量閱讀中進一步獲得新的語言經驗和詞彙，如此滾雪球般的交互影響，將導致不同識字能力的差距愈來愈大，即是 Stanovich（1986）所謂的「馬太效應」（Matthew effects）。王瓊珠、洪儷瑜、陳秀芬（2007）對低識字量學生的識字發展進行探究，亦得到類似「馬太效應」的結果。

（二）流暢性

流暢性的評估有三種，最常見的是讓受試者朗讀文本，計算一分鐘的閱讀字數，亦稱為閱讀速率（reading rate），美國常見的閱讀診斷測驗均有此分量表，例如：Woodcock Reading Mastery Test、Gray Oral Reading Test（GORT）、Basic Reading Inventory。第二種是提供常見字串，計算受試者的朗讀速率，Torgesen 等人所編製的 Test of Word Reading Efficiency（TOWRE）的常見字測驗（sight word efficiency）即是此例。洪儷瑜、王瓊珠、張郁雯、陳秀芬（2007a）所編製的「常見字流暢性測驗」也係採用此方式。但是這兩種流暢性評估的測試時機，都是個體接受識字教育以後，已經能認一些字詞才適用，如果想做早期篩選之評估可能不合適，因此，第三種方式是參考 Wolf 所提出的雙重缺陷理論（double-deficit hypothesis）的快速唸名（rapid naming，簡稱RAN），設計一串圖畫、數字、符號或顏色讓學生快速叫名，並計算其速率，以作為流暢性的指標。國內曾世杰與其學生所發展的相關工具與研究報告（曾世杰、邱上真、林彥同，2003；曾世杰、簡淑真、張雯婷、周蘭芳、連芸伶，2005，請見第四章），發現快速唸名可以在學前便進行施測，也可以由小一的唸名速度有效預測其小四的閱讀能力。

（三）錯誤類型

很多識字測驗都提供錯誤類型的分析，學生的錯誤表現不僅影響計分結果，也提供學生認讀誤差的線索，所以，英文對於閱讀的錯誤類型分析稱之為「miscue analysis」。「miscue」意指學生犯錯的線索，而唸讀的錯誤類型可分構音錯誤，例如：音調、聲母、韻母或介音的錯誤，如「均」唸成「ㄐㄩㄥ」；字形的錯誤，包括形似音異、形似音似的錯誤，如「問」唸成「聞」；形音義類似，或形音相異但義關聯的錯誤，如「光」唸成「芒」（洪儷瑜、張郁雯、陳秀芬、陳慶順、李瑩玓，2003）。在診斷學生識字發展時，讀字的錯誤訊息，是診斷學生識字軌道的最佳線索。

二、識字評量方法

（一）題型設計與作答方式

　　識字評估中最常見的題型是提供單獨字表，例如：黃秀霜（2001）編製的「中文年級認字量表」，係透過看字讀音評估學生的識字正確率，或是洪儷瑜等人（2003）編製的「基本讀寫字綜合測驗」之分測驗——看字讀音造詞，而香港大學何淑嫻等人編製的「香港特定學習困難讀寫測驗」（Hong Kong Test of Specific Learning Disabilities in Reading and Writing，簡稱 HKT-SpLD）（Ho, Chan, Tsang, & Lee, 2000），其中文詞彙閱讀測驗（Chinese Word Reading Test）是讓學生認讀 150 個雙字詞。至於識字評量的作答方式多為直接唸出特定字（或詞）的發音，但也有以選擇題的型態，只要求讓學生再認。另外，為能進行識字之團體施測，也有測驗（例如：「識字量估計測驗」）採取讓學生看國字，寫注音和造詞的權宜做法（洪儷瑜、王瓊珠、張郁雯、陳秀芬，2007b）。

　　從台灣和香港兩地測驗的題型差異，會發現前者以字（character）為單位，而後者以詞（word）為單位來設計題目。到底中文要以字來測讀者的識字能力比較好，抑或像「香港特定學習困難讀寫測驗」遵照英文的傳統，採用詞來設計題目呢？宣崇慧、盧台華（2006）曾追蹤小一學生的讀字和詞的能力，其研究結果發現：讀字比讀詞難，但是二者在兩次的相關都很高（小一 r = .89，小二 r = .72），可見中文的識字評量不論以單字或詞設計評量項目，差異並不大。

（二）工具屬性與結果運用

　　識字評估可用的工具包括標準化測驗與非正式閱讀評量。標準化識字測驗係指經過試題分析、預試，而後建立其信度、效度以及常模，具固定的施測程序與計分方法。標準化識字測驗多用以了解個體的識字能力在同儕之間的相對位置，其結果常作為閱讀障礙篩選、鑑定、診斷之用，例如：「中文年級認字量表」（黃秀霜，2001）、「基本讀寫字綜合測驗」（洪儷瑜等，2003）、

「常見字流暢性測驗」（洪儷瑜等，2007a）都是屬於標準化識字測驗。

至於，非正式閱讀評量（informal reading inventory，簡稱 IRI）當中的識字評量，多是讓受測者朗讀短文一分鐘，記錄其朗讀正確字數占全文字數的比率，來決定學生適合學習的文本難度，或是分析個體朗讀失誤的可能線索（例如：音似錯誤、形似錯誤、意語錯誤等），以作為教學者選擇識字教學策略之參考（王瓊珠，2001）。另外，也可計算受試者的朗讀時間，以計算其每分鐘讀對多少字，作為其識字流暢度的評估標準。Joyce Jennings 編製的非正式閱讀評量，甚至將文章分不同難度水準，並由文章選出 25 個字詞編成字表讓學生認讀，用以評估學生在不同難度的文章，以及有脈絡、沒有脈絡的讀字正確性和流暢性（Richek et al., 2002）。

一般而言，非正式閱讀評量結果之運用多為教學目的，而標準化識字測驗則在找出個體識字能力在同儕間的相對位置，但也有標準化測驗兼具前述兩種目的，例如：「識字量估計測驗」（洪儷瑜等，2007b）既可以從受測者的識字量估計結果標示其識字能力的相對位置，也可以作為教師挑選識字教材難度之參考。

第四節

國內標準化識字評量工具之簡介與評析

國內標準化識字評量工具並不多，從最早的「國語文能力測驗」（吳武典、張正芬，1984）中的字詞義辨識、選詞評量識字能力，一直到 21 世紀才有專門評量識字能力的工具。本文僅介紹適用於評量學習障礙或閱讀困難的四個識字評量工具：黃秀霜編製的「中文年級認字量表」、洪儷瑜等人編製的「基本讀寫字綜合測驗」、洪儷瑜等人編製的「識字量估計測驗」和「常見字流暢性測驗」，各測驗分別簡述如下，其基本資料摘要如表 8-2 所示。

表 8-2　標準化識字評量工具彙整

測驗名稱	編製者（年代）	適用對象	評量項目	校標關聯效度
中文年級認字量表	黃秀霜（2001）	一～九年級	看字讀音	與國語成績和「國語文成就測驗」成績顯著相關
基本讀寫字綜合測驗	洪儷瑜等人（2003）	一～三年級或三年級以上的讀寫字困難學生	看詞選字聽詞選字看字讀音、造詞	與國語成績顯著相關，隨年級增加
識字量估計測驗	洪儷瑜等人（2007b）	A12：一～二年級 A39：三～九年級	看字寫注音、造詞	與常見字、閱讀理解顯著相關
常見字流暢性測驗	洪儷瑜等人（2007a）	一～九年級五個版本 B1：小一 B2：小二 B34：三～四年級 B57：五～七年級 B89：八～九年級	看字讀音、造詞	與識字量、「中文年級認字量表」、閱讀理解有顯著相關

一、中文年級認字量表

　　本測驗由黃秀霜（2001）根據「新聞語料字頻統計表」（中央研究院，1993）編製，分 10 級選出 200 個字，以孤獨字認讀的方式編製而成，適用於一到九年級學生，主要是用來篩選有認字困難的學生；已建有一到九年級的常模。

　　該測驗信、效度皆佳，α 係數與折半信度均為 .99，重測信度也在 .80 以上；測驗所得結果與一般閱讀能力的文獻一致，得分顯著隨年級增加、女生優於男生，測驗結果與「標準化國語文成就測驗」有顯著的中高度相關，介於 .49～.67 之間。

二、基本讀寫字綜合測驗

本測驗由洪儷瑜等人（2003）編製，主要利用國立編譯館（1996）統計完成的《國民小學常用字彙研究》一書之資料庫，以最高頻的字分級取樣，其主要在篩選、診斷讀寫字有困難的學生。測驗內容有「看詞選字」（20題選擇題）、「聽詞選字」（20題選擇題）、「看字讀音造詞」（50個字）、「看注音寫國字」、「聽寫」、「遠端抄寫」、「近端抄寫」、「抄短文」等分測驗，其中「看詞選字」、「聽詞選字」、「看字讀音造詞」等分測驗主要是在測量學生的讀字能力，適用於小一到小三上的學生或讀寫字困難的學生，建有小一到小三的學期常模，以及給小三以上學生參考之年級等量分數。

該測驗的信、效度皆佳，α 係數與折半信度均在 .87 以上，重測信度也在 .60 以上；測驗所得結果與一般閱讀能力的文獻一致，得分顯著隨年級增加、女生優於男生，識字方面的分測驗與國語文學期成績有顯著的中高度相關，介於 .40～.90 之間。

三、識字量估計測驗

本測驗由洪儷瑜等人（2007b）編製，主要參考胡志偉（Hue, 2003）以及李俊仁（Lee, 1997）的研究，利用教育部（2000）編輯的《國小學童常用字詞調查報告書》一書共計 5,021 字，以分級取樣的方式抽取目標字。該測驗以團體施測的方式讓學生看國字寫出注音和造詞，從學生作答的正確性（筆者註：注音和造詞皆對才算對）估計學生的識字量。本測驗分 A12、A39 兩個版本，A12 有 31 個字，給小一、小二學生用；A39 有 40 個字，給三到九年級學生用。

該測驗的信、效度皆佳，α 係數與折半信度均在 .85 以上，重測信度也在 .80 以上；本測驗所得結果與一般閱讀能力文獻一致，識字量顯著隨年級增加、女生的識字量優於男生、地區有顯著差異，且與個別施測的「常見字流暢性測驗」有顯著的中高度相關，介於 .50～.78 之間，與閱讀理解也有顯著中度相關，介於 .54～.66 之間。本測驗建有全國和花東常模，除了標準分數、百分等級等常模資料之外，亦可得到識字量的結果。

四、常見字流暢性測驗

本測驗由洪儷瑜等人（2007a）所編製的，使用字庫來源與「識字量估計測驗」相同，亦是以分級取樣的方式抽取目標字。與「識字量估計測驗」不同的地方，在於每一級難度的取樣字增加，且版本分得更細，包括：B1、B2、B34、B57、B89 等五個版本，各有 60 個字，以適用不同年級學生；作答的方式採取個別施測，讓學生看國字讀出字音並造詞，以測得學生認讀常用字的認字能力。施測時除計算正確性外也計時，因此可得知其識字正確率與流暢性。唯當受試者在其年級版本的正確率過低時，則往前進行更簡易版本的施測，直到達一定程度的正確性之後（即其適性版本），方計算其識字流暢性，以符合常見字的概念。

該測驗的信、效度皆佳，α 係數與折半信度均在 .90 以上，重測信度也在 .80 以上；本測驗所得結果與一般閱讀能力文獻一致，正確率和流暢性顯著隨年級增加，且與「識字量估計測驗」有顯著的中高度相關，介於 .50～.78 之間，與閱讀理解也有顯著中度相關，介於 .46～.77 之間。本測驗建有全國和花東常模，除了可以獲得正確性、流暢性的標準分數、百分等級等常模資料之外，亦可得到學生的常見字範圍。

五、識字工具評析

目前的識字能力評估以黃秀霜（2001）編製的「中文年級認字量表」使用最為普遍，因為該測驗發展時間較早，且施測與計分都不難。但該測驗內容只涉及字形字音之連結，並無字義評估，且因中國形聲字占所有國字比例最高，而造成測驗字中的形聲字所占比率高達 81%，在臨床施測中發現，中、高年級受試者會以聲旁猜字音，造成測驗高估學生識字能力之現象。之後，洪儷瑜等人（2003）以國小一至三年級的識字範圍編製了「基本讀寫字綜合測驗」，可同時評估學生識字與寫字能力，對不同讀寫字困難類型之學生可以做區別評估，但適用對象受限於國小中、低年級或讀寫字能力低於小三水準的學生。上述兩份識字測驗均以發展性常模解釋學生的識字水準，並沒有提供識字量推估

162

資料。就識字解碼能力而言，正確性的相對位置固然可以了解學生的識字能力表現，但在教材的選編或教育目標的制訂時，識字量的估計卻可以發揮現有相對位置常模所難以達到的功能。洪儷瑜等人的研究結果也發現，對低識字量學生（約500字以下）應該慎選難度適當的教材，以免造成識字教學成效不彰，學生學習信心低落。

　　若從適性教材選用的觀點來思考，「識字量估計測驗」（洪儷瑜等，2007b）和「常見字流暢性測驗」（洪儷瑜等，2007a）正可以滿足識字量估計的需求。值得注意的是，「識字量估計測驗」係以看國字寫注音和造詞方式進行，此工具固然可以快速篩選疑似識字困難學生，但對注音能力不佳和書寫困難者，字量估計恐有低估之虞。因此，建議若要對個案做精確的識字能力評估，可進一步使用「常見字流暢性測驗」，避開拼注音和書寫的限制，以難度適宜之分級字表，估計受試者的識字能力與識字量範圍，由於「常見字流暢性測驗」也是分級編製，由其結果推估學生的識字量也是可行的。

　　中文識字能力評估在台灣的發展僅約10年的經驗，這些年依據不同的目的、不同評估重點的識字評量工具乃因應而生。所謂「工欲善其事，必先利其器」，目前陸續發展之各項測驗工具，應該有助於中文識字能力發展現況之探究（王瓊珠、洪儷瑜、張郁雯、陳秀芬，2008），以及閱讀困難、讀寫障礙等問題的診斷、預防、教學介入之設計。

參考文獻

●中文部分

中央研究院（1993）。**新聞語料庫字頻統計表**。台北市：中央研究院資訊科學研究所。

王瓊珠（2001）。非正式閱讀評量在閱讀障礙學生之應用。發表於中國測驗學會主辦之「第五屆華人社會心理與教育測驗學術研討會」。台北市：國立台灣師範大學。

王瓊珠、洪儷瑜、張郁雯、陳秀芬（2008）。一到九年級學生國字識字量發展。**教育心理學報，39**，555-568。

王瓊珠、洪儷瑜、陳秀芬（2007）。低識字能力學生識字量發展之研究——馬太效應之可能表現。**特殊教育研究學刊，32**（3），1-16。

吳武典、張正芬（1984）。國語文能力測驗之編製及其相關研究。**測驗年刊，31**，37-52。

邱上真、洪碧霞（1996）。**國語文低成就學生閱讀表現之追蹤研究（Ⅱ）**。行政院國家科學委員會專題研究計畫報告（NSC-84-2412-1-1-017-00-F5）。

宣崇慧、盧台華（2006）。聲韻覺識能力及口語詞彙之事與國小一、二年級學童字詞發展之探究。**特殊教育研究學刊，31**，73-92。

洪儷瑜、王瓊珠、張郁雯、陳秀芬（2007a）。**常見字流暢性測驗指導手冊**。台北市：國立台灣師範大學特殊教育中心。

洪儷瑜、王瓊珠、張郁雯、陳秀芬（2007b）。**識字量估計測驗指導手冊**。台北市：國立台灣師範大學特殊教育中心。

洪儷瑜、張郁雯、陳秀芬、陳慶順、李瑩玓（2003）。**基本讀寫字綜合測驗**。台北市：心理。

國立編譯館（1996）。**國民小學常用字彙研究**。台北市：作者。

教育部（2000）。**國小學童常用字詞調查報告書**。台北市：作者。

曾世杰、邱上真、林彥同（2003）。幼稚園至國小三年級學童各類唸名速度測驗與閱讀能力的相關。**師大學報——教育類，48**，261-290。

曾世杰、陳淑麗、謝燕嬌（2006）。**聲韻覺識測驗工具**。台北市：國立台灣師範大

學特殊教育中心。

曾世杰、簡淑真、張雯婷、周蘭芳、連芸伶（2005）。以早期唸名速度及聲韻覺識預測中文閱讀與認字──一個四年的追蹤研究。**特殊教育研究學刊，28**，123-144 。

黃秀霜（2001）。**中文年級認字量表**。台北市：心理。

萬雲英（1991）。兒童學習和字的心理特徵與教學。載於楊中芳、高尚仁（編），**中國人、中國心──發展與教學篇**（頁 403-448）。台北市：遠流。

●英文部分

Cameron, L. (2002). Measuring vocabulary size in English as an additional language. *Language Teaching Research, 6*, 145-173.

Carr, T. H., Brown, T. L., Vavrus, & Evans, M. A. (1990). Cognitive skill maps and cognitive skill profiles: Componential analysis of individual difference in children's reading efficiency. In T. H. Carr & B. A. Levy (Eds.), *Reading and its development* (pp. 1-55). San Diego, CA: Academic Press.

Catts, H. W., & Kamhi, A. (2001). *Language and reading disabilities*. Boston, MA: Allyn & Bacon.

Chall, J. S. (1996). *Stages of reading development* (2nd ed.). Fort Worth, TX: Harcourt Brace.

Ehri, L. C. (1992). Reconceptualizing the development of sight word reading and its relationship to recoding. In P. G. Gough, L. C. Ehri & R. Treiman (Eds.), *Reading acquisition* (pp. 107-143). Hillsdale, NJ: Lawrence Erlbaum Associates.

Ehri, L. C. (2000). Learning to read and learning to spell: Two sides of a coin. *Topics in Language Disorders, 20*, 19-36.

Frith, U. (1985). Beneath the surface of developmental dyslexia. In K. E. Patterson, J. C. Marshall & M. Coltheart (Eds.), *Surface dyslexia: Neuropsychological and cognitive studies of phonological reading* (pp. 301-330). London: Lawrence Erlbaum Associates.

Ho, C. S.-H., Chan, D. W., Tsang, S., & Lee, S. (2000). *The Hong Kong test for specific learning difficulties in reading and writing (HKT-SpLD) manual*. Hong Kong: Hong Kong Specific Learning Difficulties Team.

Hue, C.-W. (2003). Number of characters a college student knows. *Journal of Chinese Linguistics, 31*, 300-339.

Lee, J. R. (1997, August). *Phonological awareness and Chinese character acquisition in Taiwan children: A reading ability control design research*. Paper presented at the International Symposium on Cognitive Processes of Chinese Language, University of Hong Kong, Hong Kong, China.

McCormick, S. (1995). *Instructing students who have literacy problem.* Englewood Cliffs, NJ: Merrill.

Nagy, W. E., & Anderson, R. C. (1984). How many words in printed school English? *Reading Research Quarterly, 19*, 304-330.

Nation, I. S. P. (1990). *Testing and learning vocabulary*. Boston, MA: Heinle and Heinle.

Richek, M. A., Caldwell, J. S., Jennings, J. H., & Lerner, J. (2002). *Reading problems, assessment and teaching strategies* (4th ed.). Boston, MA: Allyn & Bacon.

Shaywitz, S. (1996). Dyslexia. *Scientific American, 275*(5), 98-104.

Shaywitz, S. (2003). *Overcome dyslexia: A new and complete Science-based program for reading problems at any level.* New York: Alfred A. Knopf.

Shu, H., Anderson, R., & Wu, N. (2000). Phonetic awareness: Knowledge of orthography-phonology relationships in character acquisition of Chinese children. *Journal of Educational Psychology, 92*, 56-62.

Stanovich, K. E. (1986). Matthew effects in reading: Some consequences of individual differences in the acquisition of literacy. *Reading Research Quarterly, 21*, 360-407.

Vacca, J., Vacca, R., & Gove, M. (1987). *Reading and learning to read* (2nd ed.). New York: Harper Collins College Press.

第九章

閱讀理解評量

柯華葳、方金雅

　　基本上，閱讀理解包含詞彙與理解兩部分。詞彙是理解的基礎，詞彙知識愈豐富，理解能力愈佳。理解，分為部分處理與本文處理，部分處理是指處理少量的文本，建構初級意義單位，包括字義搜尋、形成命題及命題組合；本文處理是指對較長文本的理解，包括文義理解與推論（如圖 9-1 所示）（柯華葳，1999，請參閱第二章）。本章將介紹詞彙與閱讀理解的評量。

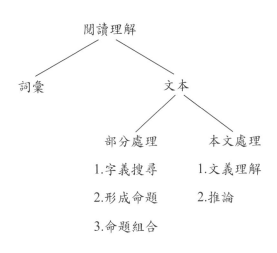

　　　　　　　　閱讀理解

　　詞彙　　　　　　　　文本

　　　　　　　部分處理　　　本文處理

　　　　　　　1.字義搜尋　　1.文義理解

　　　　　　　2.形成命題　　2.推論

　　　　　　　3.命題組合

▲ 圖 9-1　閱讀理解成分分析圖示

詞彙評量

一、詞彙評量的目的

對中文文字系統而言，詞彙（word）是句子中最小的意義單位，要能理解篇章段落，除了兒童在閱讀萌發之前經歷聽覺詞彙接收外，在書面理解時更要習得許多詞彙的意義與背景知識，才能順利理解文章段落。中文詞彙是由字組成，詞彙與詞彙之間並無獨立的空間單位，在閱讀時讀者需判斷語詞的結構以理解其意義。再加上多義詞、近義詞及語言文化背景對理解產生的影響，在評量兒童詞彙能力時，應包含「構詞」、「詞義理解」和「詞用」這三個部分。

根據方金雅（2001）的研究，詞彙能力與閱讀理解能力具有中高程度的相關，相關值為 .70 左右，因此，我們對學童進行詞彙理解評量，可具有預測或診斷其閱讀理解問題，其目的主要是評量詞彙理解能力，診斷閱讀理解問題或閱讀障礙亞型，進一步作為教學調整的依據。

二、詞彙評量的構念與項目

有關詞彙評量，可概分為詞彙量的評量與詞彙內涵的評量。在詞彙量的評量方面，有吳敏而、魏金財、趙鏡中（1998）的《國民小學兒童常用字詞彙資料庫之建立與初步分析（III）的研究》，該研究針對小二至小六每個年級開始出現的詞彙數量及內容做一致性的探討，結果發現小二出現的詞彙數約為 3,400 個，小三增加出現的詞彙約 3,500 個，小四增加出現的詞彙約 4,800 個，小五增加出現的詞彙約 3,500 個，小六增加出現的詞彙約 4,000 個，這其中除了小四增加出現的詞彙數特別突出外，其他年級的學生都呈現等級成長增加的現象，平均每年約成長 3,950 個。而在詞彙內涵方面，依據方金雅（2001）所發展的多層次詞彙能力模式，詞彙能力的評量應包含「構詞」、「詞義理解」和

「詞用」這三個能力。

　　所謂「構詞能力」，應包含組成語詞的能力和判斷語詞結構的能力，也就是造詞和斷詞的能力，由於中文詞彙並無獨立的空間單位，在閱讀時讀者需判斷語詞的結構以理解其意義。前者「造詞能力」，可視為主動性的構詞能力；後者「斷詞能力」，可視為是被動性的構詞能力。

　　其次是「詞義能力」，係指能對語詞的意義有正確的理解。「語詞」的涵義，除了「字面意義」或「言內之意」外，還牽涉到「言外之意」，包括由字面意義引申出來的「比喻意義」以及與談話的「語言情境」有關的「人際意義」與「情緒意義」。所以要正確理解詞義，不單是從字面意義加以理解，也應從不同角度或是上下文的語境中加以理解。

　　而「詞用能力」則是要理解語詞「搭配」的用法，也就是說，「搭配」係指一個語詞和別的語詞結合使用的情形，例如：「遙遙」和「領先」經常結合使用，「爭先」和「恐後」經常結合使用。搭配得當，形成綜合性的語感，可提高對語詞使用的能力。

三、詞彙評量工具介紹

　　有關詞彙評量的工具並不太多，且不少是包含在其他語文測驗裡，較少詞彙評量是列為獨立的測驗，正式出版的詞彙測驗僅有由陸莉、劉鴻香（1998）修訂的「修訂畢保德圖畫詞彙測驗」，此測驗實際上是聽力理解的詞彙測驗，並非書面閱讀的詞彙測驗。因此，表 9-1 所整理的書面詞彙測驗，幾乎是未正式出版的測驗。

　　由表 9-1 可知，目前國內的詞彙測驗大都適用於國小階段，尚無國中階段的詞彙測驗，且這些測驗均未建立常模，所測量的詞彙內涵以詞義、詞用居多，都是評量詞彙內涵的評量工具，至於詞彙量發展情形的測驗，目前也是缺乏的。

表 9-1 國內的詞彙測驗

測驗名稱	作者	適用階段			詞彙內涵			閱讀關聯效度
		學前	國小	國中	構詞	詞義	詞用	
「兒童詞彙能力測驗」	李惠珠（2000）		●			●	●	
「多向度詞彙測驗」	方金雅（2001）		●		●	●	●	●
「詞彙能力測驗」	吳淑娟（2001）		●			●	●	
「多向度詞彙覺識測驗」	陳密桃、邱上真、黃秀霜、方金雅（2002）		●		●	●	●	●
「國民小學中文詞彙測驗」	曾雅瑛、黃秀霜（2002）		●			●	●	●
「詞彙獲得測驗」	李憶嵐（2005）		●			●	●	

第二節 閱讀理解評量

一、閱讀理解評量之目的

　　閱讀理解評量之目的在評量學生閱讀文本的理解能力，只是多數閱讀理解評量偏重對所讀內容的理解，這會牽涉到讀者的背景知識，而背景知識影響理解是研究上肯定的現象（Anderson, 1994）。不可否認的，學生有背景知識上的個別差異，因此，如何降低讀者背景知識的影響，測量出學生的理解能力，需要考慮測驗所用的詞彙與內容概念難易度，且能分辨閱讀理解能力高與低的學生。本節將以「國民小學（二至六年級）閱讀理解篩選測驗」和「國民中學閱讀推理篩選測驗」為例，說明編製閱讀理解能力評量的考量。

二、閱讀理解評量編製原則與構念

依據圖 9-1 所提出的閱讀理解成分，為分辨學生的閱讀理解能力，閱讀理解評量必須涵蓋部分處理和本文處理兩部分。其次，為了避免學生識字能力成為理解的干擾，測驗內容所使用的字與詞需要是學生所熟悉的。

「國民小學（二至六年級）閱讀理解篩選測驗」除了小二題本僅有命題組合、句子理解和短文理解等三類題型之外，其餘各年級測驗皆有四類題型：字義搜尋題（以多義字為主）、命題組合、句子理解，以及短文理解。其中字義搜尋題、命題組合屬於部分處理歷程；句子理解與短文理解屬於本文處理歷程。

字義搜尋題採用多義詞為主軸，學生或許可以認得此多義詞的每一個字，但因它是多義的，必須要在文中找到正確的字彙意義。命題組合需要學生處理一句中不同的命題，或是重複出現的詞彙或概念。學生需要理解詞與詞之間的關係與彼此形成的約束，才能形成正確的命題。研究者採用對應代詞（anaphora）為題目主要內容。對應代詞用來指稱句中前面已出現過的人、事、物，讀者必須處理不同命題中重複出現的詞彙關係，由此可以了解讀者是否有形成命題與整合命題的能力。句子理解題是以句為主的句意理解題，學生必須由上下文中作推論；若句子數達兩句以上，則屬於短文理解題。

至於國民中學部分，在降低背景知識影響的考慮下，以文章結構為題目設計出發點。文章結構指的是文字與概念的組織系統（Cook & Mayer, 1988），簡單的說，它就是文法。研究指出，有一些學生認字在一般水準以上，但是理解有困難，他們明顯的在文法覺知上有缺失（Nation & Snowling, 2000），因此研究者開發以文法結構為主的閱讀理解評量。而基於多數兒童已知道故事體（Trabasso, Stein, Rodkin, Munger, & Baughn, 1992），為國民中學學生考慮，研究者只採用說明文及其結構為測驗編製的範疇。

在說明文中，不同結構各有不同詞彙彰顯其結構，例如：「列舉」結構會使用第一、第二等關鍵詞，共變結構會使用「導致」、「造成」、「所以」等詞彙。有研究以結構訓練讀者在閱讀說明文時做概念間的連結及摘寫文章主旨（例如：Cook & Mayer, 1988）。另一種訓練則是標示文章結構的關鍵詞，Me-

yer、Brandt 和 Bluth（1980）曾標示「比較」結構和「問題解法」結構的關鍵詞。以幫助九年級（國三）學生閱讀說明文，結果指出，標示關鍵詞對於低閱讀能力學生的訊息回憶是有幫助的。柯華葳、陳冠銘（2004）也曾標示故事體和說明文的關鍵詞，證實對國小低年級學生的主旨撰寫和重點記憶有幫助。標示的作用主要在引導讀者注意力，一方面增加文字重點登錄的機率（Meyer et al., 1980），另一方面協助讀者利用標示整理內容（Graesser, Singer, & Trabasso, 1994）。

　　說明文有幾種基本結構，例如：比較／對照、列舉、序列及分類等（林清山譯，1997）（如表 9-2 所示），其中有的結構以連接詞為彰顯結構的關鍵詞。連接詞是指，把兩個詞或比詞大的單位（如詞組、分句、句子甚至段落）連接起來的詞（程祥徽、田小琳，1992；Halliday & Hasan, 1976），是一個幫助讀者建立文章架構的文本焦點（Carpenter & Just, 1977）。

　　Segal、Duchan 和 Scott（1991）曾請 84 位大學生閱讀 5 歲小孩所產生沒有連接詞連結的短文，判斷相鄰兩句之間的關係及猜測可能使用的連接詞。研究結果顯示，大學生主要使用「and」和「then」於後面的句子帶有前一個句子已知的訊息，而「so」和「because」則是藉由文章人物的觀點判斷兩句是

表 9-2　說明文結構及其關鍵詞彙例

六種鏈結	五種頂層結構	基模	關鍵詞舉例
「類似」鏈結	比較	比較／對照	相似於……、類似於……等
「特徵」鏈結	描述	概括	特徵是、性質是等
「證據」鏈結	描述	列舉	以……為例、是……的證據等
「部分」鏈結	聚集	分類	是……的一形式、是……的一部分
「類型」鏈結	聚集	序列	三種步驟是、是……的一部門、第一步是、其次
「導致」鏈結	共變 反應（問題解決）		導致、引起、造成等 問題、解決方法

否有因果的關係；「but」則用於兩句帶有反義的訊息。換句話說，每一個連接詞帶有特定的訊息，成熟的讀者（如大學生）知道其用法。研究亦指出，連接詞有助於文章的理解，閱讀語義適當的連接詞會比沒有連接詞句子的時間減少，且在之後的理解問題表現上比沒有連接詞的句子好（詹益綾、柯華葳，出版中；Golding, Millis, Hauselt, & Sego, 1994; Millis & Just, 1994）。因此連接詞可以幫助讀者較快理解句子所傳達的意思。在閱讀理解測驗中，我們考慮放置與文體有關的關鍵詞和連接詞，作為測驗內容。

三、閱讀理解篩選評量介紹

閱讀障礙學生的困難在閱讀，而研究者必須透過測驗舉證他們在閱讀上有困難，這對學生和研究生來說都是挑戰。研究者要考慮學生如何接受閱讀測試，所得到的結果能公平的說該生是有閱讀困難，而不是測驗的效度不夠，以下介紹兩個測驗都稱「篩選」測驗，即是考量閱讀障礙學生面臨閱讀的困境所設計的。如前所述，試題中沒有生字、難詞，且題目少，而其內容是依文獻中已證實最易引出的困難點所設計的。現分別介紹如下。

（一）國民小學（二至六年級）閱讀理解篩選測驗

如上所述，本測驗內容分為部分處理和本文處理等兩個部分。前者是指處理少量的文本，建構初級意義單位，包括字義搜尋及命題組合；本文處理則是對較長文本的理解，包括文義理解與推論。二至六年級皆有設計難度相當的複本，每年級的題目不盡相同，跨年級間有重複題目作為年級之間比較的基準。正式測試結果指出，本測驗能有效區分年級間閱讀理解能力的差異，具有內部一致性與再測信度，其效標關聯效度也證實所測量為閱讀能力，最重要的是控制學童識字量後，仍能有效區辨出不同年級低、中及高閱讀程度的學生。在題型上，以三年級為分野，年級高的低閱讀能力者，多義詞的成績愈低，此顯示詞彙能力與閱讀理解的交互作用。由測驗的信、效度來看，本篩選測驗能有效區辨不同年級與不同能力學童之閱讀理解表現。

（二）國民中學閱讀推理篩選測驗

本測驗是以文章結構為依據的閱讀理解評量。經過多次試作與正式施測後，選出 18 題代表共變、比較對照、描述、分類、序列等五個結構，再歸類成直述和類括等兩大類。學生要由代表結構的關鍵詞推斷出哪一句適合上一句，本測驗因此稱為「國民中學閱讀推理篩選測驗」。施測結果顯示，本測驗具有內部一致性，且能有效區別年級上的差異；效標關聯效度也證實所測量的為閱讀能力。更重要的是，測驗能區分出低、中及高閱讀程度學生。經由兩個星期的間隔，再測信度良好，答錯題目者依舊無法正確回答。本測驗題數不多，施測容易，且是一個能有效篩選國中學生是否有閱讀困難的工具。

上述兩項測驗目前都由國立台灣師範大學特殊教育中心管理。至於國內已編製的閱讀理解相關測驗請見下一節。

四、國內的閱讀理解測驗簡介

除上述兩項有常模的閱讀理解測驗外，以下三項專為閱讀理解編製的測驗也是國內研究者常採用的研究工具，分別是王木榮、董宜俐（2006）編製之「國小學童中文閱讀理解測驗」、林寶貴、錡寶香（2002）編製之「中文閱讀理解測驗」，以及張蓓莉、曹秀美（1996）編製之「句型理解能力測驗」。前二者以篇章理解為主，第三者為句型理解。三項測驗分別簡介如下。

（一）國小學童中文閱讀理解測驗

王木榮、董宜俐（2006）綜合國內外學者對閱讀理解的定義，並加入不同於其他閱讀理解測驗的布題能力。施測對象為國小六年級學童，主要在評估學生的中文閱讀理解能力，幫助教師增進了解學生的閱讀理解能力。本測驗檢測五項閱讀理解能力：(1)字義理解能力；(2)文本理解能力；(3)推論理解能力；(4)摘要能力；(5)布題能力。

五項閱讀理解能力的重測信度在 .54～1.00 之間，評分者信度為 .87～.98之間。在效度方面，各項閱讀理解能力間的相關，介於 .29～.52 之間，此顯示

各項能力有不同構念，但並非各自獨立。

（二）中文閱讀理解測驗

　　林寶貴、錡寶香（2002）為評量國小二至六年級學生的閱讀理解能力，作為篩選在閱讀理解上有困難的學童，編製了「中文閱讀理解測驗」。本測驗包括六篇故事類的記敘文、六篇說明文，測驗短文之安排皆由易至難排列。所設計的題目類型包括：「音韻處理能力」、「語意能力」、「語法能力」、「文章基本事實的了解」、「抽取文章重點大意」、「推論」、「分析、比較」等能力之評量。

（三）句型理解能力測驗（聽障者）

　　張蓓莉、曹秀美（1996）為小三至國三之聽障學生，依據中文句型分類編製「句型理解能力測驗」。本測驗共有53題試題，每一題有2或3個陳述句，受試者必須根據句意判斷該題陳述句正確與否，正確句子打「〇」，錯誤句子打「X」，每一題中所有的陳述句均判斷正確，該題才能算答對。測驗中有簡句8題，繁句10題，複句35題，由學童閱讀題目後作答，因此施測時需要考慮受試者的閱讀能力。測驗有甲、乙兩複本，兩者皆經由台灣地區40所國民中、小學啟聰班和啟聰學校小三至國三，共1,307名學生進行施測，分別建立啟聰班、啟聰學校及全體受試學生之「百分等級」和「T分數」兩種全國常模供參考。

　　除了上述閱讀理解測驗，還有不是專為閱讀理解，但內含閱讀理解成分的測驗，例如：林寶貴等人（1996）編製的「中華國語文能力測驗」及周台傑（1992）編製的「國民小學國語文成就測驗」，其內容簡要敘述如下。讀者可以依研究需要，只取部分來使用。

（四）中華國語文能力測驗

　　本測驗適用於6至15歲學生，其內容包含：

1. 注音測驗：評量受試者對字音正確選用的能力。
2. 詞彙測驗：評量受試者理解及區辨詞彙異同的能力。

3. 選詞測驗：評量受試者依上下文選用最適合語詞或成語的語文應用能力。

4. 字形測驗：評量受試者正確選用字彙的辨識能力。

5. 文意測驗：評量受試者對一段文字或句子意思的理解、推理及應用的能力。

6. 語法分析測驗：評量受試者對標點符號、詞性辨別、句型分析的把握及應用能力。

7. 重組測驗：評量受試者重組句子，掌握句法結構的能力。

（五）國民小學國語文成就測驗

本測驗係成就測驗，參照國小國語文課程標準及各年級教學指引，作為命題內容分布之基礎，其中包括五個分測驗：(1)注音；(2)詞彙；(3)字形辨別；(4)語法；(5)閱讀。

參考文獻

●中文部分

方金雅（2001）。**多向度詞彙測驗之編製**。國立高雄師範大學教育學系博士論文，未出版，高雄市。

王木榮、董宜俐（2006）。**國小學童中文閱讀理解測驗**。台北市：心理。

吳敏而、魏金財、趙鏡中（1998）。**國民小學兒童常用字詞彙資料庫之建立與初步分析（III）**。行政院國家科學委員會專題研究計畫成果報告（NSC84-2413-H-002-F5）。

吳淑娟（2001）。**國小閱讀理解困難學童之詞彙能力分析研究**。國立台灣師範大學特殊教育研究所碩士論文，未出版，台北市。

李惠珠（2000）。**國小低年級兒童詞彙能力表現情形和相關研究**。國立台中師範學院教育測驗統計研究所碩士論文，未出版，台中市。

李憶嵐（2005）。**影響學障學生詞彙獲得相關因素之分析**。國立台南大學特殊教育研究所碩士論文，未出版，台南市。

周台傑（1992）。**國民小學國語文成就測驗**。彰化市：國立彰化師範大學特殊教育中心。

林清山（譯）（1997）。R. E. Mayer 著。**教育心理學——認知取向**（第三版）（Educational psychology: A cognitive approach）。台北市：遠流。

林寶貴、錡寶香（2002）。**中文閱讀理解測驗**。台北市：國立台灣師範大學特殊教育中心。

林寶貴等（1996）。**中華國語文能力測驗**。台北市：國立台灣師範大學。

柯華葳（1999）。閱讀理解困難篩選測驗。**測驗年刊**，**46**，1-11。

柯華葳、陳冠銘（2004）。文章結構標示與閱讀理解——以低年級學生為例。**教育心理學報**，**36**（2），185-200。

張蓓莉、曹秀美（1996）。**句型理解能力測驗**。台北市：國立台灣師範大學特殊教育中心。

陳密桃、邱上真、黃秀霜、方金雅（2002）。國小學童後設語言之研究。**教育學刊**，**19**，1-26。

陸　莉、劉鴻香（1998）。**修訂畢保德圖畫詞彙測驗**。台北市：心理。

曾雅瑛、黃秀霜（2002）。國民小學中文詞彙測驗之編製。**測驗年刊，49**（2），199-216。

程祥徽、田小琳（1992）。**現代漢語**。台北市：書林。

詹益綾、柯華葳（出版中）。連接詞的理解——眼動研究。**教育心理學報**。

●英文部分

Anderson, R. (1994) . Role of the readers' schema in comprehension, learning and memory. In R. Ruddell, M. Ruddell & H. Singer (Eds.), *Theoretical models and processes of reading.* Newark, DE: International Reading Association.

Carpenter, P. A., & Just, M. A. (1977). Integrative processes in comprehension. In D. La Berge & J. Samuals (Eds.), *Basic processes in reading: Perception and comprehension.* Hillsdale, NJ: Lawrence Erlbaum Associates.

Cook, L., & Mayer, R. (1988). Teaching readers about the structure of scientific text, *Journal of Educational Psychology, 80*(4), 448-456.

Golding, J. M., Millis, K. M., Hauselt, J., & Sego, S. A. (1994). The sentence comprehension. *Journal of Memory and Language, 33*, 128-147.

Graesser, A. C., Singer, M., & Trabasso, T. (1994). Constructing inferences during narrative text comprehension. *Psychological Review, 101*(3), 371-395.

Halliday, M. A. K., & Hasan, R. (1976). *Cohesion in English.* London: Longman.

Meyer, B. J. F., Brandt, D. H., & Bluth, G. J. (1980). Use of top-level structure in text: Key for reading comprehension of 9th grader students. *Reading Research Quarterly, 16*, 72-103.

Millis, K. K., & Just, M. A. (1994). The influence of connectives on effect of connectives and causal relatedness on text comprehension. In R. F. Lorch Jr. & E. J. O'Brien (Eds.), *Sources of coherence in reading* (pp. 127-143). Hillsdale, NJ: Lawrence Erlbaum Associates.

Nation, K., & Snowling, M.J. (2000). Factors influencing syntactic awareness skills in normal readers and poor comprehenders. *Applied Psycholoinguistics, 21*, 229-241.

Segal, E. M., Duchan, J. F., & Scott, P. J. (1991). The role of interclausal connectives in narrative structuring: Evidence from adult's interpretations of simple stories. *Discourse Processes, 14*, 27-54.

Trabasso, T., Stein, N., Rodkin, P., Munger, M., & Baughn, C. (1992). Knowledge of goals and plans in the on-line narration of events. *Cognitive Development, 7*, 133-170.

第十章

課程本位閱讀測量

王瓊珠

　　本章旨在介紹「課程本位測量」（curriculum-based measurement，簡稱 CBM）之意涵與特色，並論及 CBM 在中、英文閱讀能力評量之發展和其信、效度研究，以及近年來的發展走向。

第一節
課程本位測量之意涵與特色

　　CBM 約於 1970 年末至 1980 年初，在美國明尼蘇達大學學習障礙研究中心（Institute for Research on Learning Disabilities, University of Minnesota）發跡，由 Deno 及其同事共同研發一系列的測量工具，希望可以成為傳統標準化測驗的替代品。該工具既具備標準化測驗之信、效度，又能夠經常施測，由施測結果能夠掌握輕度障礙學生對學科內容之精熟情況，以作為特殊教育教師調整教學之依據，擬定個別化教育計畫的教育目標，評估教育方案之有效性，以及決定特殊教育學生是否能夠回歸普通教育的參考（Deno, 1985; Shinn, 1989; Tindal, 1998）。

一、CBM 之意涵

CBM 與傳統標準化測驗有以下幾點明顯差異（邢敏華，1995；Deno, 1985, 2003; Madelaine & Wheldall, 1999; Marston, 1989）：

1. CBM 的內容效度（content validity）佳，其評量內容與學校課程緊緊相扣，不似標準化測驗的題目刻意避開課程內容，以免產生練習效應。也由於 CBM 的內容取材自學生所學的課程，測量結果乃直接反應學生對課程內容的精熟情形，結果解釋簡單易懂。此外，測量形式也是直接扣緊學科內涵，例如：以一分鐘朗讀來測量學生的閱讀流暢度與理解程度，而不似標準化測驗採用選擇題、配合題、連連看等方式，間接評估學生的閱讀能力。

2. CBM 與教學連成一氣，即測量結果直接提供教學者反饋，以作為教學決定之參考，而不是測量歸測量，教學又是另一回事。標準化測驗經常被詬病的缺點之一，即是測驗結果無助於教學決定，結果常止於常模參照，了解學生在同儕之間的相對地位如何，以及作為安置決策之依據而已，而 CBM 卻沒有這樣的缺點。

3. CBM 可反應學生的小幅進步，對教學成效的偵測更敏感。一般標準化測驗常以有限的題數，但具年級代表性作為選題的依據，題目有鑑別度，能區辨高低能力不同之受試者為最重要。因此，若受試者的進步幅度不夠顯著，與同年齡的常模相比就等於沒有進步，然而，此結果似乎也抹煞了一些特殊教育教師的努力。好比一個人若站在大象專用的磅秤上，磅秤的指針大概也幾乎不為所動，但不表示此人的體重為零，而是選擇的度量工具不適切，以致於無法反應其重量。CBM 乃試圖採用更精細的測量工具來反應學生的進步情形，即便是進步幅度不大，但還是能偵測到。

4. CBM 可經常施測且施測時間短。傳統標準化測驗並不能拿來每週施測，由於它的題目有限且固定，經常施測會有練習效應。但 CBM 係以全學年課程內容為目標，按既定的選題原則（例如：題數、形式、包含之技能等）做成許多複本測驗，重複施測並非讓學生做相同的題目，而是以

不同的內容測試相同的知能，故可經常施測。且發展 CBM 之時，研究者也考量到若要老師經常施測，每次施測時間便不宜過長，以免占去寶貴的教學時間，因此施測時間多以 1 至 3 分鐘為限。

雖然 CBM 與標準化測驗有上述幾部分明顯的差異，但 CBM 仍保有標準化測驗若干特質，包括：CBM 重視測驗信、效度，施測程序和計分方式標準化等（Deno, 1985, 2003），這部分也是 CBM 和一般的課程本位評量（curriculum-based assessment，簡稱 CBA）相異之處。

二、CBM 與 CBA 之差異比較

按 Deno（1987）的說法，CBA 是一套評量程序，它係「直接觀察與記錄學生在所學課程之表現，並依此做成教學決定」。廣義來說，CBM 是 CBA 的一種，但兩者還是有若干差異，茲將兩者之異同整理如表 10-1 所示。

總而言之，CBM 和 CBA 雖然都試圖將評量與教學合而為一，使評量結果具有指引教學方向之功能，但其背後的測量原理並不相同（Fuchs & Deno, 1991）。CBM 以長期教育目標為選題之依據，反應學生在一般教育成果的進步情形，非以精熟小範圍的特定技能為滿足，在設計上參酌標準化測驗程序，透過複本測驗，讓多次重複施測成為可能，且能比較不同次的測量結果，以了解學生進步的情況與趨勢。不像 CBA 著眼於特定技能之精熟，不同次的評量結果固然可以反應學生在特定單元的學習狀況，但卻無法直接比較，也不知學習累積到最後，學生究竟還保留了哪些技能，以及是否能整合各項次技能並用得非常流暢。

小結：CBM 的興起與特殊教育有密切關係，由於標準化測驗的限制，CBM 的研發者希望藉此測量形式，更精準地反應出輕度障礙學生在課程內容的保留情形，將測量與特殊需求學生之轉介、篩選、教學調整、個別化教育計畫擬定、介入方案、成效評估等結合為一體。此外，CBM 與 CBA 雖然都是以課程為本位，強調直接觀察和記錄學生的學習成果，並依此做成教學決策參考，但 CBM 編製的嚴謹程度更勝於 CBA，測量所欲反應的教育目標和技能之複雜度皆不同。

表 10-1　CBM 與 CBA 之異同比較

向度	CBM 課程本位測量	CBA 課程本位評量
相同	1. 測驗題目取材自學生所學的課程 2. 強調直接觀察與記錄學生學習成果 3. 可經常施測 4. 測驗結果可以作為教學決策之參考	
相異		
1. 測量原理	一般成果測量模式（general outcome measurement model）	特定技能精熟測量（specific subskill mastery measurement）
2. 內容範圍	以學年（期）教育目標為選擇試題之依據，屬於長期學習目標之考核	以單元（課）所需的技能為選擇試題之依據，屬於短期學習目標之考核
3. 測驗特質	重視信度和效度，且有許多相關的實證研究支持，其施測內容和程序都有既定的規準，不能隨施測者喜好更動	多為教師自編測驗，屬於效標參照測驗，不特別強調測驗的信度和效度，施測內容和程序能依不同狀況調整
4. 設計方式	著眼於長期學習目標之達成，不需要跟著教學單元進度走	需先分析各項技能之習得順序，配合教學單元之進度，由易而難進行各次的施測
5. 測驗結果	反應學生綜合技能之運用，例如：以一分鐘朗讀作為整體識字能力之表現	反應某些特定技能之運用，例如：拼字能力中細分為拼單母音、雙母音等
6. 結果比較	評量內容為複本測驗，故不同次的測量結果可以相比	評量內容範圍或單元目標各不相同，故不同次的測量結果不能相比
7. 結果解釋	可以測得目標能力（例如：閱讀、拼字）之保留與類化	只能測得單元內容的精熟程度，不知是否有保留與類化效果

資料來源：Fuchs & Deno (1991)

第二節
課程本位閱讀測量之形式與信、效度研究

　　閱讀是學校重要的基本學科之一，在CBM發展之初，閱讀能力測量就是學者優先關注的領域。由於CBM想成為傳統標準化測驗以外，另一種評估學生學科能力的選項，因此課程本位閱讀測量必須具備一定的信、效度，能正確反應個案的閱讀能力，區辨不同閱讀能力的讀者，偵測個體閱讀能力進步情形等。同時為方便老師經常施測，所以測量形式不能過於繁複，且計分方式簡單、省時。雖然閱讀測量的形式眾多，但以下只介紹三種常見的形式及其信、效度研究。

一、一分鐘朗讀

　　Deno、Mirkin 和 Chiang（1982）找出了五種可以經常評估學生閱讀進展的測量方法，包括：(1)故事朗讀（又稱為段落朗讀、口語朗讀、一分鐘朗讀）；(2)認讀孤獨字（isolated word lists）；(3)認讀文章內的字（reading in context）；(4)克漏字填充（cloze comprehension procedure）；(5)字詞釋義（word meaning）。他們發現一分鐘朗讀是一項有效的閱讀能力指標，因為此測量與其他標準化閱讀測驗（例如：Stanford Diagnostic Reading Test、Woodcock Reading Mastery Test 等）的相關很高，相關係數多在 .8 以上。Deno、Marston、Shinn 和 Tindal（1983）的研究也發現，一分鐘朗讀可以穩定區別小一至小三的閱讀障礙學生、低成就學生和普通班學生。王梅軒、黃瑞珍（2005）所發展的中文一分鐘朗讀測驗，也同樣能有效區辨不同閱讀能力之國小二年級學童。此外，和其他類型的閱讀測量方式（例如：克漏字填充、故事重述、回答理解問題等）相比，一分鐘朗讀與標準化閱讀測驗中理解和識字的相關分別為 .91 和 .80，較其他類型的閱讀測量方式與標準化閱讀測驗的相關高（Fuchs, Fuchs, & Maxwell, 1988）。

　　不過，學生在一分鐘朗讀的表現與標準化閱讀測驗的相關，會隨著年級不

同而改變，Hosp 和 Fuchs（2005）的研究發現，小二、小三學生的一分鐘朗讀表現與標準化閱讀測驗（Woodcock Reading Mastery Test）的相關，介於 .82～.88 之間，到四年級則降為 .72～.82 之間。葉靖雲（1994）對大一學生進行中、英文閱讀課程本位測量，結果顯示大學生一分鐘朗讀之表現與效標之間的相關不高，但還是可以區辨高、低英文能力學生。

二、克漏字填充和眛字測驗

除了一分鐘朗讀的測量形式外，克漏字填充和眛字測驗（Maze）也相當普遍，兩者都可以進行團體施測，施測時間比一分鐘朗讀的個別施測更省時。克漏字填充通常是保留一篇文章的首句和末句，從第二句開始，每隔 N 個字空一格，令受試者填出缺漏的字。至於眛字測驗的設計和克漏字填充極為相似，只是原先的空格填字改成選出適當的字，以符合上下文意。眛字測驗對於寫字能力不佳或低年級學生比較容易。

葉靖雲（1993）以國小二年級和五年級一般學生共 152 人為對象，施以一分鐘朗讀、故事重述、口頭回答問題和克漏字填充等四種課程本位閱讀測量，效標是「國語文能力測驗」（吳武典、張正芬，1984）、學期成績和教師判斷，結果顯示四種測驗與效標間的相關皆達 .01 的顯著水準，四者的效度沒有顯著差異，但對高年級學生而言，克漏字填充的效度最佳，優於其他三者。之後，葉靖雲（1998）再以小二、小四、小六學生為對象，比較七種課程本位閱讀測量之效度，即字詞釋義、字詞朗讀、一分鐘朗讀、克漏字填充、故事重述、問題回答和劃分詞的段落等，七項測量與效標的關聯效度皆達 .01 的顯著水準，當中又以一分鐘朗讀、克漏字填充、字詞朗讀的效度最佳，但只有克漏字填充能區辨閱讀障礙與非閱讀障礙學生成長速度之不同，其餘則無。從葉靖雲（1993，1998）的研究來看，克漏字填充是一項效度不錯的中文閱讀能力測量。

在眛字測驗研究方面，Espin、Deno、Maruyama 和 Cohen（1989）以兩千多位小一到小六學童為對象，廣泛施以眛字測驗，再從中隨機抽取部分小三至小五學生學童進行一分鐘朗讀的測量；結果顯示，這些學童在眛字測驗和一分

鐘朗讀的表現之間有高相關，小三、小四、小五的相關分別為 .77、.86、.86。再者，每個年級的學生在眛字測驗的表現亦呈現穩定進步（引自 Wayman, Wallace, Wiley, Ticha, & Espin, 2007: 106）。Fuchs 和 Fuchs（1992）以電腦化眛字測驗進行研究，每週對學生施以兩次眛字測驗，結果顯示眛字測驗可敏銳偵測學生在 18 週之間進步的情形。

　　另外，有研究進一步比較一分鐘朗讀和眛字測驗何者較能偵測不同閱讀能力的學生。王梅軒、黃瑞珍（2005）以國小二年級學童為對象，發展一分鐘朗讀和眛字測驗，結果顯示兩者與「國語文成就測驗」（洪碧霞、邱上真，1999）的相關都在 .7，亦能區辨不同閱讀能力的學生，但是一分鐘朗讀比眛字測驗的區辨力更好。而 Jenkins 和 Jewell（1993）的比較研究發現，在中、低年級階段，學生一分鐘朗讀和標準化閱讀測驗的相關較高，但五、六年級以後就沒有這個現象，即隨著年級增加呈現先高後降的關係，但眛字測驗與標準化閱讀測驗的相關則保持在穩定狀態，不因年級增加而有明顯變化。

三、字詞認讀

　　字詞認讀（或字詞朗讀）是一種容易編製的測驗形式，以學生課程中所教的字詞為題庫，每次隨機抽出若干題做測試。字詞認讀測驗的重測信度高，可達 .94（Daly, Wright, Kelly, & Martens, 1997）；與標準化閱讀測驗的相關皆達中度到高度相關之間（Fuchs, Fuchs, & Compton, 2004）；也能有效預測小一閱讀障礙高危險群學生對教學反應的好壞（Compton, Fuchs, Fuchs, & Bryant, 2006）。雖然在課程本位閱讀測量的研究中，一分鐘朗讀和眛字測驗兩種類型較為人熟知，研究數量比較豐富，但字詞認讀測驗對識字不多的小學一年級學生而言，仍不失為一個簡易有效的測量型態。

四、綜合討論

　　課程本位閱讀測量以一分鐘朗讀、克漏字填充或眛字測驗，以及字詞認讀（或字詞朗讀）最為普遍，三種測驗類型之編製都屬簡易，計分也不難，不過

只有克漏字填充或眛字測驗可以團體施測，其餘兩種都是個別施測的形式，且克漏字填充或眛字測驗之表面效度（face validity）佳，老師普遍認為施測結果可以適切反應學生的閱讀能力。反之，朗讀速度和認字正確率有些老師認為只是反應部分的閱讀能力，會唸不一定表示理解。但從一分鐘朗讀和字詞認讀測驗的信、效度研究可發現，此疑慮並沒有充分證據支持，因為不論是一分鐘朗讀或字詞認讀皆與標準化閱讀測驗有高相關（Deno et al., 1982; Fuchs et al., 2004; Fuchs et al., 1988），且在區辨不同閱讀能力學生之成效上亦不遜色（王梅軒、黃瑞珍，2005；Deno et al., 1983）。

　　三種課程本位閱讀測量都有不錯的信、效度，但若進一步考慮受試者的年紀與閱讀程度，可發現一分鐘朗讀似乎不適合年紀小的孩子和年長的學生。年紀小的孩子由於識字量不多，要他們朗讀文章恐怕會有「地板效應」（floor effect）（Wayman et al., 2007），而年長的學生由於多採默讀，朗讀並非主流方式，因之朗讀快慢與實際閱讀能力之間的相關便降低（葉靖雲，1994）。故一分鐘朗讀似乎比較適合重視閱讀流暢性的低年級學生（王梅軒、黃瑞珍，2005；林素貞，2004；Deno et al., 1983; Hosp & Fuchs, 2005），而高年級學生則適合選用克漏字填充或眛字測驗，此兩種測量形式較能穩定地反應受試者的閱讀能力（葉靖雲，1993，1998；Jenkins & Jewell, 1993）。至於，識字量不多的個案則可採用字詞認讀測驗來替代（Wayman et al., 2007），減少閱讀通篇文章的認知負荷。

　　最後，關於課程本位閱讀測量信、效度研究的相關文獻，有興趣的讀者可參閱 Wayman 等人（2007）的回顧，此研究乃延伸 Marston（1989）的整理，涵蓋 1981 至 2006 年之間有關課程本位閱讀測量（包括一分鐘朗讀、眛字測驗、字詞認讀等三種）之信、效度研究結果。大體上，課程本位閱讀測量的信度研究包括重測信度、複本信度，而效度研究則涵蓋效標關聯效度、同時效度、預測效度、區辨效度等幾種。透過不同的檢驗方式，顯示課程本位閱讀測量和信、效度俱佳的標準化閱讀測驗一樣，能夠反應出受試者的閱讀能力，多次測試後仍具一定的穩定度，不因其施測方式簡單、作答時間短，就影響其區辨力和預測力。

第三節

台灣課程本位閱讀測量研究現況

　　Deno 和 Fuchs（1987）在 CBM 發展之初，便已經提三面向×三層次的研究矩陣。三個面向：一是「測量內容」（what to measure）；二是「如何測量」（how to measure）；三是「如何應用」（how to use database）。「測量內容」是指，要編製何種測量內容來評估學生之基本學科能力，例如：用一分鐘朗讀和昧字測驗評量閱讀能力，以故事接龍來測量寫作能力。「如何測量」係指，以何種測驗型態比較能夠快速而敏銳地偵測學生的學習成果，並將施測程序和計分方法標準化。「如何應用」則是指，如何運用 CBM 的資料於教學決定、篩選高危險群學生，監督個別學生的進步情形，或建立成長速率等。而不管是哪個向度，都可以再從三個層次去探究，即技術層次（technical adequacy）、處遇效度層次（treatment validity）和可行性層次（feasibility），例如：分析所編製的測量工具是否具備不錯的信、效度；能否精確反應教學成效之有無；施測方式是否能讓老師容易在課堂執行。以下筆者將按此三面向分析台灣課程本位測量的研究現況。

　　在台灣，課程本位測量已在閱讀或國語文（王梅軒、黃瑞珍，2005；林素貞，2004，2005；葉靖雲，1993，1994，1998；蕭素禎，2007）、寫作（黃瑞珍、黃玉凡，2001）、英文（葉靖雲，1994）和數學（崔夢萍，2004；崔夢萍、朱慧娟，2002；張朱利，2006；張淑娟，2005；葉靖雲，1996）等領域有所進展，不過總研究量並不多，且又集中在閱讀和數學兩大區塊。在閱讀或國語文方面，除參考國外 CBM 的命題方式編製測量工具外，研究者還會進行工具之信、效度考驗（王梅軒、黃瑞珍，2005；林素貞，2005；葉靖雲，1993，1994，1998），他們最常使用效標關聯效度，來檢視課程本位閱讀測量與標準化閱讀測驗，或國語文成就測驗之間是否具有高相關？或與學期國語科成績和老師對學童閱讀能力的判斷是否相近？以區辨效度來比較不同年級或不同閱讀程度的學生，是否在課程本位閱讀測量之表現有顯著差異？

　　另外，1996 年之後，國內教科書市場開放，已不再是國立編譯館獨占的

局面，為反應課程變革之現狀，有研究者開始比較學童在不同版本之課程本位閱讀測量上是否有差異？結果顯示，學童在不同版本之課程本位閱讀測量之得分相關極高，達 .94 以上（王梅軒、黃瑞珍，2005）。易言之，課程本位閱讀測量的「課程」，並不一定非用學童就讀學校所選用的版本不可（Stecker, Fuchs, & Fuchs, 2005），如果課本係按統一的課程綱要編纂，即便用同年級的其他版本之課程內容施測，一般小二學生的表現也極相似。林素貞（2004）也發現，使用不同版本之小一學童在國字和注音朗讀測驗之正確率無顯著差異，顯示不同版本的國語文課程本位測量對小一學童的難度相近，測量內容都一致地偏簡單；因此，即便各校使用不同版本之國語課本，亦能建立區域常模。林素貞（2005）所編製的「國語文課程本位測量」就有建立幾個縣市的常模供各區域使用。

綜觀國內當前課程本位閱讀測量的發展，常常只到工具編製及其信、效度考驗就停止，研究者較少進一步針對測量工具之應用進行研究，例如：探究使用 CBM 是否可以有效提升學生的學習成效？是否可以分析全班學生在學科次領域目標技能的精熟程度，以作為教學調整或合作學習的分組依據？如何估計或設定學生的進步速度是比較合理的？CBM 應用研究在數學領域做得比較多，例如：崔夢萍（2004，2006）、張朱利（2006）、張淑娟（2005），但在閱讀部分則僅見蕭素禎（2007）的碩士論文，她的研究主要著眼於如何建立國小四年級閱讀障礙兒童閱讀成長速度的合理標準。

從國內幾篇課程本位閱讀測量的研究也發現，研究者對於 CBM 和 CBA 的分界並非完全一致，例如：林素貞（2005）所編製的「國語文課程本位測量」，係按單元範圍設計各次的測量內容，雖然測量形式各單元統一，但每次的測量題目都只限於該單元出現過的字、詞、句，係屬於小範圍的特定技能測量，本質上應該比較接近 CBA，而非 CBM。另外，編製的工具多以國小學童為對象（王梅軒、黃瑞珍，2005；林素貞，2005；葉靖雲，1993，1998；蕭素禎，2007），很少延伸至國中以後，而關於如何運用 CBM 資料的研究就更少了。CBM 的應用也未能在特教界普及開來，此狀況與 Swain 和 Allinder（1997）對 191 位特教老師的調查結果相似，他們的研究發現，約只有 45% 的特教老師使用 CBM。老師報告每位學生平均每週 CBM 施測和計分的時間

約花掉 5～15 分鐘（引自 Madelaine & Wheldall, 2004）。換言之，CBM 一次的施測時間雖然比傳統標準化測驗來得短，但由於施測次數頻繁（每週約 1～2 次），若沒有便利、快速的計分和施測方式，就可能阻礙了教師的使用意願。

課程本位閱讀測量之發展

CBM 從 1980 年左右發展至今，已歷經 30 年的研究，Deno 在 2003 年對 CBM 的發展進行回顧，他歸結數項使用 CBM 的範疇和成效，林林總總包括：(1)改善個別化教學方案；(2)預測學生在標準化測驗的表現；(3)強化教師教學計畫能力；(4)建立常模以供對照；(5)增進溝通的便利性；(6)篩選疑似學業高危險群學生；(7)評估轉介前介入的成效；(8)減少評量偏誤；(9)提供特殊教育鑑定之替代程序；(10)評估融合教育的適切性；(11)預測學生在重要考試（high-stakes assessment）的表現；(12)測量中學生學科成長狀況；(13)評量非英語母語學生的閱讀能力；(14)預測早期介入成效。上述(1)至(10)項多屬 CBM 在特殊教育之應用，但最近的趨勢已經不再將 CBM 限於特殊教育的範疇，尚擴及普通教育成效之監控，關注對象也延伸至中學生、初學閱讀者和非英語母語學生。從近期 CBM 的研究，筆者認為有兩部分特別受到研究者關注：一是如何設定學習障礙學生閱讀成長標竿比較合理？二是如何提升 CBM 的功能及配套措施來改善學生的學習成效？

一、設定閱讀成長標竿

特殊教育的鑑定程序，在過去都是先請老師轉介個案，但老師研判的準確性為何呢？Madelaine 和 Wheldall（2005）發現，如果要老師判斷誰是班上閱讀能力最差的學生，其結果和課程本位閱讀測量有 55%的一致性；但是若要老師判斷班上閱讀能力最差的 3 名學生時，兩者的一致性就只剩下 15%。換

言之，沒有輔以科學的測量數據，單憑老師主觀的研判，容易產生過度轉介或未轉介的狀況。為減少學習障礙學生轉介浮濫的問題，近年來有些學者提出雙重差距（dual discrepancy）的概念（Fuchs & Fuchs, 1998），他們認為學習障礙不僅是成就落後而已，同時學習速度也遠較同儕差。故建議從改善普通班教學開始，若在多方努力後，仍然不能跟上普通班學習進度的孩子，即對「教學反應」（response to instruction，簡稱 RTI）不佳者，才有可能是學習障礙。在教師轉介偏誤和雙重差距概念的背景之下，如何建立閱讀成長速度的標竿（growth standards）或閱讀成就的門檻，便成為重要的議題，也影響後續各項特殊教育措施。

在建置閱讀成長速度標竿方面，Deno、Fuchs、Marston 和 Shin（2001）以立意取樣在四個教育行政區域，找出 2,675 名一般生和 324 名特殊生，讓受試者朗讀符合其年級水準之課文，根據施測結果估計出一到六年級的一般生和特殊生每週平均增加的字數、成長斜率（slope）以及截距（intercept），以作為研判學生成長速度是否過於緩慢且落後。從一般生和特殊生的閱讀成長速度來看，一般生每週正確認讀的字增加 1.82～.58 字之間，特殊生則在 .83～.57 字之間，兩群學生的增長速度都是低年級比高年級快，呈現先快後慢的狀況。一般學生的平均成長斜率都比 1 大，但是特殊生平均只在 .55 左右。之後，Deno 等人（2001）又彙整五個前人的研究，看看對學習障礙學生施以有效教學介入之後，其成長速度為何？結果發現他們的閱讀成長速度與一般生接近或甚至更佳，每週增加的字數介於 .56～2.10 字之間。

Deno 等人（2001）的研究引發了一個值得思考的問題，即學習障礙學生閱讀成長的標竿是特殊生還是一般生呢？如果一味參照特殊生的標準，是否暗示教學其實是不夠有效的？因為如果有更好的教學介入，學習障礙學生的成長速度或許可以更快。因此，所謂的成長標竿是否也應定期檢討，當學生的進步幅度大於預期時，教學者便向上調升標準，反之，當學生的進步幅度不如預期時，也能往下修正目標（Stecker, Lembke, & Foegen, 2008），而不是一個固定不動的成長斜率。另外，Wayman 等人（2007）也提醒讀者注意一些影響成長速度估計的因素，包括工具本身的測量標準誤（standard error of measurement）大小，估計標準誤愈大，估計值愈不穩定。再者，文章難度和測量的次數也會

影響估計的穩定性，Christ（2006）建議至少有 9～10 個資料點，估計誤差會
比較小。Wayman 等人甚至提到，用某一固定年級（如小三）的課程作為施測
內容，讓不同年級的學生不會因為施測的課程難度各不相同，無法直接做跨年
級的比較。

　　除了建置閱讀成長速度的標竿外，也有研究者朝設定閱讀成就的門檻發
展，而此門檻如同拉起一條警戒線，如果學童的閱讀表現低於該切截點，表示
需要老師加以關注或轉介。王梅軒（2003）以一分鐘朗讀及昧字測驗的表現在
同年級學生後 8%者，作為篩選閱讀障礙高危險群學生之切截點，研究結果指
出，小二學生若一分鐘朗讀的字數在 60 個字以下，昧字測驗得分在 10 以下，
就屬於低閱讀能力兒童。Good、Simmons 和 Kameenui（2001）則從個案的一
分鐘朗讀和標準化測驗得分之關係，發現學生在一年級期末，一分鐘最少要能
正確唸出 40 個字才算及格；到了三年級期初，至少要能正確唸出 110 個字才
可能通過奧瑞岡州州立測驗。簡言之，上述研究所設定的切截點，類似學科溫
度計的功能，讓老師很容易辨識哪些學生處於異常溫度的狀況，只是結果並不
能告知老師該教什麼，以及如何教。

二、改善學生學習成效

　　雖然不少研究皆已指出老師如果善用 CBM，時時測量學生的學習成果並
做成紀錄，再根據資料調整教學方針，其教學成效將優於單靠教師平日觀察；
且實驗組（使用CBM）和控制組（不使用CBM）間的差異效果值達 .7（Fuchs
& Fuchs, 1986），顯見其影響力之大。但不可否認，有些研究並未發現使用
CBM就能改善學生的學習成效，有些老師雖然使用了CBM，但是僅止於反覆
測試學生，卻很少根據學生的狀況調整教學，以致於用或不用 CBM，並沒有
如 Fuchs 和 Fuchs（1986）所言，明顯提升學生的學習成效（Stecker et al.,
2005）。

　　Stecker 等人（2005）乃回顧一系列CBM的相關研究，以探究如何用CBM
或增加CBM 哪些功能，可以提升老師使用的意願並改善學生學習的成效。他
們歸結出幾個有效的作法，分別是：(1)增加技能分析（skill analysis）功能；

(2)設計專家回饋系統，以及(3)結合同儕協助學習策略（peer-assisted learning strategies，簡稱 PALS）。由於電腦化 CBM 的發展，研究者可依據課程內容建置大量題庫，分析回答試題所需之技能，之後每次施測，就讓電腦自動選題編製試卷，呈現試題所反應的技能，計算每位學生的學習表現，甚至提供教學建議，皆非難事（崔夢萍，2004；崔夢萍、朱慧娟，2002；Fuchs, Fuchs, & Hamlett, 1994; Fuchs, Fuchs, Hamlett, & Ferguson, 1992; Fuchs, Hamlett, Fuchs, Stecker, & Ferguson, 1988），透過電腦化 CBM 的協助，老師更容易施測和計分，而且施測後不僅看得到學生得分或進步曲線圖而已，也讓老師知道學生在哪些技能的學習不夠精熟，需要重新教學。此外，一些研究者也運用測量結果，對全班學生進行分組合作學習（張淑娟，2005）或在普通班施以 PALS（崔夢萍，2006），結果發現，透過科學的數據來進行學習配對與分組，不僅能提升實驗組學生的學習表現，連融合班的特殊生都受惠。換言之，使用CBM只是開始的第一步，要真正發揮其顯著功效，還要在電腦技術層次和教學策略方面施力，方能相得益彰。

第五節

結　語

　　課程本位測量從學生的學習內容出發，以問題解決為導向，企圖將教學和評量緊密結合，讓老師的教學決策有所本，不再只是憑藉個人主觀的研判。施測工具既要顧及測驗信、效度佳，還要能敏銳地偵測學生的進步幅度，以及對教學處遇的反應（Fuchs & Fuchs, 1999）。早期的 CBM 多半只能呈現測量結果，例如：得分和變化曲線圖，比較類似溫度計的功能，顯示個體是否發燒。但電腦化CBM發展之後，研究者又加入了技能分析與專家回饋系統，讓老師不僅知其然，還能知其所以然，了解學生哪裡已經學會，哪裡還不熟，進而掌握教學內容的修正方向。另外，RTI概念興起之後，要研判學生是否對教學有反應，學習成長速度是一項重要的指標，當成長速度與預期目標不相稱時，可

能需要調整教學流程、教材、上課時間、組別、教學策略等（Stecker et al., 2008）。

雖然課程本位測量在美國已歷經一段長時間的考驗，累積了豐碩的研究成果，但在台灣研究的數量並不多，仍有相當大的努力空間，特別是如何應用CBM 的資料於學習成效改善或成長速度的標竿設定。不過，至少初步研究結果顯示，學童在不同課程版本的差異不大，「課程」本位測量的內容不限於校本課程。另外，採用國外研發的閱讀評量形式（例如：一分鐘朗讀、克漏字填充或昧字測驗等）來評估個案的中文閱讀能力，其信、效度依然不錯。

196

參考文獻

●中文部分

王梅軒（2003）。**國小課程本位閱讀測量之信度與效度研究**。台北市立教育大學特殊教育學系碩士論文，未出版，台北市。

王梅軒、黃瑞珍（2005）。國小課程本位閱讀測量方法之信度與效度。**特殊教育研究學刊，29**，73-94。

邢敏華（1995）。評介課程本位測量在特殊教育上的應用。**特殊教育季刊，54**，1-6。

吳武典、張正芬（1984）。**國語文能力測驗**。台北市：國立台灣師範大學特殊教育中心。

林素貞（2004）。國小一年級國語文課程本位測量不同版本朗讀測驗之比較研究。**特殊教育學報，20**，1-24。

林素貞（2005）。國民小學低年級國語文課程本位測量之編製報告。**特殊教育研究學刊，28**，75-96。

洪碧霞、邱上真（1999）。**國語文成就測驗**。台北市：教育部。

崔夢萍（2004）。應用網路課程本位測量系統於學障兒童學習之研究。**台北市立師範學院學報，35**，43-74。

崔夢萍（2006）。運用同儕協助學習策略於國小融合教育國語文學習之研究。**特殊教育研究學刊，30**，27-52。

崔夢萍、朱慧娟（2002）。國小數學課程本位測量電腦題庫系統之發展及其信效度研究——用以評量學習障礙兒童。**台北市立師範學院學報，33**，281-308。

張朱利（2006）。**運用概念教學策略與課程本位測量對國小學習障礙兒童分數學習成效之研究**。台北市立教育大學課程與教學研究所碩士論文，未出版，台北市。

張淑娟（2005）。**合作學習與課程本位測量模式對國小三年級學生數學概念及學習成效之研究**。台北市立教育大學課程與教學研究所碩士論文，未出版，台北市。

黃瑞珍、黃玉凡（2001）。課程本位測量寫作測驗之顯著性指標研究。**東台灣特殊

教育學報，**3**，1-36。

葉靖雲（1993）。課程本位閱讀測驗的效度研究。**特殊教育學報，8**，273-323。

葉靖雲（1994）。課程本位中、英文閱讀與英文書寫表達測驗之效度研究。**特殊教育學報，9**，257-287。

葉靖雲（1996）。三種課程本位數學評量模式的效度研究。**特殊教育學報，11**，35-77。

葉靖雲（1998）。課程本位閱讀測驗的效度研究。**特殊教育與復健學報，6**，239-260。

蕭素禎（2007）。**課程本位閱讀測量對國小四年級閱讀障礙兒童閱讀成效監控模式之研究**。台北市立教育大學特殊教育學系碩士論文，未出版，台北市。

● 英文部分

Christ, T. J. (2006). Short-term estimates of growth using curriculum-based measurement of oral reading fluency: Estimates of standard error of slope to construct confidence intervals. *School Psychology Review, 35*, 128-133.

Compton, D. L., Fuchs, D., Fuchs, L. S., & Bryant, J. D. (2006). Selecting at-risk readers in first grade for early intervention: A two-year longitudinal study of decision rules and procedures. *Journal of Educational Psychology, 98*, 394-409.

Daly, E. J. III, Wright, J. A., Kelly, S. Q., & Martens, B. K. (1997). Measures of early academic skills: Reliability and validity in psychological tests. *School Psychology Quarterly, 12*, 268-280.

Deno, S. L. (1985). Curriculum-based measurement: The emerging alternative. *Exceptional Children, 52*, 219-232.

Deno, S. L. (1987). Curriculum-based measurement. *Teaching Exceptional Children, 20*, 41.

Deno, S. L. (2003). Developments in curriculum-based measurement. *The Journal of Special Education, 37*, 184-192.

Deno, S. L., & Fuchs, L. S. (1987). Developing curriculum-based measurement system for data-base special education problem solving. *Focus on Exceptional Children, 19*, 1-16.

Deno, S. L., Fuchs, L. S., Marston, D., & Shin, J. (2001). Using curriculum-based measu-

rement to establish growth standards for students with learning disabilities. *School Psychology Review, 30*, 507-524.

Deno, S. L., Marston, D., Shinn, M. R., & Tindal, G. (1983). Oral reading fluency: A simple datum for scaling reading disability. *Topics in Learning and Learning Disability, 2*, 53-59.

Deno, S. L., Mirkin, P. K., & Chiang, B. (1982). Identifying valid measures of reading. *Exceptional Children, 49*, 36-45.

Fuchs, L. S., & Deno, S. L. (1991). Paradigmatic distinctions between instructionally relevant measurement models. *Exceptional Children, 57*, 488-500.

Fuchs, L. S., & Fuchs, D. (1986). Effects of systematic formative evaluation: A meta-analysis. *Exceptional Children, 53*(3), 199-208.

Fuchs, L. S., & Fuchs, D. (1992). Identifying a measure for monitoring student reading progress. *School Psychology Review, 21*, 45-58.

Fuchs, L. S., & Fuchs, D. (1998). Monitoring student progress toward the development of reading competence: A review of three forms of classroom-based assessment. *School Psychology Review, 28*, 659-671.

Fuchs, L. S., & Fuchs, D. (1999). Treatment validity: A unifying concept for reconceptualizing the identification of learning disabilities. *Learning Disabilities Research & Practice, 13*, 204-219.

Fuchs, L. S., Fuchs, D., & Maxwell, L. (1988). The validity of informal comprehension measures. *Remedial and Special Education, 9*, 20-28.

Fuchs, L. S., Fuchs, D., & Hamlett, C. L. (1994). Strengthening the connecting between assessment and instructional planning with expert system. *Exceptional Children, 61*, 138-146.

Fuchs, L. S., Fuchs, D., Compton, D. L. (2004). Monitoring early reading development in first grade: Word identification fluency versus nonsense word fluency. *Exceptional Children, 71*, 7-21.

Fuchs, L. S., Fuchs, D., Hamlett, C. L., & Ferguson, C. (1992). Effects of expert system consultation within curriculum-based measurement using a reading maze task. *Exceptional Children, 58*, 436-450.

Fuchs, L. S., Hamlett, C. L., Fuchs, D., Stecker, P. M., & Ferguson, C. (1988). Conducting

curriculum-based measurement with computerized data collection: Effects on efficiency and teacher satisfaction. *Journal of Special Education Technology, 11*, 73-86.

Good, R. H. III, Simmons, D. C., & Kameenui, E. (2001). The importance and decision-making utility of a continuum of fluency-based indicators of foundational reading skills for third-grade high-stake outcomes. *Scientific Studies of Reading, 5*, 257-288.

Hosp, M. K., & Fuchs, L. S. (2005). Using CBM as an indicator of decoding, word reading, and comprehension: Do the relations change with grade? *School Psychology Review, 34*, 9-26.

Jenkins, J. R., & Jewell, M. (1993). Examining the validity of two measures for formative teaching: Reading aloud and maze. *Exceptional Children, 59*, 421-432.

Madelaine, A., & Wheldall, K. (1999). Curriculum-based measurement of reading: A critical review. *International Journal of Disability, Development and Education, 46*, 71-85.

Madelaine, A., & Wheldall, K. (2004). Curriculum-based measurement of reading: Recent advances. *International Journal of Disability, Development and Education, 51*, 57-82.

Madelaine, A., & Wheldall, K. (2005). Identifying low-progress readers: Comparing teacher judgment with a curriculum-based measurement procedure. *International Journal of Disability, Development and Education, 52*, 33-42.

Marston, D. B. (1989). A curriculum-based measurement approach to assessing academic performance: What it is and why do it. In M. R. Shinn (Ed.), *Curriculum-based measurement: Assessing special children* (pp. 18-78). New York: The Guilford Press.

Shinn, M. R. (Ed.) (1989). *Curriculum-based measurement: Assessing special children*. New York: The Guilford Press.

Stecker, P. M., Fuchs, L. S., & Fuchs, D. (2005). Using curriculum-based measurement to improve student achievement: Review of research. *Psychology in the School, 42*, 795-819.

Stecker, P. M., Lembke, E. S., & Foegen, A. (2008). Using progress-monitoring data to improve instructional decision making. *Preventing School Failure, 52*, 48-58.

Tindal, G. (1998). Assessment in learning disabilities with a focus on curriculum-based measurement. In B. Y. L. Wong (Ed.), *Learning about learning disabilities* (2nd ed.)

(pp. 35-66). San Diego, CA: Elsevier Academic Press.

Wayman, M. M., Wallace, T., Wiley, H. I., Ticha, R., & Espin, C. A. (2007). Literature synthesis on curriculum-based measurement in reading. *The Journal of Special Education, 41*, 85-120.

第十一章
閱讀障礙研究之歷史與發展趨勢

王瓊珠、洪儷瑜

　　早在三百多年前，就有文獻提到閱讀障礙這類的問題，只是當時所用的名稱未必和現在相同。人們對於智力和視力正常卻無法閱讀的個案深感好奇與不解，一直到 21 世紀的今天，我們雖然愈來愈清楚閱讀障礙的內涵、問題和診斷方法，但對於閱讀障礙的議題卻還有很多未知的謎有待開發。早期的臨床醫生或研究者留下文獻史料提供給後人豐富的線索，讓後人可以沿著過去研究發展的軌跡繼續努力。本章將從中、外閱讀障礙研究史談起，再述及新近的發展趨勢，以及從閱讀障礙研究的演進探討其中帶給研究者的啟示。

第一節
西方閱讀障礙研究史

　　筆者參考兩份重要的文獻回顧整理（即 Anderson & Meier-Hedde, 2001; Richardson, 1992），發現西方閱讀障礙研究史係從醫生的臨床病例研究開始（如表 11-1 所示）。最早是由成人中風之後，失去閱讀能力，有的個案其寫字或說話能力也連帶受波及；也有個案單純只有閱讀障礙，沒有寫字和口語表達困難。換言之，閱讀障礙病患的狀況異質性大，因此文獻上用來指稱閱讀障礙的名詞亦十分龐雜。1877 年，Kussmaul 首先用「字盲」（word blindness）和

表 11-1　17 至 20 世紀初歐洲和美國閱讀障礙個案報告

年代	人名	國別／身分	發現／主張／貢獻
1676	J. Schmidt	普魯士醫生	描述一位因為中風而喪失閱讀能力的個案，他雖然不能讀字（或字母），但是可以寫字和拼字。
1872	W. Broadbent	英國神經學家	闡述大腦和言語的關係。他推測大腦的某一區會影響個體說話和讀字的能力。
1877	A. Kussmaul	德國醫生	他首先用「字盲」（word blindness）和「字聾」（word deafness）來形容智力和感官正常的成人病患但卻喪失閱讀能力。認為閱讀障礙和失語症無必然關係。
1881	A. Ball	醫生	報告一位數度中風病人的解剖結果，病人生前有失語症，中風以後閱讀能力受影響無法恢復，雖然他可以瀏覽報紙抓取大意，但是正確性卻大打折扣。
1884	R. Berlin	德國眼科醫生	他認為用 dyslexia 一詞比 word blindness 正確。他報告 6 個成人病患，他們都不能閱讀，並有一些神經徵兆，例如：頭痛、暈眩等。這些病患只認得三、五個字，但是口語表現沒有困難。
1885 /1917	O. Berkhan	德國	報告 3 位德國男童的書寫情形，錯誤百出且無法辨認。32 年後還繼續追蹤此 3 位個案的成長，這些個案長大後仍有讀寫困難的問題，閱讀仍吃力。
1890	S. Weissenberg	德國神經科醫生	建議區分為 alexia 和 dyslexia。他認為 alexia 的個體無法認字母，dyslexia 是可以認讀字母；total alexia 是絕對無法閱讀者；而 total dyslexia 則是指無法將聲音合成單字。
1892	J. Dejerine	法國醫生	描述兩種 word blindness 類型：一種伴隨書寫障礙；另一種則無書寫障礙。

表 11-1　17 至 20 世紀初歐洲和美國閱讀障礙個案報告（續）

年代	人名	國別／身分	發現／主張／貢獻
1895	J. Hinshelwood	蘇格蘭眼科醫生	個案研究的數量多，包含成人及兒童。 1895 年他發表一位 58 歲教外語（德語及法語）的老師，有次在批改作業時突然不會讀了。這位老師可以用書寫方式表達，但是卻看不懂自己寫的是什麼。另外，他還能唸數字。 1896 年提出「獲得性字盲」（acquired word blindness）和「天生字盲」（congenital word blindness）兩個專有名詞。 1902 年建議以個別化多感官方式教導閱讀障礙學童。 1907 ／ 1911 年研究閱讀障礙家族，認為「天生字盲」有家族遺傳傾向。
1896 /1897	J. Kerr	英國校醫	首先研究失讀症兒童。
1896	P. Morgan	英國眼科醫生	描述一位 14 歲少年 Percy F.，他智力正常，視力沒有問題，遊戲反應也不比同年齡的孩子差，但是卻無法閱讀。主張閱讀問題是語文而非視力問題。
1905	W. E. Bruner	美國眼科醫生	第一位報告美國失讀症兒童個案的醫生。
1905	R. Foerster	德國研究者	主張區分智能低下所導致的閱讀障礙和遺傳或教學不足所導致的閱讀障礙。
1906	J. H. Claiborne	美國	建議用全字法（whole word method）教導閱讀，加強字形區辨。改變閱讀障礙兒童的慣用手。
1906	E. Jackson	美國眼科醫生	主張用 alexia 一詞取代 word blindness，因為閱讀障礙跟眼睛無關，用 blindness 恐有誤導之嫌。建議以多感官方式教導閱讀障礙學童。

表 11-1　17 至 20 世紀初歐洲和美國閱讀障礙個案報告（續）

年代	人名	國別／身分	發現／主張／貢獻
1908	A. Peters	德國眼科學教授	報告一位 12 歲德國男孩有嚴重的閱讀和拼字障礙，但是數學卻沒有問題。 猜測閱讀障礙和拼字規則性高低有關。規律性高的文字比較沒有閱讀障礙。
1909	E. Plate	德國	報告一位有閱讀障礙的德國女孩，她家中其他成員也有閱讀障礙。
1911	F. Warburg	德國校醫	報告一位 10 歲的德國男孩，很聰明，數學也很好，但是閱讀或書寫簡單詞彙都有困難。而男孩的 2 個哥哥也有閱讀障礙。
1913	B. Chance	美國眼科醫生	報告一位 18 歲閱讀障礙學生被留級多次，但是他很聰明，數學、史地都不錯。
1915	J. Clemensha	美國	報告 5 位閱讀困難，但是數學不錯的個案。
1916	P. Ranschburg	德國神經科醫生	用 Legasthenie（reading weakness）一詞表示各種因素所產生的閱讀困難。
1921	G. Fernald	美國	在美國加州大學洛杉磯分校成立臨床學校，倡導以視覺、聽覺、動覺、觸覺等多感官的方式（Visual, Auditory, Kinesthetic, Tactile，簡稱 VAKT），補救教導閱讀和書寫的技能。
1925	S. T. Orton	美國神經科醫生	主張閱讀障礙學童因為沒有建立大腦半球的優勢，以致於產生符號扭曲的現象。從 15 個個案研究裡，他也不認為閱讀障礙者智力有缺陷。主張以「結構化聲韻教學方案」（structured phonics program）教導閱讀障礙學童。

資料來源：整理自 Anderson & Meier-Hedde (2001); Hallahan & Mock (2006)

「字聾」（word deafness），來形容智力和感官正常但卻喪失閱讀能力的成人病患。不過，有研究者認為，閱讀障礙本質上和眼睛功能無關，他們的眼睛和一般人一樣都能接受外界刺激，Berlin 認為「字盲」一詞恐有誤導之嫌，應該

稱為 dyslexia、alexia 和 dysgraphia、agraphia，其用法類似。dyslexia 是拉丁文，字首 dys 表示困難，字尾 lexia 表示和字有關，合起來的意思就是「和字有關的困難」，但文獻上以「字盲」稱閱讀障礙的說法仍流傳許久。

在西方閱讀障礙研究史上有幾位經常被提及的人物，他們都是 19 世紀到 20 世紀的醫生，包括：蘇格蘭的眼科醫生 J. Hinshelwood、英國校醫 W. P. Morgan，以及美國神經科醫生 S. T. Orton。因為早先的閱讀障礙研究多以成人病患為對象，對於無明顯腦傷的兒童是否也有閱讀障礙並不了解，直到 1896 年，閱讀障礙兒童的問題才漸漸受到重視。W. P. Morgan 首先在《英國醫學期刊》（*British Medical Journal*）中，報導一名 14 歲的男孩 Percy F.，他智力正常、視力沒有問題，遊戲反應也不比同年齡的孩子差，但是卻無法閱讀。Morgan 的個案報告讓人注意到，不僅有閱讀障礙成人，也有閱讀障礙兒童。另外，閱讀障礙並不等於智能障礙，因為從這位 14 歲男孩的反應來看，他的智力並沒有受損，只是無法閱讀。

另一位重要的人物是 J. Hinshelwood，這個醫生做過相當多的個案研究。1896 年他提出「獲得性字盲」（acquired word blindness）一詞用以表示原本有閱讀能力，卻因為某種後天因素（例如：腦中風）而喪失閱讀能力的成人；而以「天生字盲」（congenital word blindness）表示原發性的生理因素所致的閱讀障礙者，其個案多是腦部無明確受傷紀錄的一般兒童。另外，他認為字盲和視覺記憶缺陷有關，眼睛功能雖然正常但卻記不住字；字盲也和家族遺傳有關，有些家族中會同時出現多個閱讀障礙者。對於閱讀障礙者他則提出個別化多感官教學。總結地說，Hinshelwood 醫生的貢獻是依據字盲發生的時間點分成先天與後天性兩類，也證實有先天性的閱讀障礙並探討補救教學方式，和提出閱讀障礙遺傳說。

在美國閱讀障礙研究先驅中，較為人熟知的是神經科醫生 S. T. Orton，他於 1925 年在《美國神經和小兒科檔案》（*Archives of Neurology and Psychiatry*）期刊中發表〈字盲學童〉（Word-blindness in School Children）一文，奠定了他在閱讀障礙研究的地位。Orton 本是俄亥俄州執業的醫生，後來組織研究團隊，2 年內以行動診所（mobile clinic）巡迴美國各地看診一千多位學童，這些研究成果成為日後他書中（*Reading, Writing, and Speech Problems in*

Children, 1937）的寶貴資料（引自 Catts & Kamhi, 1999）。從臨床的觀察中，Orton 醫生看到閱讀障礙的孩子也常常伴隨著書寫和語言的問題，有些孩子書寫時會有反寫的狀況，例如：「p」寫成「q」、「was」寫成「saw」等，他推測是因為閱讀障礙學童尚未建立大腦半球的優勢，對於投射在視網膜的刺激無法做有效的處理，以致於產生符號混淆，書寫文字有扭曲的現象。然而這樣的說法已經受到挑戰，現在的研究並不支持他的推論。不過，他發現有些閱讀障礙兒童也有語言障礙，因此提出「結構化聲韻教學方案」（structured phonics program）來教導閱讀障礙學童，又參酌 Hinshelwood 的多感官教學，訓練學童建立字形與字音的對應關係，先從字母和字音的對應開始，再進到拼單字，他相信透過有步驟的訓練可以教會閱讀障礙兒童；而這部分的建議則和目前的教學趨勢不謀而合（吳信鳳譯，2002）。

　　從早期讀寫障礙個案的研究中，可歸納出過去西方閱讀障礙發展的幾項特色：

1. 閱讀障礙報告開始多數是由眼科醫生或是神經科醫生提出，醫生的臨床觀察是重要的參考資料。

2. 閱讀障礙個案的智力分布從中等到中上都有，對象包含成人與兒童，但先從成人病患開始研究。

3. 閱讀障礙者是異質性的群體，他們的讀寫困難程度不一，有些個案尚伴隨語言問題，Richardson（1992）的文獻回顧提到，從閱讀障礙追溯到失語症的歷史，他認為兩者有深厚淵源。歷史對於閱讀障礙的核心問題之爭議一直持續至今，眼科醫生懷疑問題出在視力，腦神經科醫生由大腦解剖研究，懷疑它和語言有密切關係。雖然現在有諸多閱讀障礙文獻將核心問題指向個體聲韻覺識缺陷所致（李俊仁、柯華葳，2007；Vellutino, Fletcher, Snowling, & Scanlon, 2004），但仍有研究者持續探討視覺缺陷在閱讀障礙扮演的角色（陳一平，2000）。

4. 閱讀障礙的成因與遺傳及大腦有關。從早期的腦傷中風病人到發展性閱讀障礙，對於閱讀障礙的成因由後天腦傷到家族遺傳；在病理因素方面，從早期懷疑視覺處理有困難，轉向大腦角回（angular gyrus）的問題。

從 Hallahan 和 Mock（2006）對學習障礙歷史的回顧，兩位學者將 1920 年代之前稱為歐洲奠基階段（European Foundation Period），主要研究都是以歐洲學者為主，1920 年代之後轉以美國為研究基地，稱為美國奠基階段（U. S. Foundation Period），此時不僅為美國閱讀障礙的研究打下基礎，也開始將閱讀障礙的研究情境轉移到教育或臨床教學上，陸續發展出不同取向的教學模式和教材。總而言之，西方閱讀障礙研究重心逐漸由歐洲到美國，也逐漸由案例往閱讀障礙的成因、診斷特徵、臨床教學等方向發展，而在歐洲基於各國語言之差異性，也透過不同語言之閱讀障礙之比較研究，探討閱讀障礙的成因和不同語言教學取向（Ziegler & Goswami, 2005）。

第二節
台灣閱讀障礙研究史

台灣最早的研究，係由郭為藩（1978）調查學中文的學生出現閱讀障礙的比率是否低於學習拼音文字系統的學生。他對台北及花、宜地區國小三、四、五年級學童的導師發出問卷調查，由導師根據 12 項行為特徵（例如：書寫混淆、閱讀遲緩、過目即忘、聽寫困難、注意分散等），初步判斷班上有多少學生疑似閱讀障礙，從 205 位教師提供的資料顯示：疑似閱讀障礙學童有 394 人，出現率為 2.91%。3 年後，研究者再針對當年由導師篩選出來疑似閱讀障礙的 27 名學生進行教育診斷，發現僅有 8 人確實有顯著的閱讀障礙，其餘的學童因為學習缺陷已經改善，或是因為智能低下或家庭文化刺激不足所致的閱讀缺陷，而被排除於閱讀障礙名單之列。郭為藩認為，其研究結果與日本牧田（Kiyoshi Makita）醫生的研究結果相似，即使用非拼音文字的學童較少閱讀障礙。

然而，這項結論和 Stevenson 等人（1982）共同合作的跨國研究結果並不一致。該研究以台灣（932 人）、美國（453 人）、日本（770 人）的國小五年級學童為對象，但排除智能不足的學童。該研究使用標準化的閱讀評量，包

括字彙和閱讀理解、認知能力測驗（例如：符號辨認、空間關係、視知覺速度、聽覺記憶、數字和文字序列記憶、視覺—空間表徵、語文記憶、字彙、常識等），以及數學成就測驗。結果指出：若以低於兩個年級水準為閱讀障礙，在台北市有 3%的閱讀障礙學生，若以智力在負一個標準差以上，閱讀成就是最差的 10%為閱讀障礙的標準，則日、中、美三國閱讀障礙學童出現的比率分別為 5.4%、7.5%、6.3%；換言之，閱讀障礙的出現率並不受書寫系統的差異而有顯著不同。再者，進一步分析中文閱讀障礙學童與普通學童在認知能力測驗的表現，發現語文記憶、常識和文字序列記憶對兩群學童最有區辨力，並沒有支持視覺空間能力在中文閱讀時扮演重要的角色。

郭為藩（1978）以及 Stevenson 等人（1982）的研究，都源於西方學者對閱讀障礙發生率是否與文字系統有關係的懷疑。歐美學者認為，中文非拼音文字，所以利用中文來研究閱讀障礙，也許可以驗證閱讀障礙的核心問題是聲韻覺識缺陷之假說是否具有普世性。郭為藩和當時參與 Stevenson 等人（1982）跨國研究的徐澄清醫師，兩位可說是中文閱讀障礙研究的先驅者，他們分別以不同的方法探討中文閱讀障礙的出現率。郭為藩的研究結果確實滿足了西方閱讀障礙學者普遍的想像，即中文非拼音文字，所以學中文的學生不會因為聲韻覺識缺陷而造成嚴重困擾，因此，比較沒有閱讀問題，閱讀障礙出現率較低。但 Stevenson 等人的跨國比較，卻反駁了文字系統會影響閱讀障礙的假說。

目前仍有研究指出，中文認字解碼能力與視知覺的關係大於聲韻覺識（Huang & Hanley, 1997）。不過，後來的中文閱讀障礙研究陸續支持聲韻覺識是中文閱讀的主要成分（柯華葳、李俊仁，1997；Hue & Catts, 1998），甚至連識字困難的閱讀障礙學生的核心變項也是聲韻覺識，而非視覺處理能力（李俊仁、柯華葳，2007；陳慶順，2001；曾世杰，1995）。英國學者 Ziegler 和 Goswami（2005）綜合諸多跨語言的研究之後指出，聲韻覺識是閱讀障礙的核心問題，並不會因為文字系統而有所差異，不同的文字系統可能在偵測特徵或早期學習語文出現困難的比率會有差別，但這些差異卻不會影響閱讀障礙的核心問題和出現比率。

第三節

閱讀障礙研究的新進發展

　　根據美國學者 Hallahan、Kauffman 和 Lloyd（1999）的歸納，學習障礙的歷史發展最初係以醫學為主，之後再加入心理學、教育學，最後擴及至民間團體、社會、法律等層面。由第一、二節歐美和台灣的早期發展以及目前閱讀障礙的研究與實務來看，確實也看到了閱讀障礙的推動如學習障礙一般，已經走到跨科際整合的階段，舉凡認知神經科學、心理學、教育學、語言學，甚至民間團體和立法等都參與其中，例如：有的研究者從腦造影的資料，探索閱讀時閱讀障礙者與非閱讀障礙者大腦活化區域或結構的差異；有的研究群則是關注早期教育介入對學童閱讀困難之助益，閱讀障礙成人繼續教育，以及少數族群閱讀障礙的鑑定問題；也有人從語言的角度來看閱讀障礙與語言障礙間的關係，特別是「特定型語言障礙」（specific language impairment，簡稱 SLI）與讀寫障礙關係之探究，甚至把研究結果用到法令或政策的制訂和修改，例如：有鑑於閱讀障礙診斷不易排除可能的影響因素（如學習動機低落、沒有學習機會、文化殊異等），2004 年美國《特殊教育法》明訂各州在正式鑑定個案的閱讀問題之前，不必然需要使用智力—成就差距標準，可先輔以有效教學介入，從個案對教學反應的狀況（RTI），來區辨個案是否真為閱讀障礙者，而不是一般的低成就學生；將聲韻覺識作為早期偵測閱讀障礙高危險群的指標，提早給予有效的聲韻覺識訓練，以降低閱讀障礙的出現率（Snow, Burns, & Griffin, 1998）。基於更多專業的參與、不同角色的合作，甚至是跨國比較不同語言的研究，使得閱讀障礙的發展在近 20 年來得以快速成長，很多爭議多年的議題已逐漸明朗，茲將新近發展狀況簡述如下。

一、藉助腦科學研究「看見」閱讀障礙

　　過去要了解腦與行為之間的關係，多半是靠臨床觀察或是動物解剖實驗，由病人（或動物）腦部受傷的部位與病人（動物）的外顯行為來推測腦部某個

210

區域的功能，例如：法國神經學家布洛卡（Paul Broca）於1861年公布他的個案研究，他發現病人額葉左側第三額回的後部（後來稱為布洛卡區）受傷時，會導致語言表達困難，說話斷斷續續很吃力，咬音不清。

現在拜科技之賜，許多腦科學的測量技術，例如：腦波儀（EEG）、斷層掃描（CT scan）、核磁共振腦像（MRI）、腦功能磁共振成像（fMRI）、正電子斷層掃描（PET）等，皆可以直接研究活人的腦，無需等到有腦傷個案才可解剖觀察才行，而且研究者還可以從大腦影像分析中，「看到」受試者在進行某項閱讀作業時，大腦各區域瞬息萬變的狀態，因而不僅能看到區域，也能看到閱讀的運作歷程和發展的軌跡（Shaywitz et al., 2002）。

基於腦科學研究對進一步了解閱讀障礙的重要性，2001年《學習障礙期刊》（*Journal of Learning Disabilities*）（第34卷第6期）以及《學習障礙季刊》（*Learning Disability Quarterly*）（第24卷），皆刊登多篇專文介紹認知神經科學研究在閱讀或閱讀障礙研究的發現，足見其影響力已不容小覷。在拼音文字方面，Pugh等人（2001）綜合多個腦造影研究結果，發現閱讀障礙者和一般正常讀者在閱讀文字時的大腦活化區域並不相同。一般人在閱讀文字時，左半腦後端（left hemisphere posterior）的顳葉—頂葉區（temporo-parietal region）和枕葉—顳葉區（occipito-temporal region）特別活躍，但是閱讀障礙者活化的區域，反而在比較不擅長語言的右半腦後側區域，以及左半腦前側區域（anterior region）。從閱讀障礙者與一般讀者反應的差異，間接顯現出他們對語音處理的困難，因此在左半腦前側區域的工作負荷比一般讀者重。然而，此結論是否對中文（非拼音文字系統）閱讀障礙者也適用呢？

以香港大學為首所組成的研究團隊：Siok、Perfetti和Tan（2004）以及Siok、Niu、Jin、Perfetti和Tan（2008）比較了中文閱讀障礙者與一般讀者的大腦結構和功能的差異，他們發現，中文閱讀障礙者在左前額中回（left middle frontal gyrus region）的地方之活化程度弱於一般讀者，同時灰質量（gray matter volume）也較少，此發現與學習拼音文字的閱讀障礙者和一般讀者的差異是不同的，故Siok等人（2004）認為，是文化差異讓中文和英文的讀者運用不同的閱讀機制，中文字是整個字對應到意義和音節，不似英文字母各有其發音，單字的發音可由字母拼讀而成。

　　姑且不論閱讀障礙者進行閱讀活動時，大腦反應是否會受文化差異所影響，目前眾多腦科學的研究乃一再努力嘗試，好讓讀者「看見」閱讀障礙者大腦皮質中，面對閱讀活動時不一樣的活化區域，甚至也利用腦造影的技術發現大腦的可塑性，有效的聲韻覺識教學可以讓閱讀障礙的學童於閱讀時的大腦運作，從異於一般學童到與一般學童一樣，因此閱讀障礙大腦運作的異常並非全然不可改變（Shaywitz et al., 2004）。

二、關注及早介入對閱讀困難學童的助益

　　研究發現，早期有閱讀困難的學童，65%～75%的人在後來的求學階段，甚至離校後都仍有閱讀困難（McCardle, Scarborough, Catts, 2001）；國小一年級被鑑定為弱讀者，到了四年級極可能仍為弱讀者（Juel, 1988），此顯示閱讀困難的穩定性高。從諸多的研究中，「我們已經學到，如果等到孩子顯現閱讀困難時（介入）都太遲了，我們必須早日發現其徵兆並進行預防性的教學」（McCardle, Cooper, Houle, Karp, & Paul-Brown, 2001: 184）。有鑑於及早介入的重要，且大腦早期的發展可塑性高，美國國家研究委員會（National Research Council）乃集眾多研究人員之智慧，共同出版《預防幼兒的閱讀困難》（Preventing Reading Difficulties in Young Children）一書（Snow et al., 1998），透過豐碩的研究成果，極力普及一般大眾對閱讀的認識，了解閱讀高危險群兒童的徵兆，並推薦從學前到小學三年級之間可以運用的閱讀指導策略。1999 年該委員會再根據此書撰寫了《踏出閱讀的第一步》（Starting Out Right: A Guide to Promoting Children's Reading Success）一書，以更具體的閱讀活動讓家長與老師知道如何進行早期閱讀介入（柯華葳、游婷雅譯，2001）。目前英文方面的實證研究指出，有效的早期閱讀介入要領包括：(1)持續監控學生進步情形；(2)密集和低生師比的小組教學方式之介入；(3)明示語音覺識與字母規則。若教師可以持續與他人合作學習有效的教學方法或接受督導，則一年後 90%的參與教學實驗的學生能趕上年級水準，至於教學無效者，75%的個案是需要特殊教育幫忙（Menzies, Mahdavi, & Lewis, 2008）。

　　在台灣，王瓊珠、洪儷瑜、陳秀芬（2007）對一到九年級低識字量學生所

做的發展研究，也發現低識字量學生即便到了九年級，其識字量都未達一般小三學生的識字量，足見識字困難的持續性高，即便歷經多年的語文學習，其成長仍是有限。慶幸的是，王瓊珠（2002）以及林素貞（2003）對小學一年級疑似閱讀障礙學生的研究發現，經由教室內國語科學習行為觀察以及基本讀寫能力之評估，在小一階段便可以發現閱讀障礙學童，即便其中有若干比例屬於偽陽性個案（即非閱讀障礙者，易被誤認為閱讀障礙者）。因此，及早發現問題將有助於及早介入的時機。在國小低年級階段，識字解碼是主要的閱讀發展重點，而目前國內的識字教學研究結果已指出：無論是根據學童的識字量所編製的教材，或按中文特性而設計的教學方法（例如：部件識字、基本字帶字），都能提升閱讀障礙學童的識字能力（相關文獻回顧可參考王瓊珠，2005），且不能只教注音補救，就企圖提升小一國語科低成就學童識字和閱讀理解之得分（曾世杰、陳淑麗，2007）。

三、不容忽略的閱讀障礙成人教育

在國外，成人讀寫障礙教育的重要性近年來備受關注（Mellard & Woods, 2007），研究發現讀寫障礙成人若擁有高中以上的學歷，將來無論在薪水、受雇率、社經地位、身心健康狀況等，都比低學歷的讀寫障礙成人來得好。在台灣，閱讀障礙成人教育似乎還未受到關注，只有數篇學習障礙成人的個案報告（例如：洪儷瑜等，1997；蔡明富，2001），經由深度訪談回溯其成長歷程以及重要的轉捩點，但對於閱讀障礙成人教育的內涵尚未有任何著墨。

從識字量發展的「馬太效應」來看，王瓊珠等人（2007）的研究結果發現，即使到了國中三年級，在這群低識字量學生當中，仍有三分之一左右的學生未達脫盲標準，可見小學四年級以後依然有一群學生的識字量不足亟待協助。由於小四以後的學生已經進入「讀以學」的階段，因此閱讀教材內容不應只有字彙的學習，更要開拓學生的知識網絡及常識。王瓊珠（2008）建議，當學生年紀愈長，而識字量卻落後同儕一大段時，其閱讀課程應該考慮朝補償性、功能性發展，參考成人識字教材教法的相關研究。對於口語理解佳的個案，教學者可以嘗試設計補償性識字課程，藉由大量聽讀的經驗，增進個案的

知識網絡，以圖像筆記取代繁瑣的文字敘述，讓知識的取得不只有閱讀文字一途。對於口語理解和識字能力皆弱者，教學者可以朝功能性識字課程發展，至少讓學生達到日常生活功能之要求，例如：會填寫資本資料、能看懂交通時刻表與站名、能了解簡易的服藥指示、會使用郵局或銀行提款機等社區資源。

四、從教學反應區辨閱讀障礙者

介入反應（RTI）初始概念源於 1982 年，Heller 等人在美國全國研究會議（National Research Council）中提到，要判斷特殊教育採取分類觀點是否有效的三項指標分別是：(1)普通教育的品質是否有助於一般學生學習；(2)特殊教育是否能改善各障別學生的學習成效；(3)評量過程是正確且具意義的（引自 Vaughn & Fuchs, 2003）。前兩項標竿都直指教學核心，顯見教學的關鍵地位。1995 年，L. S. Fuchs 在此構念的基礎下，提出四階段的特殊學生發現系統。階段一為追蹤普通班全體學生的學習成長速度；階段二是從階段一的資料中，找出班上學習明顯落後的高危險群學生；階段三則是對於階段二的學生採取普通教育調整措施，並持續觀察學生在調整的狀況下，其學習成效是否有明顯改善；階段四則是在上述的普通教育層層把關後，仍需要特殊教育協助的學生（引自 Fuchs, Fuchs, & Speece, 2002）。

在 RTI 的概念下，若有些學生在有效的補救教學內仍無法有顯著成效，此乃意味著對於閱讀教育不應該僅有一種，對於閱讀困難的補救教學不應僅有一種。因此，德州大學閱讀與語言研究中心發展所謂的三層次閱讀課程（Three-tier）（Texas Education Agency, 引自 Fletcher, 2004），他們以三級預防模式的概念編製了三層次閱讀課程給幼稚園到小三學生使用，初級預防的閱讀教育目標旨在提升普通教育的閱讀教學品質；次級預防則是在普通教育提供小組密集補救教學，補救高危險群的學生；三級預防則是提供更密集、更系統性且時間更長的補救教學。學生如果在該層次的教育成效不佳者，應該轉介接受下一層次的課程；要全面實施三級閱讀課程才能有效減少閱讀困難學生數。根據 Fletcher（2004）估計，如果學校只實施初級閱讀教育，將減少閱讀困難學生到 5%～7%，如果實施次級閱讀教育，閱讀困難的學生可以減少到

2%～6%，如果實施初級和次級的閱讀教育，將會使閱讀困難學生降到 2%，所以三級教育只需要針對 2%的學生。多層次的閱讀教育是將普通教育和特殊教育整合為一的模式，也是由預防角度出發的教學介入。

2003 年之後，關於 RTI 的相關研究日益增加〔詳見《學習障礙的研究與實務》（*Learning Disabilities Research & Practice*），第 18 卷第 3 期，RTI 專題報導〕，有些學者遂主張將教學反應概念轉化到學習障礙的鑑定工作，2004 年美國《身心障礙教育法》（IDEA）乃經由立法途徑，明白宣告 RTI 可視為學習障礙鑑定的另一種手段。但立法之後，學界和實務界對於 RTI 仍有諸多的疑慮和討論（Kavale, Holdnack, & Mostert, 2005），包括：(1)RTI 扮演的角色是「早期療育」或「學習障礙鑑定」？或兩者兼而有之（Fuchs & Deshler, 2007）；(2)如何落實 RTI 的理念（Denton, Vaughn, & Fletcher, 2003; Fuchs, Mock, Morgan, & Young, 2003; Hollenbeck, 2007; Vaughn, Linan-Thompson, & Hickman, 2003）？在學校既有的體系中，由誰來執行各階段的教學與評量？如何評估教學方法有科學證據且介入有效？要不要使用標準化教材，來確保教學內容有一定的品質？要教多久才能宣告「無教學反應」？如何拿捏學生有無教學反應的分界線？特別是要以 RTI 作為學習障礙的鑑定標準時，更不可以不謹慎。依據 Fuchs 和 Deshler（2007）的歸納，目前至少有 5 種研判介入反應的模式〔例如：中分法（median split）、常模法（normalization method）、標準參照法（final benchmark）、雙差距法（dual discrepancy）、斜率差距法（slope discrepancy）〕，且不同的研判標準將找到不同比率的「學習障礙」學生，這結果不禁讓一些學者擔心，到底學習障礙是否真的存在？還是一切都是「人為的」，端看我們要採取何種標準而定？

在國內，開始將 RTI 概念試用在閱讀障礙學生的鑑別，首推陳淑麗等人（陳淑麗，2004；陳淑麗、洪儷瑜、曾世杰，2005，2007）。有鑑於傳統學習障礙的鑑定方法，不容易將原住民學生在文化差異、教育機會不足的不利因素排除，因此，陳淑麗（2004）以原住民國語低成就學生為對象，透過轉介前介入（閱讀補救教學），再按學生對教學反應之強弱分組，並比對之後這群學生被鑑定為閱讀障礙的比率有多高。結果發現，透過教學介入可以有效降低原住民學生被鑑定為閱讀障礙的人數，同時教學反應強弱也是一個不錯的參考指

標。但是國內由於缺乏三層次閱讀課程或不同層次的閱讀補救教學，以及對教學反應成效之客觀標準，因此 RTI 研究在複製上尚有很多技術需要突破。

五、口語語言與書面語言之間的關聯性

從 Gough 和 Tunmer（1986）所提的「閱讀簡單觀點模式」來看，R（閱讀）＝D（解碼）×L（語言理解），閱讀至少包含兩個重要的元素：識字和語言理解，缺一不可。西方的研究文獻指出，識字和聲韻處理能力（即聲韻覺識、聲韻記憶以及聲韻提取）有較密切的關係，但只加強聲韻處理顯然不夠，因為識字好，不代表能理解文章，要能讀懂文章，還需要藉助語言理解能力，例如：字彙、語法、文本處理等（Catts & Hogan, 2003）。有愈來愈多的實證研究發現，口語和書面語言之間有密切關係（Catts & Kamhi, 1999），閱讀障礙學童在早期階段常有口語問題，例如：Catts、Fey、Tomblin 和 Zhang（2002）對近 200 名有語言障礙的學前兒童所做的追蹤研究，發現這群個案到國小四年級仍有 52.9%的閱讀理解和識字測驗表現，仍低於平均數一個標準差以上。

由於口語語言和書面語言的密切關係，其延伸出的研究議題是「特定型語言障礙」（SLI）與讀寫障礙的關係為何？所謂 SLI，其判別標準包括：(1)語言測驗上的得分低於平均數 1.25 個標準差；(2)在非語文智力或操作量表的得分在 85 分或以上；(3)通過對話層次的聽力檢查，且近期內無漿液性中耳炎；(4)未出現癲癇、腦性麻痺、腦傷等神經損傷；(5)口腔構造正常；(6)口腔動作功能正常，以及(7)未出現社會互動問題或是活動有限之現象（Leonard, 1998, 引自錡寶香，2006）。研究者問的問題是，SLI 與讀寫障礙是否屬於同一種障礙（Bishop & Snowling, 2004; Catts, Adolf, Hogan, & Weismer, 2005）？抑或是不同種類的障礙？如果是同一障別，應該可以發現 SLI 與讀寫障礙個案有相當高的重疊率，或是他們背後的語言問題相近。

Catts 等人（2005）乃從兩方面來探究此問題：研究一是從語言發展長期追蹤資料庫來分析學前被鑑定為 SLI 的個案，與二、四、八年級被鑑定為讀寫障礙者，個案間有多少重疊率；研究二是從研究一再挑出四類個案，分別是單

純 SLI（43 名）、單純讀寫障礙（21 名）、合併 SLI 與讀寫障礙（18 名），以及正常組學生（165 名），比較四組學生在聲韻處理能力的差異。研究結果顯示，學前被鑑定為 SLI 的個案，與二、四、八年級被鑑定為讀寫障礙者，重疊率約在 15%～20% 之間，顯見兩者並沒有很大的重疊。此外，四組學生在聲韻處理能力的表現上，以單純讀寫障礙、合併 SLI 與讀寫障礙兩組學童的表現最弱，單純 SLI 的個案在聲韻處理的表現與正常組學生相近。因此，SLI 與讀寫障礙並不屬於同一類的障礙。洪儷瑜等人的研究，在 1,126 位二、四、七年級的學生中發現 196 位智力正常，但是閱讀理解低下的閱讀障礙者，依據識字解碼和口語理解能力低於 PR20 之標準，將其區分為單純理解困難有 45 位（23%）、讀寫障礙有 27 位（14%）、兼有讀寫和理解兩種障礙者有 23 位（12%）、兩者都正常者有 101 位（51%），利用字形處理和聲韻處理兩種測量比較四組的差異，也支持 Catts 等人的結果，即閱讀障礙中的理解障礙和讀寫障礙兩個亞型有不同的核心問題（Hung, Chen, Wang, Fang, & Chen, 2008）。這些研究已經開始將閱讀再度與口語的關係作一連結，閱讀障礙與口語的關係不僅限於聲韻覺識，在語音之外的成分已逐漸被探討。

結　語

從上述文獻中可發現，台灣與西方在閱讀障礙發展最明顯的不同，即是西方的研究係從醫生的臨床報告開始，而國內的研究主力多落在特殊教育和心理學者身上。再者，近年來國際上閱讀障礙研究趨勢已朝向科際整合，認知神經科學、心理學、教育學、語言學等學科知識都涉入其中。透過不同領域的研究，從不同的觀點切入閱讀障礙的問題，擴大探索的範圍，整合不同結果，應可發現更完善的方法。幾個新興議題包括：藉由先進的儀器設備，比較閱讀障礙者與一般讀者在閱讀時，大腦運作的差異；關切早期閱讀介入方案和成人讀寫教育的影響力；探討先提供有效補救教學再做閱讀障礙鑑定的可行性，以及

透過長期追蹤比較研究，了解口語語言和書面語言之間的關係，提供閱讀障礙早期鑑定指標或及早給予語言治療。反觀目前，國內的閱讀障礙研究仍侷限在少數主題（王瓊珠，2001），多集中在閱讀相關認知能力分析、識字或閱讀理解教學介入成效之比較等。未來還有許多亟待研究的議題，例如：閱讀障礙者家族史研究、閱讀障礙基因的研究、閱讀障礙早期偵測指標、早期閱讀介入成效探究、閱讀障礙成人追蹤研究、閱讀障礙和口語的關係、功能性閱讀教材研發、教材可讀性研究、不同教學反應指標對閱讀障礙鑑定之敏感度比較、不同閱讀障礙鑑定流程之效果比較……等。上述這些議題的探究，將有助於我們更了解閱讀障礙者從小到大的發展歷程，回應不同發展階段之閱讀障礙者的困難和需求，而研發有效的鑑定指標和流程、系統化的教材，亦可節省心理評量人員和實務工作者不少的摸索時間。

參考文獻

●中文部分

王瓊珠（2001）。台灣地區讀寫障礙研究回顧與展望。**研究彙刊（C）——人文與社會科學，11**（4），331-344。

王瓊珠（2002）。國小一年級疑似閱讀障礙兒童之觀察研究。**台北市立師院學報，33**，371-392。

王瓊珠（2005）。閱讀障礙學生識字教學研究回顧與問題探究。載於洪儷瑜、王瓊珠、陳長益（主編），**突破學習困難——評量與因應之探討**（頁 139-178）。台北市：心理。

王瓊珠（2008）。**閱讀困難學生識字能力評量與教學**。台北市：心理。

王瓊珠、洪儷瑜、陳秀芬（2007）。低識字能力學生識字量發展之研究——馬太效應之可能表現。**特殊教育研究學刊，32**（3），1-16。

吳信鳳（譯）（2002）。怎樣教孩子閱讀？**科學人，3**，50-57。

李俊仁、柯華葳（2007）。中文閱讀弱讀者的認知功能缺陷——視覺處理或是聲韻處理。**特殊教育研究學刊，33**，1-18。

林素貞（2003）。**讀寫障礙學生教室內學習行為問題解決模式——一個三年級研究實錄**。高雄市：昶景。

柯華葳、李俊仁（1997）。國小低年級學生聲韻覺識和認字能力的發展——一個縱貫的研究。**國立中正大學學報，7**，29-47。

柯華葳、游婷雅（譯）（2001）。M. S. Burns 等編著。**踏出閱讀的第一步**（Starting out right: A guide to promoting children's reading success）。台北市：信誼。

洪儷瑜、余曉珍、呂美娟、黃裕惠、李玉錦、邱金滿、陳秀芬（1997）。從成功的學障成人之觀點看學習障礙教育。載於**海峽兩岸特殊教育學術研討會手冊**（頁 375-393）。台北市：國立台灣師範大學特殊教育學系。

郭為藩（1978）。我國學童閱讀缺陷問題的初步調查及其檢討。**師大教育研究所集刊，20**，57-75。

陳一平（2000）。閱讀障礙之巨細胞系統功能異常假說。**中華心理學刊，42**（3），113-140。

陳淑麗（2004）。**轉介前介入對原住民閱讀障礙診斷區辨效度之研究**。國立台灣師範大學特殊教育研究所博士論文，未出版，台北市。

陳淑麗、洪儷瑜、曾世杰（2005）。以國語補救教學診斷原住民低成就學生是否為學習障礙——轉介前介入的效度考驗研究。**特殊教育研究學刊，29**，127-150。

陳淑麗、洪儷瑜、曾世杰（2007）。轉介前介入在學習障礙鑑定之可行性研究——以原住民低成就國小學童為例。**特殊教育研究學刊，32**（2），47-66。

陳慶順（2001）。識字困難學生與普通學生識字認知成分之比較研究。**特殊教育研究學刊，21**，215-237。

曾世杰（1995）。**閱讀低成就及一般學生的閱讀歷程成分分析研究**。行政院國家科學委員會專題研究獎助報告。

曾世杰、陳淑麗（2007）。注音補救教學對一年級低成就學童的教學成效實驗研究。**教育與心理研究，30**（3），53-77。

蔡明富（2001）。回首「學」時路——一位學障教師生涯歷程及其影響因素的探討。**資優教育季刊，80**，4-15。

錡寶香（2006）。**語言障礙兒童／特定型語言障礙兒童**。2008 年 7 月 12 日，取自台灣聽力語言學會電子報，網址 http://www.slh.org.tw

● 英文部分

Anderson, P. L., & Meier-Hedde, R. (2001). Early case reports of dyslexia in the United States and Europe. *Journal of Learning Disabilities, 34*(1), 9-21.

Bishop, D. V. M., & Snowling, M. J. (2004). Developmental dyslexia and specific language impairment: Same or different? *Psychological Bulletin, 130*, 858-886.

Catts, H. W., & Hogan, T. P. (2003). Language basis of reading disabilities and implications for early identification and remediation. *Reading Psychology, 24*, 223-246.

Catts, H. W., & Kamhi, A. G. (1999). *Language and reading disabilities*. Needham Heights, MA: Allyn & Bacon.

Catts, H. W., Adolf, S. M., Hogan, T. P., & Weismer, S. E. (2005). Are specific language impairment and dyslexia distinct disorders? *Journal of Speech, Language, and Hearing Research, 48*, 1378-1396.

Catts, H. W., Fey, M. E., Tomblin, J. B., & Zhang, X. (2002). A longitudinal investigation of reading outcomes in children with language impairments. *Journal of Speech, Lan-*

220

guage, and Hearing Research, 45, 1142-1157.

Denton, C., Vaughn, S., & Fletcher, J. M. (2003). Bringing research-based practice in reading intervention to scale. *Learning Disabilities Research & Practice, 18*(3), 201-211.

Fletcher, J. (2004, November). *Three-tier reading model.* Paper presented at the 55th annual conference of IDA, Philadelphia, PA.

Fuchs, D., Mock, D., Morgan, P. L., & Young, C. L. (2003). Responsiveness-to-intervention: Definitions, evidence, and implications for the learning disabilities construct. *Learning Disabilities Research & Practice, 18*(3), 157-171.

Fuchs, F., & Deshler, D. D. (2007). What we need to know about responsiveness to intervention (and shouldn't be afraid to ask). *Learning Disabilities Research & Practice, 22*(2), 129-136.

Fuchs, L. S., Fuchs, D., & Speece, D. L. (2002). Treatment validity as a unifying construct for identifying learning disabilities. *Learning Disability Quarterly, 25*, 33-45.

Gough, P., & Tunmer, W. (1986). Decoding, reading, and reading disabilities. *Remedial and Special Education, 7*, 6-10.

Hallahan, D. P., & Mock, D. R. (2006). A brief history of the field of learning disabilities. In H. L. Swanson, K. R. Harris & S. Graham (Eds.). *Handbook of learning disabilities* (pp. 16-29). New York: The Guilford Press.

Hallahan, D. P., Kauffman, J. M., & Lloyd, J. W. (1999). *Introduction to learning disabilities* (2nd ed.). Needham Heights, MA: Allyn & Bacon.

Hollenbeck, A. F. (2007). From IDEA to implementation: A discussion of foundational and future responsiveness-to-intervention research. *Learning Disabilities Research & Practice, 22*(2), 137-146.

Huang, H. S., & Hanley, J. R. (1997). A longitudinal study of phonological awareness, visual skills, and Chinese reading acquisition among first-graders in Taiwan. *International Journal of Behavioral Development, 20*, 249-268.

Hue, C.-F., & Catts, H. W. (1998). The role of phonological processing in early reading ability: What we can learn from Chinese. *Scientific Studies of Reading, 2*, 55-79.

Hung, L., Chen, S., Wang, C., Fang, C., & Chen, M. (2008, June). *The subtypes of Chinese reading disabilities in Taiwan.* Paper presented at the 32nd Annual IARLD Conference, Toronto, Canada.

Juel, C. (1988). Learning to read and write: A longitudinal study of fifty-four children from first through fourth grade. *Journal of Educational Psychology, 80*, 437-447.

Kavale, K. A., Holdnack, J. A., & Mostert, M. P. (2005). Responsiveness to intervention and identification of specific learning disability: A critique and alternative proposal. *Learning Disability Quarterly, 28*, 2-16.

McCardle, P., Cooper, J., Houle, G. R., Karp, N., & Paul-Brown, D. (2001). Emergent and early literacy: Current status and research directions: Introduction. *Learning Disabilities Research & Practice, 16*(4), 183-185.

McCardle, P., Scarborough, H. S., & Catts, H. W. (2001). Predicting, explaining, and preventing children's reading difficulties. *Learning Disabilities Research & Practice, 16*(4), 230-239.

Mellard, D. F., & Woods, K. L. (2007). Adults life with dyslexia. *Perspectives on Language and Literacy, 33*(4), 15-18.

Menzies, H. M., Mahdavi, J. N., & Lewis, J. L. (2008). Early intervention in reading: From research to practice. *Remedial and Special Education, 29*(2), 67-77.

Pugh, K. R., Mencl, W. E., Jenner, A. R., Lee, J. R., Katz, L., Frost, S. J., Shaywitz, S. E., & Shaywitz, B. A. (2001). Neuroimaging studies of reading development and reading disability. *Learning Disabilities Research & Practice, 16*(4), 240-249.

Richardson, S. O. (1992). Historical perspectives on dyslexia. *Journal of Learning Disabilities, 25*(1), 40-47.

Shaywitz, B. A., Shaywitz, S. E., Pugh, K. R., Mencl, E., Fulbright, R., Skudlarski, P., Constable, T., Marchione, K., Fletcher, J., Lyon, G. R., Gore, J. C. (2002). Disruption of posterior brain systems for reading in children with development dyslexia. *Biological Psychiatry, 52*, 101-110.

Shaywitz, S. E. (2003). *Overcome dyslexia.* New York: Alfred A. Knopf.

Shaywitz, S. E., Shaywitz, B., Blachman, B., Pugh, K., Fulbright, R., Skudlarski, P., Mencl, E., Constable, T., Holahan, J., Marchione, K., Fletcher, J., Lyon, R., & Gore, J. (2004). Development of left occipitemporal system for skilled reading in children after a phonologically-base intervention. *Bio Psychiatry, 55*, 926-933.

Siok, W. T., Niu, Z., Jin, Z., Perfetti, C. A., & Tan, L. H. (2008). A structural-functional basis for dyslexia in the cortex of Chinese readers. *PNAS, 105*(14), 5561-5566.

Siok, W. T., Perfetti, C. A., & Tan, L. H. (2004). Biological abnormality of impaired reading is constrained by culture. *Nature, 431*(2), 71-76.

Snow, C. E., Burns, M. S., & Griffin, P. (Eds.) (1998). *Preventing reading difficulties in young children*. Washington, DC: National Academy Press.

Stevenson, H. W., Stigler, J. W., Lucker, G. W., Lee, S., Hsu, C., & Kitamura, S. (1982). Reading disabilities: The case of Chinese, Japanese, and English. *Child Development, 53*, 1164-1181.

Vaughn, S., & Fuchs, L. S. (2003). Redefining learning disabilities as inadequate response to instruction: The promise and potential problems. *Learning Disabilities Research & Practice, 18*(3), 137-146.

Vaughn, S., Linan-Thompson, S., & Hickman, P. (2003). Response to instruction as a means of identifying students with reading/learning disabilities. *Exceptional Children, 69*, 391-409.

Vellutino, F., Fletcher, J. M., Snowling, M. J., & Scanlon, D. M. (2004). Specific reading disability (dyslexia): What have we learned in the past four decades? *Journal of Child Psychology and Psychiatry, 45*, 2-40.

Ziegler, J. C., & Goswami, U. (2005). Reading acquisition, developmental dyslexia and skilled reading across languages: A psycholinguistic grain size theory. *Psychological Bulletin, 131*(1), 3-29.

國家圖書館出版品預行編目（CIP）資料

中文閱讀障礙／方金雅等著.
-- 初版. -- 臺北市：心理，2010.09
面；　公分. --（障礙教育系列；63102）

ISBN 978-986-191-383-4（平裝）

1. 閱讀障礙　　2. 特殊教育

529.69　　　　　　　　　　　　　99015266

障礙教育系列 63102

中文閱讀障礙

主　　　編：柯華葳
作　　　者：方金雅、王瓊珠、李俊仁、柯華葳、洪儷瑜、陳美芳、陳淑麗、曾世杰
責任編輯：郭佳玲
總 編 輯：林敬堯
發 行 人：洪有義
出 版 者：心理出版社股份有限公司
地　　　址：231 新北市新店區光明街 288 號 7 樓
電　　　話：(02) 29150566
傳　　　真：(02) 29152928
郵撥帳號：19293172　心理出版社股份有限公司
網　　　址：http://www.psy.com.tw
電子信箱：psychoco@ms15.hinet.net
駐美代表：Lisa Wu（lisawu99@optonline.net）
排 版 者：辰皓國際出版製作有限公司
印 刷 者：東縉彩色印刷有限公司
初版一刷：2010 年 9 月
初版七刷：2019 年 7 月
I S B N：978-986-191-383-4
定　　　價：新台幣 280 元